Peter Fässler-Weibel (Hrsg.)

Wenn Kinder sterben

PETER FÄSSLER-WEIBEL
HERAUSGEBER

WENN KINDER STERBEN

PAULUSVERLAG FREIBURG SCHWEIZ
VERLAG ZUM ZIEL WINTERTHUR

Die Deutsche Bibliothek – CIP-Einheitsaufnahme

Wenn Kinder sterben:
Peter Fässler-Weibel (Hrsg.). – Freiburg, Schweiz: Paulusverl. ;
Winterthur: Verl. Zum Ziel, 1993
ISBN 3-7228-0307-1 (Paulusverl.)
ISBN 3-909245-02-1 (Verl. Zum Ziel)
NE: Fässler-Weibel, Peter [Hrsg.]

Umschlaggestaltung: Peter Kunz, Winterthur
Gesamtherstellung: Paulusdruckerei Freiburg Schweiz
ISBN 3-7228-0307-1 (Paulusverlag)
ISBN 3-909245-02-1 (Verlag zum Ziel)

INHALTSVERZEICHNIS

Gesellschaftlich betroffen

VORWORT UND DANK

Das Sterben eines Kindes bedroht, macht immobil, ohnmächtig und hilflos. Gross ist die Not der Eltern, der Geschwister, der Freunde und Bekannten. Ebenso gross ist auch die Not all jener, die beruflich mit sterbenden Kindern und deren Angehörigen zu tun haben.

Im November 1992 organisierte die Beratungsstelle der Stiftung Begleitung in Leid und Trauer eine Tagung zu diesem Thema. Im nun vorliegenden Buch sind alle Referate sowie die Erfahrungsberichte aus den Seminarien zusammengefasst.

Danken möchte ich allen, die zum Gelingen dieses Buches beigetragen haben:

- den Autoren, die ihre Texte zur Verfügung gestellt haben;
- Ursula und Kurt Ehrensperger (Eltern von Rolf, 9) für die eindrückliche Zeichnung aus Rolfs Leben, die diesem Buch zum Titelbild wurde;
- meiner Sekretärin, Doris Gehring, für ihren unermüdlichen Einsatz am Computer;
- den Lektoren Alfred Böhi und Hans Thomas für die Bearbeitung der Manuskripte;
- dem Stiftungsrat der *"Stiftung Begleitung in Leid und Trauer"* für die Bereitschaft, das schwierige Thema auf unkonventionelle Weise anzugehen;
- der Firma Glaxo für ihre materielle Unterstützung.

Möge der vorliegende Band mithelfen, das Thema Sterben und Tod von Kindern zu enttabuisieren, und Einblick in die vielfältige Denkwelt Betroffener wie auch beruflich Engagierter gewähren.

Winterthur, im April 1993 ***Peter Fässler-Weibel***

DAS LANGE RINGEN BIS ZUM BITTEREN ENDE
Eindrücke, Gedanken, Überlegungen

Ursula und Kurt Ehrensperger
Peter Fässler-Weibel

Wir haben uns entschlossen, mit diesem Erfahrungsbericht aufzuzeigen, was sich zugetragen hat, und zwar so, *wie* es für jeden von uns dreien war; offen, schnörkellos und ehrlich. Wir erzählen keine Theorie, sondern leben noch einmal, was wir erlebt haben.

1. Wer war Rolf?

Peter: Rolf, einziger Sohn von Ursula und Kurt Ehrensperger, starb im Alter von achteinhalb Jahren an einer heimtückischen Erbkrankheit. Über Jahre hinweg erlebte er eine enge und intensive Begleitung durch seine Eltern. Dies raubte Kräfte, zermürbte, liess hoffen und bangen und endete mit dem unvermeidlichen Tod. Während der letzten sechs Wochen seines Lebens versuchten wir zu dritt, mit der extrem schwierigen Situation zurechtzukommen. Wir möchten über diese Zeit berichten.

Ursi: Rolf war ein ganz normales Kind. Ein Kind voller Tatendrang und Unternehmungslust. Ein Kind, das viel Freude bereitete. Als kleiner Bub spielte er stundenlang mit seinen Autos. Später verbrachte er sehr viel Zeit im Freien, meistens mit Räderuntersatz, Go-cart, Velo, Rollbrett. Er nützte seine Zeit aus. Er liebte Geschichten. Fast andächtig hörte er beim Erzählen oder Vorlesen zu. Und dazu gab es während der Spitalaufenthalte genug Möglichkeiten. Er konnte trotzen, und wie!..., einen ärgern und wütigmachen, er konnte Türen zuschlagen, so dass das Glas zerbrach, auch frech sein, die wüstesten Schimpfwörter gebrauchen und diese sogar dem Chefarzt austeilen. Immer schon war er ein schwieriger Patient gewesen.

2. Wer waren seine Eltern?

Kurt: Rolf wurde während unseres Aufenthaltes in den USA geboren. Ich arbeitete in der Informatikbranche, Ursi hingegen hatte kein Arbeitsvisum. Wir freuten uns sehr über Rolfs Geburt; von da an war Ursi als Mutter sehr beschäftigt. Über sein zukünftiges Leben hatte ich mir nie konkrete Vorstellungen gemacht, und ich wollte ihm seine Freiheit und den späteren Lebensweg offenhalten. Zu dieser Zeit war uns noch unklar, ob und wann wir wieder in die Schweiz zurückkehren würden.

3. Transfusionen

Peter: Rund fünf Monate nach seiner Geburt - es war im Spätfrühling 1982 - begann seine Erkrankung sichtbar zu werden.

Ursi: Ich hatte den Telefonhörer aufgehängt, eine unbeschreibliche Angst packte mich. Ich stürmte ins Kinderzimmer, riss den schlafenden fünfeinhalbmonatigen Säugling aus seinem Bettchen. Eben hatte die Kinderärztin von der Klinik in Santa Clara angerufen. "Sie müssen nochmals mit Rolf kommen, etwas ist nicht in Ordnung. Wir möchten seine Blutwerte überprüfen." Eine böse Vorahnung beschlich mich. Verstört und weinend trug ich

Rolf durch die Wohnung. Er schaute mich mit grossen, fragenden Augen an. Schluchzend drückte ich ihn an mich und beschwor ihn beinahe: "Rolf, du darfst nicht sterben. Du gehörst mir." Im Gespräch informierten uns die Ärzte/-innen eingehend. Die Diagnose: Wiscott-Aldrich-Syndrom, eine seltene rezessive Erbkrankheit. Die Symptome der Krankheit seien: Ekzem, tiefe Trombozyten, Immunschwäche. Das erreichte Durchschnittsalter betrage zehn Jahre. Man klärte ab, ob vielleicht Kurt oder ich geeignete Spender für eine Knochenmarktransplantation wären. Das Ekzem plagte Rolf vom Säuglingsalter an. Der ständige Juckreiz quälte ihn besonders nachts und liess ihn und uns Eltern selten eine Nacht durchschlafen. Er kratzte sich oft blutig. Mit 13 Monaten machte er eine hämolytische Anämie, so dass die erste Bluttransfusion nötig war. Wie schwierig es war, geeignetes Blut für Rolf zu finden, hörten wir da zum ersten Mal.

Kurt: Auch für mich war es eine schwierige Zeit, diese unangenehmen Nachrichten zu verarbeiten. Die Prognosen wurden von den Ärzten offen auf den Tisch gelegt. Sie waren niederschmetternd. Von da an herrschte immer die Ungewissheit, wie es weitergehen werde. Wir konnten nur noch kurzfristig planen und wussten nie, wann wir wieder im Spital standen. Es war immer ein Auf und Ab, ein Hoffen und Bangen. Ohne einen kleinen Hoffnungsschimmer, dass es wieder besser gehen würde, hätte ich all diese Jahre nur schwer überstanden. Das Positive an der ganzen Sache war sicher die gute ärztliche Versorgung. Es gab aber auch Situationen, in denen ich mich über den ärztlichen Behandlungsablauf ärgerte oder damit nicht einverstanden war.

Ursi: Im Mai 1983 waren wir in die Schweiz zurückgekehrt. Unzählige Transfusionen folgten, entweder dieser heimtückischen hämolytischen Anämien oder der ganz offensichtlichen Blutungen wegen. Nasenbluten, davor hatten Rolf und wir grossen Respekt! Wegen der immer kürzer werdenden Abständen zwischen den Transfusionen und den ständigen Sickerblutungen sahen sich die Ärzte/Innen gezwungen, nach weiteren Lösungen zu suchen. Der Vorschlag für eine Milzentfernung fiel. Nach langem Zögern, einem weiteren Gespräch mit einem Fachmann aus einer andern Stadt und wegen der ausweglosen Situation stimmten wir zu. Wir hofften auf Besserung für unser Kind. Das bedeutete aber für den dreieinhalbjährigen Rolf einen Spitalaufenthalt in einer grossen, für ihn fremden Klinik, eine grosse Operation und danach prophylaktisch täglich Antibiotika schlucken zu müssen. Kurz darauf folgten vier lange Spitalwochen. Die bange Frage stellte sich: Wer wird siegen? Diese aggressiven Bakterien oder Rolf? Infektiöse Abszesse an seinem Bein fesselten ihn an Infusionen und ans Bett. Wieder Abklärungen mit modernsten Apparaten, operative Eingriffe, schmerzvolle Wundspülungen. Hilflos stand ich jeweils daneben und hielt seine Hand. Wie oft hatte ich gewünscht, ihm die Schmerzen, all das Unangenehme abnehmen zu können.

4. Arbeitsbelastung

Ursi: Schmerzlich empfand ich es auch immer, wenn du, Kurt, ausgerechnet während solcher Zeiten geschäftlich für zwei oder drei Wochen im Ausland arbeiten musstest oder im Militär warst. Ich weiss, meine und Deine Eltern, unsere Geschwister und viele Freunde haben stets mitgetragen, aber eben, Du hast mir gefehlt. So war es auch, als Rolf mit einer Meningitis auf der IPS lag und er mich fragte: "Mami, muess i jetz stärbe?"

Kurt: Für mich war es nicht immer einfach. Ich wurde von der Arbeit sehr gefordert. Einerseits musste ich im Geschäft Termine einhalten und andererseits erwartete Ursi, dass ich mehr Zeit für die Familie hätte, vor allem in schwierigen Zeiten. Auch ich war hin und her gerissen. Hie und da arbeitete ich Überzeit, um eine Arbeit termingerecht abschliessen zu können. Auch ich machte mir Sorgen um Rolf. In der Endphase von Projekten weilte ich vielfach im Ausland. Oft fielen solche Aufenthalte mit einem schlechten Gesundheitszustand unseres Kindes zusammen. Was sollte ich in dieser Situation tun? Sollte ich meine Aufenthalte immer wieder verschieben oder gar meinen interessanten und herausfordernden Job an den Nagel hängen? Was sollte ich allenfalls arbeiten? Während seiner Meningitis war ich ausgerechnet wieder im Ausland. Ich machte mir Sorgen um Rolfs Zustand. War es verantwortbar, während dieser Zeit nicht in seiner Nähe zu sein? So führte ich von Schweden aus ein längeres Gespräch mit dem Oberarzt und wollte eine ehrliche Antwort über Rolfs Zustand, über mögliche Prognosen, Verantwortung und Zumutbarkeit. Ein andermal brach ich meinen Aufenthalt ab, weil Rolf einen Atemstillstand hatte und anschliessend in die IPS verlegt wurde.

Peter: Uns Vätern wird immer wieder (nicht nur hinter vorgehaltener Hand) vorgeworfen, wir nähmen uns (was die Begleitung der kranken Kinder betreffe) zuwenig Zeit. Man wirft uns vor, dass wir uns hinter der Arbeit verstecken. Man wirft uns auch mangelndes Einfühlungsvermögen und fehlende Emotionalität vor. Einiges mag zutreffen. Ich habe viel Verständnis für die ebenso schwierige und oft unlösbar scheinende Situation der Väter. Weder die derzeitige Gesellschaftsordnung noch der Arbeitsmarkt sind väterfreundlich. Viele Väter informieren ihre Arbeitgeber nicht aus Angst, die Stelle zu verlieren. Arbeitsspezifische Sonderregelungen sind oft mit unausgesprochenen Dankbarkeitsphantasien seitens der Arbeitgeber verbunden.

5. Kindergarten/Schule

Ursi: Rolfs Kindergartenjahr war ausser den immer wiederkehrenden Ohrenentzündungen und den mehr oder weniger regelmässigen Kontrollen beim Hausarzt ein recht unbeschwertes

Jahr. Die Windpocken machte er vor Schulanfang durch. Voller Stolz marschierte er mit seinem Thek zur Schule. Dann kam wie ein Blitz aus heiterem Himmel dieser unerklärliche Epilepsieanfall. Ein "Abszess" im Hirn war der Auslöser. Auf die medikamentöse Behandlung sprach Rolf nicht an. Bei einer Operation mussten wir mit dem Risiko einer halbseitigen Lähmung rechnen. Für alle Beteiligten ein schwerer Entscheid. Vor dem Operationstag versicherten uns Freunde mit Karten und Briefen ihr Mittragen und Beten. Ein Tag langen Wartens, Hoffens und Bangens folgte. Später freuten wir uns und waren dankbar über jede Bewegung von Rolf. Nur seine rechte Hand war beeinträchtigt. Ob bewusst oder unbewusst, die IPS-Schwester hat alle Unterlagen und Testergebnisse offen liegenlassen. Warum ich mich nicht selbst und sofort informierte, weiss ich noch heute nicht. Helles Entsetzen packte mich, als wir dann den Befund, einen bösartigen Hirntumor, erfuhren. Ich hätte laut aufschreien können, das dürfe doch nicht wahr sein, aber meine Kehle war wie zugeschnürt, und auch die erlösenden Tränen fehlten.

Es war Ende September 1988. Die Prognosen waren entsetzlich: höchstens noch drei Monate. Von diesem Moment an hat bei mir ein wichtiger Prozess begonnen. Ob Rolf spürte, dass ich dafür mehr Zeit als nur drei Monate brauchte? Für die Zeit, die uns noch als Zugabe geschenkt wurde, bin ich dankbar.

6. Auseinandersetzung des Vaters und der Mutter

Kurt: Solch eine Diagnose war nicht leicht zu akzeptieren. Von der Arbeit gefordert, blieb mir normalerweise nicht viel Zeit, darüber nachzudenken. Während dieser Zeit führte ich jedoch intensivere Gespräche über Rolf mit einem Arbeitskollegen. Dadurch konnte ich mit einer neutralen Person über die schwierige Situation, über den Tumor im Kopf und über Risiken einer bevorstehenden Operation sprechen. Er war immer sehr hilfsbereit, kritisch und überlegt, was medizinische Behandlungen anbelangte, und stand uns mit wertvollen Ratschlägen zur Seite. In der folgenden Zeit versuchte ich bewusster, die verbleibende Zeit mit Rolf zu verbringen, sei es beim Spielen, auf Ausflügen oder auf Velotouren. Auf sein Drängen hin bauten wir zusammen im folgenden Jahr noch eine Hütte auf dem Spielplatz unserer Siedlung. Wir Eltern wurden grosszügiger in unserem erzieherischen Verhalten. Eineinviertel Jahre nach der äusserst schlechten Prognose entschieden wir uns, Rolf das fehlende Kalottenstück im Kopf wieder einsetzen zu lassen, damit er den Schutzhelm nicht mehr zu tragen brauchte. Während diesem Spitalaufenthalt wurde auch der Knoten an seinem Hals untersucht.

Ursi: Beim Austritt waren die Punktionsergebnisse noch nicht bekannt, doch die feuchten Augen eines Arztes, der sich "nur noch schnell" von Rolf verabschieden wollte, liessen mich die böse Wahrheit erahnen. Verzweifelt weinte ich zu Hause den ganzen Abend. Ich war ganz ausser mir. Kurt war so lieb und versorgte Rolf, spielte noch eine Weile mit ihm und brachte ihn dann zu Bett. Schon bald war Ostern. Das Gedicht von Dietrich Bonhoeffer aus den Texten der liturgischen Karfreitagsfeier sollte unser Motto für die nächsten Wochen und Monate werden:

Von guten Mächten wunderbar geborgen
erwarten wir getrost, was kommen mag;
Gott ist mit uns am Abend und am Morgen
und ganz gewiss an jedem neuen Tag.

7. Im Mai

Ursi: Immer öfter klagte Rolf über Schmerzen. Das Zufussgehen machte ihm Mühe. So brachte ich ihn per Velo zur Schule und holte ihn dort wieder ab. Einmal muss ihn ein Schulkamerad ausgelacht haben, weil er vom Pausenplatz nur hinkend die

Treppe zum Schulzimmer hochkam. Darüber war Rolf sehr traurig. Zu Hause weinte er bittere Tränen, was mich sehr befremdete, hatte er doch sonst meistens aggressiv reagiert und sich mit Händen und Füssen gewehrt. Schmerzlich wurde mir bewusst, was für einen leidvollen, einsamen Weg dieses Kind und wir mit ihm zusammen zu gehen hatten. Ich selbst hatte das Gefühl, durch ein ganz dunkles Tal wandern zu müssen, und sah die unheimlichen Schatten wie eine riesige Bedrohung auf mich zukommen. Da riss mich Rolf aus diesen Grübeleien. Hinten auf dem Velogepäckträger sitzend, rief er: "He, Mami, lueg doch, Mami, lueg doch das Löwezahnmeer!" Eine grosse Wiese voller leuchtend gelbem Löwenzahn. War das nicht etwas, um sich daran zu freuen?

Kurt: Es war schwer, mitansehen zu müssen, welche Schmerzen Rolf plagten und wie seine Kräfte nachliessen. Es war auch zermürbend, eine gewisse Hoffnungslosigkeit bei den Ärzten festzustellen und zu erfahren, dass auch ihnen Grenzen gesetzt waren. Es war eine grosse Herausforderung, die Verantwortung zu tragen, aktiv zu sein und immer wieder die Ärzte zu konsultieren und letzten Endes den Kampf doch zu verlieren.

8. Letzte Bestrahlung

Ursi: Wieder überbrachte derselbe Arzt die Hiobsbotschaft: Non-Hodgkin-Lymphom. Endlich war es mir möglich, seine Person von der schlechten Nachricht zu trennen. Was muss das für ein Gefühl sein, Eltern einen solch niederschmetternden Bescheid geben zu müssen? Als Therapie-Möglichkeit bot sich die Bestrahlung an. Zusammen mit den Ärzten beschlossen wir aber, Rolf entscheiden zu lassen. Er wollte diese Therapie auf sich nehmen - ohne die üblichen Machtkämpfe mit dem Spitalpersonal. Wir, und dann später auch Rolf, konnten die Strahlentherapieabteilung im voraus besichtigen und kennenlernen, dabei dem zuständigen Arzt bis ins Detail Fragen stellen. Während mein Mann und der Arzt über magnetische Felder, Strahlenstärke usw. diskutierten, verstand ich immer weniger. Ohne Zweifel ist diese Abteilung für Nichtbetroffene äusserst interessant und sehr beeindruckend. Die ganze Technik und der grosse, kalte Raum liessen mich erschauern. Und in diesem mächtigen, Angst einflössenden Raum sollte mein Kind ganz alleine auf einer für ihn viel zu grossen Liege regungslos daliegen. Ganz einfach eine grässliche Vorstellung! Während Rolfs Bestrahlungen sass ich jeweils auf einer Bank im Park und bat Gott, bei ihm zu sein. Was für mich ein Problem war, war für Rolf keines. Er erklärte mir sogar den genauen Ablauf. Daraus spürte ich, wie vorurteilslos er dieser Behandlung gegenüber war. Nebenwirkungen, wie lähmende Müdigkeit, Durchfall und gelegentliches Erbrechen, machten sich bemerkbar.

Kurt: Nach der mehrwöchigen Bestrahlungszeit im Spital durfte Rolf wieder nach Hause kommen. Seine Kräfte liessen schnell nach, er konnte nicht mehr gehen, seine Vitalität hatte er verloren. Man musste ihn herumtragen, an den Tisch, auf das Sofa, in sein Zimmer und aufs WC. In dieser Zeit hat er nicht mehr viel gesprochen und war oft müde. Auf Fragen an ihn gab er mir vielfach zur Antwort: "Du weisch es doch." Er brauchte viel Pflege, hatte Durchfall und auch in der Nacht musste er oft betreut werden. Ich machte während dieser Zeit Ferien, so dass ich meine Frau entlasten und in der Nähe des Kindes sein konnte.

9. Begegnung mit Peter

Peter: Im Mai 1990, vor über zweieinhalb Jahren also und doch so nah, als wäre es erst gestern gewesen: Der Oberarzt der Kinderklinik rief mich an und informierte mich über Rolf mit seinem Wiskott-Aldrich-Syndrom (einer rezessiv-geschlechtsgebundenen Erbkrankheit mit sehr schlechter Prognose). Rolf sei seit längerem hospitalisiert, mache enorme Schwierigkeiten und die Eltern seien am Ende ihrer Kräfte. Seine Lymphknoten seien defekt, von einer Heilung könne nicht mehr gesprochen werden. Rolf werde in den nächsten Wochen oder Monaten sterben. Nachdenklich legte ich den Telefonhörer in die Gabel zurück. Mich beschlich ein beklemmendes Gefühl. Erschöpfte Eltern, sterbendes Kind, schwierige Situation für alle - auch für mich.

Ursi: Hilflos und ohnmächtig musste ich zusehen, wie mein Kind litt. Die enorme Last ist mir zu schwer geworden. Da habe ich Dich, Peter, in Deiner Praxis angerufen. Bei einem Vortrag habe ich Dich zum ersten Mal gehört und gesehen. Du warst mir aber bereits von zwei Seiten her empfohlen worden, vom Spital und meiner Schwester, die Dich während einer Weiterbildung kennenlernte. Dir, Kurt, sagte ich erst am Abend vorher etwas über den vereinbarten Termin. Ich kannte Deine skeptische Haltung! In einem zweiten Gespräch hast Du, Peter, mir ganz wichtige Fragen beantwortet. Ich meinte, diese Fragen sonst niemandem stellen zu dürfen, da sie denken würden, ich hätte alle Hoffnung für Rolf aufgegeben. "Was muss man tun, wenn das eigene Kind stirbt?" Für alle möglichen und unmöglichen Lebensbereiche gibt es Broschüren und Checklisten. Über Erbrecht gibt es zig Bände. Aber was bei einem Todesfall zu tun ist, darüber fand ich nichts in den Buchhandlungen. Auch die Frage beschäftigte mich: Gibt es in jedem Fall eine Autopsie? Darüber konntest Du, Peter, mir Auskunft geben.

Kurt: Beim Spitalaustritt traf ich Peter zum ersten Mal. Ursi hatte ihn schon vorher kennengelernt. Es ging nun darum, ob er uns in der kommenden Zeit beistehen und begleiten solle. Ich hatte den Eindruck, dass die Ärzte aus Ratlosigkeit froh waren, Rolf abzugeben. In den folgenden Gesprächen hat sich dieser Eindruck noch verstärkt, dass wir nun einen Vermittler zwischen uns und den Ärzten hätten. Es ist natürlich schwierig, in dieser

Phase eine weitere Person kennenlernen zu müssen, die man eigentlich nicht wünscht, denn es geht schliesslich um das Sterben unseres Kindes. Man muss sich kennenlernen, es braucht Zeit, damit eine Beziehung heranwachsen kann. Mehrere Gespräche schafften ein Vertrauensverhältnis und gaben mir die Gewissheit, jemanden zu kennen, der uns mit Rat und Tat zur Seite stehen könnte. Wir begannen über die bevorstehenden Ereignisse zu sprechen.

Peter: Beim ersten Gespräch wirktest Du, Ursi, ruhig, überlegt und doch erschöpft, traurig und hoffnungslos. Ich sass Dir gegenüber, ohnmächtig, immobilisiert und spürte diese endlose Trauer. Nur 25% der Kinder mit dieser Krankheit werden älter als zehnjährig. Im September 1988 habe man Dir gesagt, dass Rolf höchstens noch drei Monate leben werde. Inzwischen sind jedoch fast zwei Jahre verstrichen. Die Hoffnung auf eine Heilung und die damit verbundenen Erwartungen hättest Du begraben. Deine Batterie sei leer; Du fühlest Dich zwischen Annahme und Auflehnung hin und her gerissen. Rolf werde sterben müssen. Ich spürte in mir den Wunsch, etwas zu sagen, zu trösten, und gleichzeitig spürte ich auch die Unfähigkeit, es zu tun. So sass ich Dir gegenüber, betroffen, hilflos und traurig. Mir blieb nichts anderes übrig, als diese eigene Betroffenheit mir und Dir gegenüber einzugestehen.

Mein erster Kontakt zu Dir, Kurt, war von einer gegenseitig sehr vorsichtigen Annäherung gezeichnet. Kritisch bemustertest Du mich, hinterfragtest meine Aussagen und widerlegtest, was Du anders sahst. Deine Art gefiel mir. Du wirktest überlegt, ruhig, konzentriert. In Deinen Äusserungen klangen auch Töne der Verletzlichkeit, der Wut und der Ohnmacht an. Erleichtert ging ich nach Hause, zufrieden, weil ich zu Euch beiden eine Beziehung gefunden hatte. Doch Rolf machte mir Sorgen.

10. Rolf und Peter

Kurt: Zwischen Peter und Rolf fanden keine Gespräche statt. Rolf hat ihn während der ganzen Zeit nicht akzeptiert, und Peter hat ihn auch in Ruhe gelassen, ausser einer kleinen Episode. Anscheinend brauchte Rolf von Peter keine Betreuung, sondern er wusste, dass wir ihm nahe standen und jederzeit für ihn da waren. Um so mehr konnten wir Eltern die Begleitung von Peter gebrauchen, vor allem während der Sterbezeit. Es war gut, dass man sich über einige Wochen kennenlernen konnte und wusste, dass er für die schlimmsten Tage zur Verfügung stehen oder auch jederzeit kontaktiert werden konnte. Peter hat uns darauf aufmerksam gemacht, dass wir verschiedene Angelegenheiten nach dem Tode von Rolf selber bestimmen könnten, und uns auch ermutigt, dass wir uns entscheiden oder sogar durchsetzen sollten, so wie wir es wünschten. So z.B., dass wir Rolf noch gut 1-2 Tage nach seinem Tode zu Hause aufbahren könnten.

Peter: Rolf schätzte meine Besuche nicht. Stumm sass er auf dem Sofa und blickte demonstrativ gelangweilt aus dem Fenster. Ansprechversuche kamen nie über den Versuch hinaus. Das einzige Verhalten, welches Rolf noch einen, wenn auch bescheidenen Hauch von Autonomie gewährte, war jenes der Verweigerung. Auch er spürte in sich noch viel präziser als wir alle, dass sein Leben begrenzt war. Diese Autonomie wollte ich ihm unter keinen Umständen beschneiden oder gar mit irgend welchen Tricks zerstören. Ich liess ihn gewähren, entlastete die Eltern, wenn er mich nicht grüsste, und sagte ihm unmissverständlich, dass ich nicht ihm, sondern seinen Eltern einen Besuch abstatte. Natürlich freue es mich, ihn zu sehen, aber nur dann, wenn es auch für ihn stimme. Rolfs Verhältnis zu mir blieb bis zum letzten Besuch undefiniert, eher distanziert oder ablehnend und doch nicht ablehnend. Es war etwas zwischen ihm und mir, das uns gegenseitig wahrscheinlich genau so anzog wie zurückstiess. Der Inhalt dieses Verhältnisses wird ein Geheimnis bleiben.

11. Zeichnungen

Kurt: Peter hat anhand von Rolfs Zeichnungen aufzuzeigen versucht, was in der nun kommenden Zeit ablaufen könnte. Ich war etwas skeptisch bezüglich der psychologischen Auswertungen. Die aktuelle Situation, dass Rolf schwer krank war, konnte damit ja nicht geändert werden. Da interessierte es mich eigentlich nicht so sehr, ob es nun noch sechs oder zehn Wochen dauere bis zu seinem Tode. Entscheidend war, dass unser Kind sterben werde. Sicher war es interessant, seine Zeichnungen zu interpretieren und dabei auf verschiedene Informationen zu stossen. Rolf hat selber nicht über seine schwere Krankheit gesprochen. Um so beeindruckender aber war es, wie er seine Sonnen- und seine Regenseite zu Papier brachte, dass er sich also seiner Krankheit mehr bewusst war, als wir Eltern angenommen hatten.

Peter: In einem Aufsatz, überschrieben mit dem Titel: Wenn ich ein König wär..., schreibt Rolf unmissverständlich, dass er nicht krank sein und die Annehmlichkeiten des Lebens voll geniessen möchte. Mit einem Kiosk und einer Migros (der Schleckereien wegen) wäre er mit Süssigkeiten eingedeckt, bis hin zur Zähneputzmaschine.

Eine Zeichnung beeindruckte mich sehr. Lange betrachtete ich sie. Ein Mensch in gelbem Anzug verlässt den schützenden Regenbogen und strebt dem Licht entgegen, derweil ein zweiter ohne Arme zurückbleibt. Sonne linke Blatthälfte, Regen rechte Blatthälfte. Für mich war klar, dass Rolf im Begriff war, sein irdisches Dasein langsam zu verlassen. Trotzdem muss noch etwas verändert werden. Rolfs Arme gehörten nicht zu ihm, sondern zu einer Person, von der er noch etwas brauchte. Ich war der Meinung, dass neben Rolf der Vater angesprochen war.

Du, Kurt, hörtest Dir meine Überlegungen sehr skeptisch und misstrauisch an. Dein Bezug zur Logik, zu Handfestem liess Dich von Interpretationsversuchen meinerseits nicht irritieren. Dein Verhalten störte mich nicht, obwohl ich der Überzeugung war und es bleiben werde, dass gerade Kinder in ihrer eigenen Ausdrucksform Mitteilungen überbringen, die den Weg und die Entwicklung ihres seelischen Wohlbefindens zeigen. Rolf tat es nach meiner Ansicht ebenfalls.

Kurt: Als Rolf diese Zeichnung malte, lag er, geschwächt durch die vielen Bestrahlungen, im Spital. Ich besuchte ihn lediglich zweimal pro Woche. Über das Wochenende war er ja wieder zuhause. Weil er aber durch das Spitalpersonal umfassend betreut wurde, ergab sich zwischen ihm und mir eine gewisse Distanz. Rolf vermisste mich aber trotzdem. Ich hatte auch das Gefühl, ihn in dieser Zeit schlecht betreut zu haben. Heute bin ich froh, rechtzeitig reagiert und Rolf wiederum stärker an die Hand genommen zu haben.

Ursi: Mit Rolfs Lehrerin hatte ich vereinbart, dass er am Examen teilnehmen und gerne vorher auch schon einen Nachmittag zur Schule kommen würde. Dabei erwähnte ich, dass Rolf sehr viel abgenommen hätte, sie also die Klasse darauf vorbereiten sollte. Rolf musste zu seiner Schulbank getragen werden. Nach einer Stunde holte ich ihn dort wieder ab. Er war daran, seine Zeichnung fertig zu machen. Am Abend vor dem Examen vervollständigte er noch sein Heft zum Thema "Vogelscheuche". Die Zeichnung - als Titelseite - hatte noch gefehlt.

Peter: Mit der Auftragszeichnung "Vogelscheuche" (siehe Titelbild dieses Buches) gibt Rolf eine erdrückende Rückmeldung über seine Situation. Schwarz als Ausdruck der Trauer steht auf brauner Erde (Gregg Furth, ein amerikanischer Psychotherapeut, interpretiert braun mit "big shit"). Trotz lächelndem Gesicht scheint er wütend zu sein. Seine Krönung steht kurz vor der Vollendung. Die Strahlen der warmen Sonne berühren die Krone sanft. Aufgefallen sind mir sofort die sechs hängenden Büchsen, seine sechs roten Haare und die sechs Zacken der Krone. Rolf erstellte diese Zeichnung sechs Wochen vor seinem Tod.

Auf einer weiteren Zeichnung malte Rolf in der Mitte des Blattes ein grosses Haus. Die markante Eingangstüre war schwarz, die Fenster farbig gezeichnet. Auf der linken Blattseite scheint wiederum eine lachende Sonne, rechts neben dem Haus ziehen grosse Wolken auf. Am Haus rechts ist ein Auto parkiert. Am letzten Schultag wurde Rolf von der Mutter per Auto nach Hause gefahren. Mit der Eingangstüre zeigt Rolf deutlich, dass der Abschied von der Schule unausweichlich ist. Auffällige Merkmale sind: Sonne und Spielplatz auf der linken Seite und Regenwolke auf der rechten Seite des Bildes.

Ursi: Dass Rolf nie mehr zur Schule gehen würde, ist mir am Vorabend des neuen Schuljahres ganz schmerzlich bewusst geworden, als ich der neuen Lehrerin über seine länger dauernde Absenz Bescheid gab. Für mich bedeutete das, Abschied zu nehmen von einem wichtigen Teil aus seinem Leben. Mich überfiel eine grosse Trauer. Irgendwie begriff die neue Lehrerin nicht, dass es bei der Krankheit nicht um eine gewöhnliche Grippe ging oder um Bauchweh - aus lauter Angst vor der neuen Person. Ich konnte ihr aber nicht am Telefon sagen, dass er wahrscheinlich bald sterben werde. Da sie ganz neu war, musste sie diese Angelegenheit wohl mit der Schulpflegepräsidentin besprechen. Diese hielt es für besser, dem Schulsekretariat ein Arztzeugnis zur Verfügung zu stellen. Wir haben dann die Todesanzeige geschickt...

Peter: Eine weitere Zeichnung entstand während vier Tagen. Zuerst malte er Gras, Himmel und Sonne. An den beiden nachfolgenden Tagen ergänzte er sie mit dem Haus (in der Mitte des

Bildes mit einer auffällig in schwarz gehaltenen Dachstruktur rechts) und dem ballontragenden Kind. Interessantes Detail: sechs Ballone, der gelbe beginnt das Bild bereits zu verlassen. Deutlich sichtbar ist der schwarze Punkt im Körper des Knaben. Dieser Tumor machte Rolf traurig. Neun Tage später dann kam der Regen hinzu. Stand auf der vorhergehenden Zeichnung der Spielplatz noch in der Sonne (links vom Haus), so ist er diesmal im Regen (und rechts vom Haus). Rolf hat damit von der Möglichkeit, unbeschwert im Freien spielen zu können, Abschied genommen. Er selber ist in Bewegung, dem Licht, der Sonne entgegen. Zu beachten ist auch die auffällig dicke Dachstruktur. Rolfs Hirntumor lag in der linken Hirnhälfte.

Ursi: An einem der ersten Tage der Bestrahlung wieder daheim, wollte er draussen mit seinen Kameraden spielen. Ich freute mich über seinen unermüdlichen Tatendrang, dachte dabei, dass dies immer ein gutes Zeichen sei. Beim Nachsehen wurde meine gute Stimmung gedämpft. Die Kinder sassen auf dem Boden und malten mit Strassenkreide. Rolf sass in ihrem Kreis, aber ohne zu malen. Er war zu müde. Zu Hause machte er mit Vorliebe Puzzles. Die 300-teiligen waren für ihn eine Herausforderung. Auch freute er sich jedesmal über das fertige Bild. Aber dann mochte er auch diese nicht mehr machen. Es war Sommer, die Buben vom Quartier trainierten auf dem nahen Fussballfeld fürs Grümpelturnier. Er wünschte, dass ich ihn mit dem Buggy dorthin fahre. Er war zufrieden. Ich dachte: "Es ist doch nicht normal, dass er hier mit seinen achteinhalb Jahren noch im Kinderwagen sitzt. Er müsste doch mit den andern Buben hinter dem Fussball herrennen." Ans Grümpelturnier wollte er auch. Aber dorthin musste ich ihn tragen, er hätte sich im Kinderwagen wohl vor seiner ganzen Klasse zu sehr geniert. Auch da schmerzte es festzustellen, welche Lebensbereiche für ihn abgeschlossen waren.

Peter: Freitag, 24. August: Dieser Tag sollte zu meinem letzten Besuchstag werden. Rolf sass in der Küche. Nachdem ich das Haus betreten und seine Mutter gegrüsst hatte, begrüsste ich auch ihn. "Pfui", rief er mir entgegen. Ich trat einen Schritt näher zu ihm, und er reagierte noch heftiger mit "pfui". Irritiert blieb ich stehen und starrte ihn entgeistert an. Rolf schaute zu mir und schrie nach Leibeskräften: "Pfui". Dann murmelte er etwas, was ich nicht mehr verstand. Seine Mutter trat auf ihn zu, zwischen ihn und mich und beruhigte ihn. Geschlagen liess ich mich in den Fauteuil fallen, schluckte einige Male leer und blieb irritiert. Sein "Pfui" traf mich. Ich wollte ihm nicht zu nahetreten und bin es offenbar trotzdem, ich wollte ihm seine Autonomie nicht beschneiden und muss es trotzdem getan haben, ich wollte ihn nicht ärgern und tat es. Die Mutter trug Rolf in sein Zimmer. Er würdigte mich keines Blickes. Ich schaute ihm nach, meine eigene Trauer nicht verbergend.

Kurt: In den letzten Wochen vor Rolfs Tod hatte immer jemand in seinem Zimmer geschlafen. Dadurch konnte der eine Ehepartner ungestört durchschlafen und der andere war in Rolfs Nähe und konnte ihn allenfalls entsprechend versorgen. Vom Samstag auf den Sonntag hielt ich Nachtwache bei ihm. Wie üblich hat er mit seiner schwachen Stimme gerufen und musste verpflegt werden; denn er hatte Durst und Durchfall. Auch klagte er über Kopfweh. Für mich verlief diese letzte Nacht wie jede andere zuvor. Er war dankbar für die Pflege, und für mich war es selbstverständlich, dass ich ihm meine Hilfe anbot. Ich spürte, wie schwach er war. Ich war traurig, dass er so hilflos war.

Peter: Aus eigener Erfahrung weiss ich, dass eine derart lange und aufreibende Krankheitsentwicklung eines Kindes grosse Auswirkungen auf die Eltern als Partner zeitigt. Es ist äusserst schwierig, die oft unterschiedlichen Bedürfnisse bezüglich Entspannung, Erholung, Zärtlichkeiten und Sexualität unter einen

Hut zu bringen. Wie habt ihr euch in dieser Zeit als Partner erlebt?

12. Partnerschaft

Ursi: In unserer partnerschaftlichen Beziehung war ganz sicher im sexuellen Bereich ein grosses Manko entstanden. Wir haben dies jedoch gar nicht recht wahrgenommen, so stark waren wir auf das Geschehen mit Rolf fixiert. Die Müdigkeit spielte ebenfalls eine grosse Rolle. Um so stärker war nach Rolfs Tod unser Verlangen nach Zärtlichkeit und Geborgenheit. In der intimsten ehelichen Umarmung fühlten wir unseren Schmerz, verwaiste Eltern zu sein, ganz stark. Geborgen in der Liebe des andern konnten wir unseren Tränen freien Lauf lassen.

Kurt: Ich kann mich hier Ursis Bemerkungen anschliessen, möchte aber nicht weiter darauf eingehen.

13. Sonntag, 26. August

Kurt: Am Sonntagmorgen war Rolf nicht mehr ansprechbar. Wir hatten den Eindruck, dass er tief schlafen würde. Meine Frau war beunruhigt. Sollen wir mit Rolf sofort ins Spital fahren? Ihn mit Infusionen, Messgeräten, Monitoren und Schläuchen im Spital sterben lassen? Nein, das wollten wir nicht. Rolf atmete schwer. Ursi rief Peter am Nachmittag an und erzählte ihm die Situation. Bald darauf stand Peter mit dem Chefarzt vor der Türe. Die mitgebrachte Sauerstoffflasche brauchten wir nicht unbedingt. Wir waren nun alle bei Rolf; Ursi und ich sassen am Bettrand und streichelten ihn. Ich glaubte, dass es noch länger dauern könnte bis zu seinem Tod. Wir sprachen nicht viel, es war zum Verzweifeln, mit anzusehen, wie ein noch junges Leben starb. Ich wollte zwischendurch allein sein und ging in die Küche, um etwas Kleines zu essen. Ab und zu wischte ich mir die

Tränen aus dem Gesicht und sprach ein Gebet. Für alle Betroffenen würde der Tod eine Erlösung sein. Ich brachte etwas zu essen und zu trinken ins Zimmer hinauf. Alle waren ruhig. Wir zündeten eine Kerze an. Der Chefarzt entschied sich, uns zu verlassen. Er hatte den Eindruck, mit seiner Anwesenheit Rolf zu stören.

Peter: Als ich kam, lag Rolf schwer atmend im Bett, reglos, röchelnd, und doch schien mir, als sei er präsenter denn je. Lange sassen wir zu dritt, teils zu viert an seinem Bett. Minuten wurden zu Stunden, die Stille zur Hölle. Wir harrten aus, sprachen über Rolf und sein Leben, über die Enttäuschungen dieser Krankheit, über unzählige Entbehrungen und darüber, dass mit Rolf auch die Familie sterben werde. Diese gedankliche Weltreise wurde immer wieder durch stille Momente unterbrochen. Wir waren uns, wir waren Rolf und Rolf war uns sehr nahe. Gegen 22 Uhr verliess uns der Arzt. Die Mutter wünschte, dass sie Rolf noch einmal lebend in den Armen halten möchte; der Vater, Rolfs Augen noch einmal sehen zu dürfen. Den Wunsch der Mutter könnte man spielend erfüllen, dachte ich. Behutsam hoben wir Rolf hoch, damit die Mutter mit ihrem Oberkörper auf sein Kopfkissen rutschen konnte. Kaum getan, verfiel Rolf in einen entsetzlichen Hustenanfall, an dem er fast zu ersticken schien. Blitzartig stellten wir wieder jenen Zustand her, in dem es Rolf wohl war.

Eine Hitzewelle durchschoss meinen Körper. Schweissperlen bedeckten meine Stirne. Ich spürte, neben dem Vater sitzend, aggressive Gefühle mir gegenüber. Ich spürte Rolf gegenüber jene Gefühle, die man hat, wenn man etwas Verbotenes anstellt und dabei ertappt wird. Ich entschuldigte mich bedingungslos bei Rolf und bei seinem Vater. Ich wollte Rolf keinen Ärger bereiten und habe es trotzdem getan. Ich habe jene Autonomie, die in den letzten Wochen seines Lebens eine so bedeutende Rolle gespielt hat, missachtet. Wir alle haben Rolf nicht gefragt. Wir haben einfach gehandelt. Nach der Entschuldigung ging es mir wieder besser, doch heiss blieb es mir.

Kurt: Ja, mich störte es, und ich war der Meinung, dass man ihn besser hätte in Ruhe lassen sollen. Rolf atmete nun wieder schwer. Irgendwann bekam er einen Hustenreiz und er konnte kaum mehr atmen. Peter klopfte ihm auf die Brust und Ursi stützte Rolf. Er richtete seine Augen nochmals auf mich, und dann starb er. Ursi spürte sein Herz noch zweimal schlagen. Wir waren sehr traurig.

Peter: Rolf lag so in den Armen seiner Mutter, wie sie es sich wünschte, und Rolf schaute seinen Vater nochmals an, so wie er es sich wünschte. Rolf erfüllte die letzten Wünsche seiner Eltern, aber eben erst dann, als er es für richtig hielt.

Ursi: Wir sprachen darüber, wie wir es haben möchten: ob Rolf zu Hause aufgebahrt werden solle usw. Du, Peter, erwähntest, würde Rolf zu Hause aufgebahrt, wäre dies ein Bild, das ganz stark ist und lange bleibt. Nur der Gedanke daran tat mir schon weh. Auch spürte ich Angst vor diesem unauslöschlichen Bild, weil ich ein anderes Bild nicht auslöschen konnte. Es war anfangs September vor zwei Jahren. Rolf hatte einen Atemstillstand, musste intubiert werden und wurde nach Zürich in die IPS verlegt. Nach einer Irrfahrt durch die Stadt trat ich - Kurt war geschäftlich im Ausland - in die IPS zu unserem Kind. Ums hochgestellte Bett die üblichen technischen Apparate. Rolf war an beiden Armen mit Infusionen versehen und intubiert. Kreideweiss und regungslos lag er da. Der erste Gedanke, der mich durchfuhr: So wird er aussehen, wenn er gestorben ist. Heute ist dies für mich wie ein Triumph: So hat er *nicht* ausgesehen, als er gestorben war. Ein Ausdruck des Friedens lag auf ihm. Er hat schön ausgesehen.

14. Aufbahrung

Peter: Lange sassen wir bei ihm. Inzwischen war auch der Arzt wieder zu uns gestossen. Er spürte richtig, er gehörte nicht zu diesem Sterben und dennoch gehörte er zu uns.

Kurt: Wir hielten Rolf noch einige Zeit in unseren Armen. Nachdem der Arzt ihn untersucht hatte, wuschen und ölten wir ihn ein. Wir zogen ihm seine liebsten Kleider an und bereiteten ihm ein sauberes Bett.

Ursi: Du, Peter, fragtest mich, was ich ihm anziehen möchte. Unschlüssig stand ich vor dem Schrank und wusste nicht, welche Hose herausnehmen. Du hast dies gespürt und hast mich deshalb ermutigt, mir Zeit zu lassen. Fast automatisch wollte ich Rolf fragen, diese oder jene? Meistens liess ich ihn auswählen. Da merkte ich, dass ich ihn nicht mehr fragen konnte.

Peter: Rolfs Begeisterung für Süssigkeiten und Kaugummis liess uns auch in dieser Nacht nicht im Stich. Als ihm die Mutter seine Lieblingsshorts anzog, fiel ein Päckchen Kaugummi aus der Hosentasche. Wir schmunzelten und steckten ihm dieses Päckchen wieder in die Hosentasche zurück - so als Erinnerung, Zwischenverpflegung oder einfach, als wär's ein Stück von ihm. Noch einige Zeit blieben wir bei ihm.

Kurt: Nachdem wir uns verabschiedet hatten, ging ich nochmals in Rolfs Zimmer. Ich hatte den Eindruck, dass er einfach schlafen würde. Als ich seinen Körper berührte, war er immer noch warm. Am andern Morgen aber war er erkaltet und starr. Seine Haut fühlte sich wachsig an und sein Gesicht sah ganz friedlich aus. Von diesem Anblick machte ich mir noch ein paar Fotos, die letzten von ihm.

Ursi: Als wir beschlossen, Rolf bis am Dienstagabend zu Hause aufzubahren, war ich der Meinung, es geschehe ganz einfach unseretwegen. Dadurch blieb uns mehr Zeit zum Abschiednehmen. Auch war Rolf noch bei uns, aber tot. So wurde diese Tatsache für mich greifbarer. Erstaunt waren wir dann über die vielen, die sich in unserem Haus von Rolf zu verabschieden wünschten. Die Spielkameraden kamen mit ihren Eltern. Sie brachten ihm Blumen und Zeichnungen, worauf stand: "Ciao Rolf" oder: "Ich hab dich lieb, Adieu." Sie berührten ihn und beschrieben später zu Hause, wie kalt er sich anfühlte. Jemand gestand mir, mit Rolf zum ersten Mal einen Leichnam berührt zu haben. Dies war auch meine eigene Erfahrung. Keine und keinen dieser Kondolenzbesucher/-innen habe ich vergessen. Mit jeder und jedem einzelnen gingen wir die Treppe hoch. Still standen wir im Zimmer, unseren Gedanken nachhängend. Andere hatten das Bedürfnis, aus ihren Erinnerungen mit ihm zu erzählen. So begleiteten uns all die Freunde, Nachbarn, Bekannte und Verwandte einige Schritte auf unserem Abschiedsweg. Viele bestätigten uns, so etwas Schönes noch nie gesehen zu haben. Ein unbeschreiblicher Friede lag auf Rolf. Er war erlöst und hatte den Frieden gefunden. Dafür bin ich dankbar.

Kurt: Ein totes Kind aufzubahren, wie wir es mit Rolf getan haben, können wir wärmstens empfehlen. Während dieser Zeit hatten wir immer wieder Hausbesuche von verschiedenen Nachbarn, Verwandten und Bekannten, die ihn nochmals sehen wollten. Das mehrmalige Abschiednehmen ermöglichte uns eine intensive Auseinandersetzung mit dem Loslassen von Rolf, jedermann hatte die Situation zu akzeptieren. Die Tränen blieben mir und den Besuchern dabei nicht erspart. Dann folgte ein weiterer Schritt des Abschiednehmens, als Rolf in seinem Zimmer eingesargt wurde. Der weisse Sarg wurde auf zwei Stühlen neben seinem Bett gestellt, der obere Teil abgehoben und der starre Körper in den Sarg gelegt. Sein Bär, der ihn so oft getröstet hatte, erhielt neben ihm auch ein Plätzchen. Mir wurde bewusst, dass nun die letzten Minuten angebrochen waren, bevor wir ihn aus dem Hause tragen würden. Nachdem der Sarg verschraubt war, legte ich auf der einen Seite Hand an und half, Rolf zum letzten Mal die Treppe hinunterzutragen und anschliessend in die schwarze vor dem Hause wartende Limousine zu laden. Wir konnten ihn nicht alleine gehen lassen. So begleiteten wir ihn zum Friedhof, wo er in der Leichenhalle im Katafalk aufbewahrt wurde. Er war von jetzt an nur noch auf Distanz durch eine Glasscheibe hindurch sichtbar. Für die Kinder war es fast unverständlich, dass er ein so schönes Kissen hatte wie in einem Bett, seine Kleider trug und sein Bär noch bei ihm war.

15. Beerdigung

Ursi: Das Gespräch mit dem Pfarrer war auf unseren Wunsch bei uns zu Hause. Es war sein erstes Kinderbegräbnis. Wir erzählten ihm von Rolf, besprachen den Inhalt und den Ablauf der Beerdigung. Dabei gab er mir das Gefühl, dass er Zeit für uns hatte. Als Abschluss wünschte er, mit uns zusammen zu Rolf zu gehen. Dort standen wir still nebeneinander. In die Stille hinein sagte er: "Ich möchte für Sie und Rolf beten." Berührt durch das Gebet sowie die persönliche Betroffenheit und die Gefühle, die der Pfarrer in diesem Augenblick zeigen konnte, verabschiedeten wir uns.

Peter: Bei der Beerdigung war für mich sehr eindrücklich zu sehen, wie natürlich und selbstverständlich gleichaltrige oder gar jüngere Kinder spontan und hemmungslos in den Sarg schauten. Sie wollten Rolf in seiner Umgebung nochmals sehen. Vielleicht wollten einige von ihnen auch kontrollieren, ob das Geschenk Rolf wirklich mitgegeben wurde. Ein kaum sechsjähriges Mädchen wollte dies auch tun. Krampfhaft wurde es von seinem Vater an der Hand zurückgehalten. Mehrfach erklärten ihm die

Eltern, dass dies nicht gut sei. Das Mädchen liess sich jedoch von seinem Vorhaben nicht abbringen. Sehr selbstsicher sagte es zum Vater, dass es die Schuhe schnüren müsse. Der Vater liess die Hand los, und schon war das Mädchen bei Rolf. Entsetzte Elternblicke begleiteten es. Erst jetzt sah ich, dass das Mädchen schöne Lackschuhe ohne Schuhbändel trug. Rolf lag friedlich in seinem Sarg. Er hatte das ihm vorgezeichnete Ziel erreicht. Auf mich wirkte er wie ein König. In seinem Gesicht entdeckte ich majestätische Züge. Mir war, als hätte er sagen wollen: "Ich habe gelebt, ich habe entschieden, bis zur letzten Sekunde meines Lebens." Vieles versöhnte mich mit ihm. Ich hatte ihn liebgewonnen in seiner Art, in seiner Autonomie und in seiner Grosszügigkeit der Abschiedsgeschenke an seine Eltern. Er spürte richtig. Ich hatte keinen Auftrag ihm gegenüber. Ich kam zu seinen Eltern, um mit ihnen ein Wegstück der Trauer, der Auseinandersetzung mit dem Sterben, der Wut und der Ohnmacht zu gehen. Diese Leidenszeit hat uns freundschaftlich verbunden.

Ursi: Ja, ich spürte diese freundschaftliche Verbundenheit. Doch gab es Momente, wo Zweifel und Misstrauen die Beziehung zu Dir, Peter, untergraben wollten. Ich hinterfragte die Motive: Warum kommt er immer wieder? Will er eine wissenschaftliche Studie über das Sterben unseres Kindes machen? Will er unser Verhalten beurteilen oder gar verurteilen? Will er uns eine bestimmte Form des Sterbens und Begleitens aufschwatzen? Das Ganze bringt ihm ja wirklich nichts! Vergeudet er nicht seine kostbare Zeit? Als Fremder musstest Du versuchen, in je sechs Stunden unser Vertrauen zu gewinnen. Du hast unsere Sprachlosigkeit, unsere Ohnmacht, unsere Verzweiflung ausgehalten. Du hast an unserer schweren Last mitgetragen. Du warst uns nahe in schwerer Zeit und warst ein ruhender Pol. Gerade weil ich Deine Motive hinterfragte, Dir nicht einfach blind vertraute, spürte ich um so stärker, dass wir auf Dich zählen konnten. Die

Angabe verschiedener Telefonnummern, um Dich sicher erreichen zu können, verlieh mir selbst innere Sicherheit.

16. Abschied

Kurt: In den folgenden Tagen habe ich mich bereits wieder in meine Arbeit vertieft. Der anschliessende einwöchige geschäftliche Aufenthalt mit meiner Frau in Südfrankreich hatte mir eine wohltuende Ablenkung gebracht. Fernab von der vertrauten Umgebung wurde ich weniger stark mit dem schmerzlichen Verlust belastet. Doch zu Hause wurde es mir wieder bewusst, dass Rolf nicht mehr da war. Ich war in sein Zimmer gegangen. Es war einfach leer. Ich mochte nichts anrühren, das Bestehende vermittelte mir die Erinnerung, dass sich hier einmal ein aktives Kind wohlgefühlt hatte. Kein Rufen, Lärmen, Kämpfen oder Spielen mehr. Am Abend kommt mir kein Rolf mehr entgegen. Er hatte mich sehr regelmässig auf dem Arbeitsweg nach Hause am Bahnhof abgeholt. Fast bei jeder Witterung kam er mir zu Fuss, mit dem Velo oder per Rollbrett entgegen, oder er hatte bereits auf dem Bahnhof gewartet. Tagsüber im Geschäft, an der intensiven Arbeit am Computer konnte ich mich relativ schnell von dem vergangenen Ereignis lösen und abschalten. Doch zu Hause ging ich noch einige Male in sein Zimmer. Immer wieder wurde mir bewusst, dass Rolf nicht mehr da ist. Anfangs Winter waren wir zur Aufführung der "Zäller Wiehnacht" eingeladen. Darin kommt die Passage vor:

> Kei Muetter weiss, was irem Chind wird gscheh,
> kei Muetter chann i d'Zuekumpft gseh.
> Ob ires Chind mues liide, oder ob mer's gar wird beniide?
> Kei Muetter weiss, was irem Chind wird gscheh.

Diese Worte gingen mir tief unter die Haut.

Ursi: Trotz der Belastung war es auch schön, dass wir Rolf überall hintragen mussten. Oft drückte ich ihn noch eine Weile an mich, sagte ihm, wie fest gern ich ihn habe, bevor ich ihn an seinem Plätzchen wieder zurechtbettete. Als ihm die Umarmung auch mal zu lang war (er war kein Schmuser), verlangte er, sich wieder hinsetzen zu können. In solchen Augenblicken sagte ich ihm: "Weisst du, vielleicht kann ich dich nicht mehr so lange auf diese Weise spüren und halten." Er wünschte und genoss unsere Nähe, das Gehaltenwerden. Im Nachhinein lösten schöne Erinnerungen Tränen der Dankbarkeit aus, gaben mir aber auch die Kraft zum Weitergehen. Gleichzeitig denke ich an all jene Mütter und Väter, deren Kind ganz plötzlich stirbt, denen aber die Möglichkeit solchen Abschieds versagt bleibt.

Kurt: Während der ganzen Zeit konnte ich mich den Problemen, die sich aus Rolfs Krankheit ergaben, recht gut stellen und dadurch das Privatleben vom Geschäftsleben einigermassen trennen. Ich war froh darüber, dass mir mein Arbeitgeber Verständnis entgegenbrachte und auch meine Frau einwilligte, dass ich auf Geschäftsreisen war oder wieder einmal später nach Hause kam. Knapp ein Jahr nach Rolfs Tod traf mich ein weiterer Schlag: Bedingt durch Restrukturierungsmassnahmen wurden unsere Abteilung aufgelöst und alle Mitarbeiter entlassen. Diese Massnahme traf auch mich. Ich habe mich sehr für diese Firma eingesetzt, auch während Rolfs Krankheit. Ich war oft im Ausland und wäre lieber zu Hause geblieben. Heute weiss ich, dass ein Arbeitsverhältnis nur dann sinnvoll ist, wenn es für beide Seiten gleichermassen "stimmt".

Ursi: So wie die Geburt unseres Kindes uns zu Herzen ging, so unvergesslich bleibt auch sein Sterben. Es war mir wichtig, dass sein Sterben in einer Atmosphäre der Ruhe und des Friedens geschehen würde, an dem Ort, wo Rolf sich am wohlsten fühlte, zu Hause. In meiner Angst vor dem unersetzlichen Verlust war es für mich hilfreich zu spüren, dass wir von so vielen Menschen gestützt und getragen wurden.

Peter: Noch oft denke ich an Rolf und die vielen erlebten Stationen zurück. Die offenen und ehrlichen Begegnungen mit Euch beiden, Ursi und Kurt, waren für mich wichtige Momente in meinem Leben. Es ist nicht leicht, kurz vor dem Sterben eines Kindes Teil einer bislang fremden Familie zu werden. Immer wieder spürte ich die elende Not und die heimliche Hoffnung auf ein Wunder. Wie schön wäre doch ein Wunder - einfach so. Wie oft schon blickte ich verzweifelt zum endlosen Himmel hinauf mit den Gedanken in mir: "Mach's doch!"

MEINE KINDER STARBEN, BEVOR SIE GELEBT HABEN

Christa Hunziker-Jäger

Wir haben zwei Mädchen verloren. Das eine kam viel zu früh zur Welt und war nicht lebensfähig, das andere war schwer krank und starb kurz nach seiner Geburt.

Ich habe mich bereit erklärt, meine Erlebnisse darzulegen, weil ich hoffe, damit einen Beitrag zu leisten, um dieses Thema endlich von seinem Stiefkinddasein zu erlösen. Weiss ich doch, dass dem frühen Tod von ungeborenen und neugeborenen Kindern immer noch vielerorts sehr unbeholfen begegnet wird.

Wir waren sehr glücklich und stolz auf unsere erste Schwangerschaft. Alles ging gut, ich fühlte mich wohl, und endlich begann auch mein Bauch ein klein wenig zu wachsen. Die Kindsbewegungen spürte ich schon etwa zwei Wochen, als ich eines Abends in der 22. Schwangerschaftswoche zu bluten begann. Mit einem Riesenschreck fuhren wir zur Notfallstation. Die Ärztin untersuchte mich und zerschmetterte all unsere Hoffnungen mit einem einzigen Satz: "Das nennen wir einen unaufhaltsamen Abort", sagte sie.

Der Muttermund war offenbar zu schwach und begann sich viel zu früh zu öffnen. Ich wurde in ein Zimmer des Gebärsaals gebracht und 'kopftiefliegend' auf ein Bett gelegt. Mittlerweile hatten die Wehen eingesetzt. Eine Infusion wurde angelegt, um hochdosiert wehenhemmende Mittel zu verabreichen. Uns stand eine lange, durchwachte Nacht bevor.

Mein Mann sass bleich und traurig neben mir. Wir hörten die Herztöne über den Monitor, ich spürte die Kindsbewegungen. Und dennoch ahnten wir beide, dass wir einen aussichtslosen Kampf kämpften.

In dieser Nacht hörten wir dreimal aus einem Nebenzimmer den ersten Schrei eines neugeborenen Kindes.

Nach 15 Stunden vergeblichen Versuchs, diese vorzeitige Geburt zu stoppen, wurde die Infusion auf wehenfördernde Mittel umgestellt. Es folgten drei Stunden schmerzvoller Wehen und eine von der Ärztin diktierte kurze Austreibungsphase. Ich sollte pressen, aber ich wollte nicht - ich wollte doch gar nicht. Und dann war sie da - unsere kleine Andrea - 450 Gramm leicht - ein perfektes kleines Mädchen, an dem alles dran war: Fingernägel, Augenbrauen - alles. Sie war da, aber leider viel zu früh und nicht lebensfähig.

Wieso?

Die Schwester wickelte sie in ein rosa Tuch und legte sie mir auf den Bauch. Wir hielten sie in den Armen und weinten. Wir streichelten sie und küssten sie beide auf die kleine Nase. Adieu - "es häd nöd sölle sii."

Was nachher geschah, erlebte ich nur wie durch einen Nebelschleier hindurch, weil mir ein Schlafmittel verabreicht worden war. Dafür erwachte ich dann um 4 Uhr morgens allein in einem Zimmer. Und da fiel die Decke über mir zusammen. Ich fühlte mich sehr verlassen und war tief traurig. Ich sehnte mich nach Wärme und Geborgenheit, aber es war niemand da. Mein Bauch und meine Arme fühlten sich schrecklich leer an. Ich hätte dringend jemanden gebraucht, mit dem ich hätte reden können, und sehnte den Morgen herbei.

Ich fühlte mich durch dieses kurze, aber heftige Ereignis völlig überrumpelt und begriff nicht, dass ich nicht mehr schwanger war. Es tat mir jedoch gut, zu sehen und zu spüren, dass auch mein Mann offen um unser Kind trauern konnte, obwohl er dessen Existenz in diesem Stadium der Schwangerschaft eigentlich gar noch nicht richtig hatte erfassen können. Heftige Gefühle von Trauer, Wut, Ohnmacht und Verzweiflung wechselten sich ab. Wir konnten uns damals viel Zeit nehmen und vermochten uns gegenseitig zu helfen und zu trösten.

Schon bald meldeten sich bei mir aber auch Gefühle, deren ich mich sehr schämte, ich spürte eine grosse Eifersucht auf Frauen, die schwanger waren - wieso ich nicht? Mein ganzes Inneres verkrampfte sich, wenn sich mir ein Kinderwagen näherte - wieso ich nicht? Es ging so weit, dass ich dieses Glück den anderen Frauen missgönnte.

Und schon waren auch Schuldgefühle da, so etwas überhaupt nur zu denken. Diese Gefühle und Gedanken sassen tief in mir und beelendeten mich stark; gleichzeitig aber beschämten sie mich derart, dass ich sie niemandem gegenüber zu äussern wagte.

Zwei Wochen nach Andreas Tod signalisierte mir mein Körper noch einmal auf ganz schmerzliche Weise, was hätte sein sollen. - Es tropfte, trotz anfänglich eingenommener Medikamente, Milch aus meinen Brüsten. Dies machte mich zutiefst traurig und überraschte mich auch - ich war darauf nicht vorbereitet. Wenn ich an diese Zeit zurückdenke, kann ich mich an viele Dinge sehr präzise, an andere wiederum nur schlecht erinnern. Vieles ist im Zuge der anschliessend noch folgenden Erlebnisse in den Hintergrund getreten oder hat sich in seiner Wertigkeit verändert.

Nebst einer allgemeinen Lustlosigkeit und Freudlosigkeit erinnere ich mich an die starke innere Unruhe und Ungeduld, baldmöglichst wieder schwanger zu werden.

Nach weiteren sechs Monaten wurde ich wieder schwanger. Obwohl ich diesen Umstand heiss ersehnt hatte, mischten sich sofort auch Ängste unter die Freude. Wir waren keine unbeschwert sich freuenden und hoffenden Eltern mehr - das war eine der grundlegendsten Veränderungen, die uns nunmehr begleitete.

Um ein nochmaliges vorzeitiges Öffnen des Muttermundes zu vermeiden, wurde mir nach 14 Wochen der Muttermund mit einer Cerclage verschlossen. Dadurch fühlte ich mich wohl im Kopfe sicherer, gefühlsmässig aber stiegen in mir immer wieder grässliche Ängste vor Verlust und neuem Schmerz auf. Vom eigenen Körper signalisierte Empfindungen konnte ich oft nur verzerrt wahrnehmen. Durch jede geringste Unregelmässigkeit in meinem Befinden wurde ich völlig verunsichert. Zwei Mal rief ich meine Gynäkologin spät abends noch an, um mich von ihr beruhigen zu lassen. Irgendwie hatte ich das grundsätzliche Vertrauen in meinen Körper verloren. Auch beschäftigte mich die Frage, ob die seelische Entwicklung meines ungeborenen Kindes geprägt werde durch all meine Ängste und Zweifel? Das konnte doch gar nicht spurlos an ihm vorbeigehen.

Mit dem grösser werdenden Bauch und dem heftig sich bemerkbar machenden Kind in mir fühlte ich mich sicherer - ganz sicher allerdings nie mehr.

Um so glücklicher fuhren wir dann am frühen Morgen des 22. September 1984 ins Spital, als nach fast neun Monaten Schwangerschaft regelmässige Wehen die Geburt von Stephan ankündigten. Wir freuten uns riesig über unseren gesunden kleinen Sohn.

Als Stephan ein Jahr alt war, wurde ich zum dritten Mal schwanger. Bei den Vorsorgeuntersuchungen schien alles in Ordnung zu sein. Mit 16 Wochen wurde wiederum vorsorglich mein Muttermund operativ verschlossen. Bei einem Routineultraschall in der 24. Schwangerschaftswoche, also in der Mitte des sechsten Schwangerschaftsmonats, stellte der Arzt bei meinem Kind ein riesiges Herz fest. Von den Ärzten wurde sofort erwogen, eine Fruchtwasserpunktion zu machen, um eine allgemeine

Missbildung des Kindes ausschliessen oder bestätigen zu können. Ich war völlig geschockt - ich wollte gar nichts unternehmen - zuerst musste ich alle meine Sinne zusammenkriegen, um diese Nachricht überhaupt aufnehmen zu können. Man hatte da in mich und in mein Kind hineingeschaut. Von einer Sekunde zur anderen war ich die Mutter eines kranken Kindes geworden. Plötzlich verfügten Drittpersonen über meinen Bauch. Die stille Zweisamkeit mit meinem Kind war zerbrochen. Ich erinnere mich, wie ich weinend das Treppenhaus des Spitalgebäudes hinunterschlich.

Am nächsten Tag untersuchte ein Kardiologe des Kinderspitals mit einem speziellen Ultraschallgerät das Herz unseres ungeborenen Kindes. Er stellte einen sehr schweren Herzfehler fest. Er teilte uns auf sehr einfühlsame Art und Weise mit, dass unser Kind im besten Fall mit Hilfe einer Operation ein paar Jahre schwerkrank leben würde - wahrscheinlicher aber sei es, dass es vielleicht schon während der Schwangerschaft Komplikationen gebe oder aber, dass unser Kind in den ersten paar Tagen oder Wochen seines Lebens sterben würde. Von gynäkologischer Seite her wurde uns daraufhin die Möglichkeit eines späten Schwangerschaftsabbruchs angeboten. Obwohl ich in diesen Tagen mit meinen Gedanken völlig durcheinander und meine Gefühle in Aufruhr waren, wusste ich eines ganz genau: Dieses Kind bleibt in meinem Bauch, so lange es geht und so gut es geht. Ich war fest entschlossen, darum besorgt zu sein, unserem Kind eine möglichst gute Ausgangslage für sein schweres Schicksal mitzugeben.

Und irgendwo - an einem ganz kleinen Ort - hatte ich anfänglich die Hoffnung, es würde trotzdem alles gutgehen - ich konnte und wollte der Technik nicht absolut trauen. Aber diese kleine Hoffnung war eigentlich nur ein Selbstschutz. Wie konnte ich, wie man so schön sagt, "in der Hoffnung" sein mit einem todkranken Kind im Bauch?

Ich betrauerte wachsendes Leben in mir! Ein völlig verrücktes Aufeinanderprallen von Gefühlen plagte mich. Tausend Fragen stürzten auf mich und meinen Mann ein:

- Werde ich mein Kind austragen können?
- Was geschieht, wenn es ihm schon vor der Geburt nicht mehr gutgeht?
- Wird es, kaum geboren, operiert werden müssen?
- Wie bereiten wir Stephan auf sein Geschwisterchen vor, das vielleicht gar nie nach Hause kommen wird?
- Wie organisieren wir unsere Familie, falls unser Kind lange im Spital bleiben muss - wer schaut nach Stephan?
- Sollen wir eine Geburtsanzeige vorbereiten?
- Soll ich überhaupt irgend etwas vorbereiten für dieses Kind?
- Soll ich Kleidchen sortieren, den Stubenwagen bereitstellen? Es hat doch das Recht darauf, dass man sich freut und dass es erwartet wird!

Ich hatte aber Angst, den Nesttrieb aufkommen zu lassen, hatte Angst vor freudigen Gefühlen, die ja doch nur enttäuscht würden. Eine lange Zeit der Ungewissheit und Angst stand uns bevor. Auch im Kontakt zu anderen Leuten wurde ich mit diesem Konflikt konfrontiert. Natürlich erzählten wir unseren Freunden und der Familie von Danielas Krankheit, aber im Umgang mit Leuten, die ich weniger gut oder überhaupt nicht kannte, war es oft schwierig zu entscheiden, ob ich auf die primär positive Reaktion, die ein grosser Bauch hervorruft, auch positiv, nämlich lächelnd, reagieren sollte oder ob ich meine wahren Gefühle über diesen Bauch preisgeben wollte.

Nebenher ging ja auch das Leben weiter - ich hatte für meinen sehr quirligen eineinhalb Jahre alten Buben zu sorgen. Gegen aussen wirkte ich - laut Freunden - sehr tapfer. Ich versuchte es für unser ungeborenes Kind zu sein. Innerlich aber war ich oft der Verzweiflung nahe.

Das Wissen, ein krankes Kind zu haben, ihm aber nicht helfen zu können, bedrückte mich. Ich hatte das Bedürfnis, mein krankes Kind zu beschützen - es zu trösten - es zu liebkosen -

aber dies alles war ja noch nicht möglich, weil es nicht greifbar war. Dies führte bei mir zu einem Gefühl der absoluten Hilflosigkeit. Andererseits hatte ich auch eine unbewusste Angst, mich allzufest an dieses Kind zu binden, um den späteren Verlust nicht noch schmerzlicher erleben zu müssen. So waren diese drei Schwangerschaftsmonate geprägt durch das Hin- und Hergerissen sein zwischen Angst und Ungewissheit, leiser Hoffnung und Freude auf unser Kind. Daneben aber plagten mich auch Gefühle der Wut und des Nicht-Verstehen-Wollens. Ich haderte mit dem Schicksal: Warum schon wieder wir?

Gegen Ende der Schwangerschaft sehnte ich einerseits die Geburt unseres Kindes und damit das Ende dieser unerträglichen Ungewissheit herbei, andererseits wusste ich mittlerweile, dass es Daniela am besten ging, solange sie in meinem Bauch drin war.

Um Körper und Seele auf die bevorstehende Geburt einzustimmen, besuchte ich regelmässig einen Geburtsvorbereitungskurs. Zusammen mit anderen schwangeren Frauen konnte ich mich dort für kurze Augenblicke der Illusion unbeschwerter Vorfreude hingeben.

In einer Besprechung mit dem Gynäkologen und dem Neonatologen entschieden wir, dass kein Kaiserschnitt gemacht würde, also auch dann nicht, wenn es Daniela während der Geburt schlechtgehen sollte. Ich wollte das eventuell sehr kurze Leben meines Kindes in einem wachen und präsenten Zustand erleben können.

Und so kam der Tag der Geburt von Daniela. Am frühen Morgen spürte ich die ersten Wehen. In mir drin kehrte plötzlich Ruhe ein. Endlich hatte ich eine ganz konkrete Aufgabe. Ich wollte unser Kind gebären. Weiter als an diese schwere körperliche Arbeit konnte ich vorerst nicht denken. Wir gingen ins Spital, wo ich mich sicher fühlte. Endlich geschah etwas. Die lähmende Zeit des Wartens war vorbei. Wir hatten eine wunderbare Hebamme, die sich sehr liebevoll um mich kümmerte. Auch von seiten der Neonatologie war alles sorgfältig vorbereitet - man wartete auf unser Kind. Die Geburt ging gut und relativ leicht voran. Die Hebamme hörte nur ab und zu mit dem Hörrohr die Herztöne unseres Kindes ab. Dann kamen die Presswehen: Daniela musste ihren geschützten Ort im Mutterleib verlassen. Sie lebte und atmete, weinte, aber nur leise, und wir alle sahen, dass sie litt. Der Neonatologe nahm Daniela mit sich auf den Reanimationstisch, um ihr beim Atmen zu helfen. Sie wehrte sich offensichtlich sehr gegen diese Massnahme, und bei dieser Gelegenheit wurde festgestellt, dass Daniela auch noch schwer missgebildete Augen hatte. Somit war ihr Schicksal besiegelt. - Man half ihr nicht zu leben. - Ich werde den Augenblick nie vergessen, als mein Mann weinend mit Daniela in den Armen zu mir an das Bett zurückkam. Er legte sie mir in die Arme und erzählte mir von ihren Augen. Daniela war blind und ihre Äuglein sahen schlimm aus. - Es war ein schrecklicher Moment für uns. Wir hatten nun die Gewissheit, dass sie bald sterben würde.

Wir hielten sie, streichelten sie und sprachen mit ihr. Ich befand mich in einer sehr wachen, aufmerksamen und gefassten Stimmung. Ich weinte nicht. Noch nicht. Daniela stöhnte - sie litt unter Atemnot und machte ein klägliches Gesichtchen. Der Neonatologe gab ihr daraufhin eine Spritze gegen die Schmerzen. Nachher hielten wir sie in den Armen und warteten auf ihren Tod. Eineinhalb Stunden nach der Geburt hörte Daniela auf zu atmen. Ich merkte, wie sie ihre Atemzüge immer oberflächlicher und in immer längeren Abständen machte. Wir mussten sie einfach sterben lassen - nach so kurzer Zeit. Wir beobachteten, wie sich ihre Gesichtszüge entspannten, wie sie schlaff und bleich wurde. Wir hielten sie noch lange in den Armen, streichelten sie und versuchten Abschied zu nehmen. Ich erinnere mich, wie ich bewusst versuchte, ihren Anblick in mir aufzusaugen in der Angst, dass diese bildliche Erinnerung sonst allzu schnell verblassen würde. Die Zeit war so kurz und der Verlust so gross.

Daniela wurde dann für kurze Zeit von uns weggenommen, um auf der Neonatologieabteilung genau untersucht zu werden. Als sie zu uns zurückkam, war sie angezogen und lag in einem Bettchen, welches mit einem kleinen Blumenstrauss geschmückt war. Sie lag friedlich da mit gekämmten Haaren - ich konnte meine Augen kaum mehr von ihr lösen. In meine Gefühle mischten sich aber auch zunehmend Angst, sie mit meinen Händen zu berühren.

Wenn ich zurückdenke, bedaure ich unseren fehlenden Mut, Daniela damals nicht nochmals aus dem Bettchen genommen, sie noch länger und mehr in den Armen gehalten, sie gestreichelt, wahrgenommen und am ganzen Körper befühlt zu haben. Rückblickend wären wir froh gewesen, wenn uns jemand dabei unterstützt hätte.

Irgendwann mussten wir uns für immer von Daniela verabschieden. Benommen von den Ereignissen, konnten wir im Moment die Endgültigkeit dieses Abschieds nicht recht wahrnehmen. Wir fühlten uns in einem leeren Raum ohne Halt und Boden.

Als mich eine Schwester auf die Wochenbettabteilung holen wollte, brach ich völlig zusammen. Nicht ohne mein Kind! schrie es in mir. Endlich kamen die Tränen.

In den nächsten Stunden machte es mir mein Körper zusätzlich schwer. Er signalisierte mir mit allen Fasern, dass eigentlich ein Kind da sein sollte. Ich blutete stark, meine Naht schmerzte, meine Brüste waren eingebunden und mein Bauch fühlte sich schrecklich leer an. Ich war verzweifelt. Ich spürte, wie sich eine schwere Trauer in mir breitmachte. Ein Teil von mir war mit Daniela gestorben. Ich hatte keine Kraft mehr und vermochte mich nicht einmal zu wehren, als in den zwölf Stunden, die ich in diesem Zimmer auf der Abteilung verbrachte, nicht weniger als acht verschiedene Schwestern den Raum betraten. Ich fühlte mich all diesen Blicken völlig ausgeliefert und daher sehr unwohl dort und wollte so schnell wie möglich nach Hause.

Auch mein Mann hatte an diesem Morgen eine unerfreuliche Begegnung mit dem Bestattungsbeamten im Spital. Er erklärte meinem Mann eindringlich, dass man für ein neugeborenes Kind nur eine symbolische Urne haben könne. Solch ein kleines Kind werde nämlich zusammen mit einem Erwachsenen kremiert, so dass vom Kinde nichts übrigbleibe.

Wir fühlten uns sehr verletzt und unverstanden. Viele Freunde und Angehörige waren sehr lieb und verständnisvoll, liessen uns erzählen, hörten zu und trösteten uns. Es gab aber auch uns nahestehende Personen, die kaum reagierten, die so taten, als sei nichts geschehen. Vielleicht meinten sie, uns weh zu tun, wenn sie von Daniela redeten: mir aber tat es weh, wenn sie nicht von ihr reden konnten.

Besonders schmerzhaft waren Aussagen wie: "Sie sind ja noch jung - sie können wieder eins haben!" oder "Sie war ja krank - es war besser so!" Nein, besser war es nicht - es ging alles viel zu schnell. Wir fühlten uns letztendlich sehr allein mit unserer Trauer, weil wir mit niemandem unsere Erinnerung teilen konnten. Wir hatten mit unseren Freunden und unserer Familie keine gemeinsame Erinnerung an Daniela. Auch unsere eigene Erinnerung konzentrierte sich ja nur auf eine ganz kurze Zeit. Daniela blieb auch für uns ein geheimnisvolles Wesen, das sein Geheimnis wieder mit sich fortnahm.

Es mischten sich bei mir auch Gefühle der Wut ein - ich fühlte mich um die Chance betrogen, mein eigenes Kind kennenzulernen. Ich hätte sie gerne beschützt, gepflegt, umarmt und ihr Liebes getan.

Lange, schwere Schwangerschaftsmonate lang hatten wir uns gefragt und geplagt, wie es unserem Kind gehen werde, und nun war alles so schnell vorbeigegangen. Ich fühlte mich wie ausgehöhlt. Alles in mir schrie nach diesem Kind.

Ich wurde auch oft getröstet mit dem Hinweis, dass ich zum guten Glück noch Stephan hätte und dass er mir sicher helfen würde, über das Geschehene hinwegzukommen. Sicher war ich froh um ihn, und ich brauchte ihn, andererseits aber liess er mir sehr wenig Raum und Zeit für mich selber. Natürlich war die Situation auch für ihn sehr schwierig - er merkte, dass etwas nicht stimmte, war aber mit seinen 22 Monaten noch viel zu klein, um sich darüber zu äussern. Wir erzählten Stephan, dass Daniela als kleiner Engel in den Himmel gekommen sei. Er war aber noch lange der Überzeugung, dass sie bald einmal wieder zu uns zurückkehren werde. Seine innere Unruhe drückte er in einer extremen Anhänglichkeit aus - er klebte förmlich an mir. Ich fühlte mich dadurch von ihm sehr bedrängt und hatte gleichzeitig auch Schuldgefühle. Auch spürte ich den an sich ungerechtfertigten Anspruch an ihn, ein liebes Kind zu sein, um mich nicht noch zusätzlich zu belasten. Es war dann aber genau das Gegenteil der Fall. Stephan äusserte sein Unvermögen, mit der Situation umzugehen, in einem aggressiven Verhalten - er ging auf andere Kinder los und begann mich und meinen Mann zu beissen. Dies waren offensichtliche Zeichen *seiner* Hilflosigkeit und Überforderung.

Unsere Haltung Stephan gegenüber war in dieser Zeit durch eine zunehmende Überbehütung geprägt. Wir verspürten eine quälende Angst, ihn auch noch zu verlieren.

Nach einer Woche beerdigten wir Daniela. Ich war sehr froh, dass mein Mann alles organisiert hatte. Es war wichtig für uns, zusammen mit der Familie und Freunden Daniela zu gedenken, an ihrem Grab zu stehen, ihr Blumen zu schenken. Irgendwie nahm sie so nachträglich noch für alle andern Gestalt an. Niemand weiss warum - sie kam wie ein Schmetterling - berührte uns mit ihren Flügeln und flog wieder davon. Das waren die Worte des Pfarrers, die in mir hängenblieben. Es war ein schwerer, aber auch ein guter Tag.

Aus der nachfolgenden Zeit blieb mir vor allem meine grenzenlose Verletzlichkeit in Erinnerung. Ich fühlte mich wie gehäutet, ohne jeden Schutz gegen aussen. Zurückblickend denke ich, dass diese Gefühle des Verletztseins durch mehrere Begleitumstände verstärkt wurden: Wie nach jeder Geburt fühlte ich mich physisch geschwächt und den normalen Auswirkungen der hormonellen Umstellung unterworfen. Die intensive gefühlsmässige Wechselwirkung mit dem Neugeborenen musste ich in dieser Situation vollkommen entbehren und war völlig auf mich selbst zurückgeworfen. Ein nochmaliger Milcheinschuss machte mir wieder schmerzlich bewusst, dass mein Körper immer noch darauf eingestellt war, ein Kind zu ernähren. Ich empfand es als eine Vergewaltigung meines Körpers, diese Milch nicht herauslassen zu dürfen. Zudem schwächten die abstillenden Medikamente, die ich daraufhin nochmals einnehmen musste, meinen Kreislauf.

Neben der körperlichen Schwäche fühlte ich mich auch zunehmend seelisch erschöpft. Ich erinnere mich an bleierne, graue Tage ohne Lichtblicke. Ich zog mich in mein Schneckenhaus zurück und musste mich zusammennehmen, um anderen Leuten zu begegnen.

Ich hatte auch zunehmend das Gefühl, mit meiner Trauer eine Last zu sein für die andern. Es zeigte sich, dass genau die fehlende gemeinsame Erinnerung dazu führte, dass sich dieses Thema irgendwie erschöpfte. Mein innerer Schmerz aber blieb.

Ich vermisste den wiederholten Kontakt zu denjenigen Personen, die unser Kind gesehen hatten. Mir hätte ein Gespräch mit Arzt und Hebamme gut getan, indem man nochmals über alles hätte sprechen können: über Gefühle und Ängste, über gut Erlebtes, aber auch über die schlecht erlebten Aspekte dieses Ereignisses, über den Verlust des Kindes und auch darüber, warum es so hat sein müssen. Im nachhinein kamen immer wieder Gedanken (vielleicht absurde und abwegige), es hätte doch noch anders, besser ausgehen können.

In meinem depressiven Gemütszustand aber hatte ich nicht die Energie, mich bei diesen Personen zu melden, um mein Anliegen anzubringen.

Seit Danielas Tod sind sechseinhalb Jahre vergangen. Dies

scheint eine lange Zeit zu sein - in dieser Zeit aber blieben dieses Kind und das, was es in mir verändert hat, eine bleibende Wirklichkeit.

Heute bin ich Mutter von drei Kindern. Nach Daniela kamen noch zwei gesunde Mädchen zur Welt: Lisa und Annina.

Während diesen beiden Schwangerschaften erlebte ich Höhen und Tiefen. Einerseits fühlte ich mich gut und konnte diesen speziellen Zustand geniessen, andererseits wurde ich immer wieder in tiefe Zustände von Angst und Befürchtungen versetzt, aus denen ich mich nur mit Mühe befreien konnte. Vor einer Ultraschalluntersuchung bangte ich jedesmal und war nachher um so glücklicher, wenn ich die Bestätigung hatte, dass alles in Ordnung war. Ganz im Innern aber spürte ich eine bleibende Unsicherheit meinem Körper und dem ungeborenen Kind gegenüber.

Ich möchte nun noch ein paar abschliessende Gedanken aufzeigen. Es war für uns sehr wichtig, unsere beiden verstorbenen Kinder in unseren Armen gehalten und sie körperlich gespürt zu haben. Wir konnten so Abschied nehmen - wie unvollständig auch immer. Ich hätte nie sagen können: "Jetzt ist es gut", es wird einem immer das Herz aus der Brust reissen, ein Kind für immer hergeben zu müssen.

Was uns sehr geholfen hat, Daniela auch bildlich in Erinnerung zu behalten, waren die Fotos, die wir vor und nach ihrem Tod von ihr gemacht hatten. Anhand dieser Fotos können wir heute unseren Kindern von Daniela und auch von Andrea erzählen und ihrer gedenken.

Stephan konnte sogar dieses Jahr noch seinen Gefühlen Ausdruck geben, als wir am sechsten Geburts- und Todestag von Daniela einen Blumenstrauss pflückten und eine Kerze anzündeten. Er begann zu weinen und fand es sehr traurig, dass seine kleine Schwester so krank zur Welt gekommen war.

Was mich lange beschäftigte, war die Frage, ob es gut gewesen sei, so lange vor der Geburt zu wissen, dass mein Kind krank ist. Für mich selber kann ich diese Frage nicht endgültig beantworten; für Daniela aber war es sicher gut, denn sie wurde nicht unnötigerweise geplagt, sondern konnte in Ruhe sterben.

Es scheint mir sehr wichtig zu sein, dass Geburts- und Wochenbettabteilungen ein Betreuungsmodell ausarbeiten, wie im Falle einer unglücklichen Schwangerschaft und Geburt vorgegangen werden sollte. Hebammen, Schwestern und Ärzte müssen sensibilisiert und angeleitet werden, mit verwaisten Eltern umzugehen; denn ihre Trauer ist gross - so klein das Kind auch gewesen ist.

ER WÜRDE NUN BALD ELF JAHRE ALT

Viviane Schwizer

Lange lag ich letzthin wieder wach und dachte an unseren toten Sohn. Er würde nun bald elf Jahre alt. Er hätte eine ältere Schwester, einen Zwillingsbruder, der ihm aufs Haar gleichen würde, und einen jüngeren Bruder mit ähnlichen rehbraunen, grossen Augen. Wir Eltern hätten nicht drei, sondern vier Kinder. Doch es ist anders gekommen: Mathias lebte nur neun Tage mit uns. Er wurde viel zu früh, in der 31. Schwangerschaftswoche, geboren. Doch er war gesund und wohl. Immer wieder denke ich daran, wie mich das kleine Kind mit seinen grossen Augen anschaute und seine winzige Hand einen einzigen Finger von mir umklammerte. Dann - irgendwann in einer schrecklichen Nacht - kam die böse Nachricht: Die medizinische Diagnose hiess *Nekrotisierende Enterokolitis.* Für uns waren dies zuerst nur Unheil verkündende Fremdwörter. Später erfuhren wir, dass die grausame Darminfektion nur in fünfzig Prozent der Fälle überlebt würde. Dass unser Sohn bei denen wäre, die der Krankheit unterliegen, konnte und wollte ich damals einfach nicht glauben. Wir hatten uns dieses Kind doch so sehr gewünscht! Es konnte und durfte doch nicht sein, dass dieses kleine, flackernde Leben schon wieder erlöschen würde. Mathias war doch zum Leben geboren. Ich konnte und wollte nicht glauben, dass ein Menschlein auf diese Welt kommen würde, um nach ein paar wenigen Tagen dahinzusiechen und elend zu krepieren.

Harte Worte. Doch es war so. Unser kleiner Sohn starb elendiglich. Nicht in meinen Armen, sondern in einer Isolette im Spital. Nachdem wir über den Ausbruch der bedrohlichen Krankheit informiert worden waren, eilten wir von dem Spital, in dem ich noch als Wöchnerin weilte, in die Klinik mit Frühgeborenenabteilung, in der unser Sohn Mathias lag. Ich merke, wie sich heute noch Steine auf meine Brust legen und ich zu zittern beginne, wenn ich mir die Begegnung mit unserem sterbenden Sohn wieder in Erinnerung rufe. Es war entsetzlich: Mathias' rosige Körperfarbe war übergegangen in ein fahles Grau. Der winzige Bauch war grotesk aufgedunsen. Eigenartige Wölbungen auf der Bauchdecke zeichneten sich ab. Dies seien die kranken Därme, die sich aufblähten. Unser Sohn, unsere knapp zwei Kilogramm schwere Frühgeburt, litt unter einem derart aufgetriebenen Bauch, dass er proportional dem Bauch einer Schwangeren im neunten Monat entsprochen hätte. Mathias lag auf dem Rücken, das Gesicht zur Seite gedreht. Sein Mund stand offen. Er schaute mich gross, fast verwundert an, mein aschgrauer Sohn, als wollte er sagen: "Was macht ihr denn da mit mir?"

Zwei Tage nach Ausbruch des Infekts starb Mathias. Ich erinnere mich noch genau an die Begebenheiten von damals wie an eindrückliche Filmsequenzen: Todesnachricht, bürokratische Gänge, Beerdigung, die Zeit danach. Nur waren es leider keine Filmszenen, sondern Wirklichkeit. Für uns alle hatte sich damals eine Falltüre ins Nichts aufgetan. Der Tod war kein beängstigender Alptraum mehr, von dem zu erwachen Erleichterung bringt. Er war bitterste Realität geworden. Wir hatten unseren ältesten Sohn endgültig verloren und mussten lernen, damit zu leben. Ich werde die Bodenlosigkeit von damals nie vergessen.

Der Schmerz ist anders geworden

"Du hast den Tod von Mathias immer noch nicht verkraftet!" Jemand schmetterte mir diesen Satz letzthin entgegen. Geantwortet habe ich nichts. Lange habe ich jedoch an dieser Aussage herumstudiert. Stehe ich wirklich noch am selben Ort wie damals, als die Wunde noch so frisch war? Ist der Tod eines Kindes überhaupt zu verkraften? Ist der Abgrund, den wir im Leben immer befürchten, der sich beim Tod unseres Sohnes aber auch aufgetan hat und uns fast verschlungen hätte, denn jemals wieder zu vergessen?

Einiges ist vorbei, ob verkraftet oder nicht, weiss ich nicht, jedenfalls vorbei: Die ewige Fragerei nach dem Warum zum Beispiel. Nicht dass ich eine Antwort gefunden hätte, aber das Fragen hat aufgehört. Mathias' Tod ist ein Teil unserer Familiengeschichte geworden. Wir besuchen hin und wieder sein Grab, sprechen von Mathias. Doch das gemeinsame Leben mit ihm, sein Wachsen und Gedeihen mitzuerleben, ist nicht möglich geworden.

Anderes ist auch heute noch sehr präsent: Die Angst etwa um meine drei heutigen Kinder ist grösser geworden. Sie sind quietschlebendig, lieben das Leben, von dem ich doch erlebt habe, wie zerbrechlich es ist.

Zudem habe ich an gewissen Berührungspunkten, die mich an meinen Sohn erinnern, eine sehr dünne Haut bekommen. Sie tun heute noch weh, wenn man daran rührt: Ich denke etwa so, wie wenn man gegen eine alte Narbe tritt. Und Berührungspunkte gibt es viele:

- Wenn ich den Namen Mathias höre oder eineiige Zwillinge sehe;
- Wenn Monitoren in einem Spital piepsen, an Geburtstagen, Festtagen, Todestagen;
- Auf Friedhöfen und an Beerdigungen spielt mir die Erinnerung immer noch einen Streich.

Und unvermittelt ist die Sehnsucht nach meinem Sohn Mathias wieder da: Hätte er doch mit uns leben dürfen!

Das Bild vom Baum

Doch ich will mich bewusst nicht in Selbstmitleid wälzen. Andere haben andere Verluste ertragen müssen. Ich will nicht ein Leben lang Trauerweide sein und mich danach definieren: "Ich bin die, die einmal ein Kind verloren hat." Ich bin auch anderes: Frau, Partnerin, Mutter, Berufsfrau, Hausfrau. Es sind interessante Rollen in schillernden Facetten. Ich lebe sie ganz und freue mich daran. Der Tod meines Sohnes hat an meinem Lebensbaum einen wichtigen Ast abgeschlagen. Nie wird dieser Ast wieder nachwachsen. Es hat in diesem Teil der Krone eine Lichtung gegeben, die bleiben wird. Doch vielleicht hat gerade diese Verdünnung im Geäst auch Raum geschaffen für anderes. Der Tod hat neue Dimensionen eröffnet. Ich habe sie nicht gewünscht und nicht gerufen, doch nun will ich mit ihnen leben:

- Mit dem Wissen, dass Verluste mich und andere grausam hart treffen können;
- Mit dem Wunsch, dass mir ein Mitdenken und Mitfühlen mit andern gerade durch das Erlebnis mit dem Tod unseres Sohnes noch eher möglich sein wird;
- Mit der Hoffnung, dass sich das Leben, grau in grau, immer wieder verändert und immer wieder an Farbe und an Lebensfreude gewinnt.

DIE FAHRT ZUM PFERDEPARADIES

Edith Isler-Sieber

Dies ist eine von vielen individuellen Möglichkeiten, etwas auszudrücken, mitzuteilen in der wohl schwierigsten Lebenssituation: der Konfrontation mit dem Tod.

Meine Geschichte kann auch unabhängig vom Thema Tod jederzeit als Einstiegsgeschichte zur Animation eigener Phantasien und Vorstellungen von Kindern oder Erwachsenen benützt werden. Wichtig ist, dass die Kreativität im geheimnis- und phantasievollen Leben freien Lauf und dadurch auch freie Ausdruckskraft erfährt. Innere, meist verborgene Wünsche oder Vorstellungen können aktiviert werden.

Meine Tochter Iris (neuneinhalb Jahre) zeichnete und besprach diese Geschichte zwölf Tage vor ihrem Tod. [1]

Als jüngstes unserer drei Kinder kam sie am 25. Februar 1980 gesund zur Welt. Mit knapp vier Jahren erkrankte Iris. Sie hatte Leukämie. Eine sehr intensive Zeit begann. Es waren Berg- und Talfahrten zu den höchsten Gipfeln und schlagartig wieder hinunter in die tiefsten Täler. Jahrelang kämpften wir darum, dass Iris wieder gesund mit uns zusammen leben und gross werden könnte. Nach knapp sechs Jahren endeten unsere intensiven Bemühungen mit verschiedenen Heilmethoden mit einem weiteren Rückfall. Nach der letzten Chance - der Knochenmarktransplantation - zerschellten unsere Hoffnungen auf Gesundsein.

Unser einziges Ziel war noch, dass Iris ihre letzte Zeit so schön wie nur irgend möglich verbringen könnte. Wir entschlossen uns, keine Chemotherapie mehr machen zu lassen und ihr nur noch Schmerzmittel zu geben, wenn es nötig werden würde. Ihr Befinden sollte nicht mehr durch Medikamente, die doch keine Heilung bewirken konnten, beeinträchtigt werden. Wie lange sie noch leben durfte, lag nicht mehr in unseren Händen. Wo wir die nächste Zeit verbringen sollten, war keine Frage. Wenn es einen Ort gab, der für Iris das Paradies auf Erden war, dann war es ein Ponyhof in Deutschland. Am 1. September fuhr die ganze Familie für eine Woche dahin. Die zweite Woche verbrachten Iris und ich allein dort. In dieser Woche entstand ihr Buch. Das erste Bild zeichnete sie am 13. September: Das Schiff in voller Fahrt auf dem Meer. Sie befand sich zu diesem Zeitpunkt genau in der Mitte ihrer Reise. Das wurde mir allerdings erst nach ihrem Tod bewusst. Iris gab den Zeitabschnitt, den sie brauchte für die Überfahrt, selbst bekannt. In ihrer Geschichte heisst es: "Nach schon drei Wochen..." Fahrt sehen sie wieder Land. Ab Bekanntwerden des Rückfalles am 30. August bis zu ihrem Tod vergingen dreieinhalb Wochen. Das Schiff musste gebaut werden, und nach drei Wochen erreichten sie das Ziel.

Es war auch eindrücklich, mit welcher Begeisterung sie in zwei Tagen alles malte und am dritten Tag den Text ganz allein auf Kassette sprach. Sie hatte öfters mit Sachen begonnen, z.B. etwas zu basteln, und beendete die angefangene Arbeit dann nicht. Und jetzt führte sie ihr Werk innert kürzester Zeit zu Ende. Die letzte Woche zu Hause erlebte ich als sehr unwirklich. Wie konnte denn der Alltag gewöhnlich weitergehen in unserer doch so ungewöhnlichen Situation? Eigentlich hätte die Welt stillstehen sollen. Aber Fredy, Michi und Mima mussten wie gewohnt zur Arbeit.

Alltägliche, notwendige Verrichtungen kamen mir so nebensächlich vor. Meine Gedanken drehten sich: Wie oft werde ich Iris' Kleider noch waschen? Wie oft wird sie diese noch tragen?

Wie oft werde ich mich noch freuen können, wenn sie herumhüpft, tanzt oder turnt? Wie oft kann ich noch mein Gesicht in ihre Haare schmiegen, wenn sie auf meinem Schoss sitzt? Wie wird sie sterben? Während ich solchen Gedanken nachhing, spielte Iris mit einer Freundin in ihrem Zimmer. Das gleichzeitige Vorhandensein von normalem Alltag und meinem Wissen um die fortschreitende, tödliche Krankheit zermürbte mich. Zum Glück unterbrachen Besuche von uns nahestehenden Menschen diese quälenden Gedankengänge. Für Iris bedeuteten die Ereignisse der letzten Woche sehr viel. Sie wollte die neue Lehrerin und ihre Schulkameraden begrüssen. In Wirklichkeit aber verabschiedete sie sich von ihnen und auch von allen anderen, die wir in der letzten Woche sahen.

Ab Sonntagabend mochte Iris nicht mehr aufstehen. Am Dienstagabend hatte sie es geschafft! Am Samstag war die Beerdigung. Alle sollten kommen dürfen, um sich von Iris verabschieden zu können. Ich erlebte den Beerdigungsmorgen mit einem Gefühl, wie wenn Ostern wäre. Es war ein wunderschöner Tag.

Auf dem Balkon öffnete sich eine Blüte der Passionsblume und ein Schmetterling setzte sich auf das Geländer. Ich wollte mich schön anziehen. Ich war über mich selbst erstaunt. Trotz der grossen Trauer war auch so etwas wie Freude in mir. Ich verdrängte dieses Gefühl möglichst, es machte mich nur noch trauriger. Ich dachte, ich sei eine Rabenmutter, die ein solches Gefühl am Tag der Beerdigung ihres Kindes empfinden konnte.

Auf dem Friedhof sangen ihre Schulkameraden "My Bonnie is over the ocean...". Es waren sehr viele Menschen da. In der Kirche sprach nicht der Pfarrer von Iris, sondern sie selbst erzählte die "Fahrt zum Pferdeparadies" und verbreitete damit eine ungewohnte Fröhlichkeit. Einige mussten sogar lachen bei der Stelle, wo Diana ein Apfel auf den Kopf fällt. Es waren wirklich alle da, die Iris lieb hatten.

Am Sonntag war ich plötzlich traurig, als ich mich erinnerte, wie Iris im Sterilzelt davon träumte, ein grosses Fest zu machen, wenn sie wieder gesund sei, und dass dies nicht möglich gewesen war. Letzten Sommer hatte sie dann nochmals gesagt: "Wenn ich *ganz* gesund bin, mache ich ein grosses Fest!" Und ich hatte damals gedacht: "Mein Gott, wann können wir sagen, du bist *ganz gesund*." Erst am Montag wurde mir klar: "War nicht die Beerdigung dieses grosse Fest? Ist Iris jetzt nicht nur gesund, sondern ganz gesund? Spürte ich deswegen dieses Gefühl von Freude in mir?" Eine Antwort auf diese Fragen werde ich nicht bekommen, aber einen tiefen Frieden und eine grosse Ruhe gibt mir der Gedanke, dass Iris jetzt ganz gesund ist.

[1] Iris Isler: Die Fahrt zum Pferdeparadies, Verlag zum Ziel / Pro Juventute-Verlag, Winterthur / Zürich, 1992

WENN EIN BEHINDERTES KIND STIRBT

Vera Frohofer-Kressig

Ich möchte vor allem über meine persönlichen Erfahrungen berichten, das heisst, wie oft sich die Situationen, die Ängste, die Verzweiflung und die Trauer im Zusammenhang mit unserem behinderten Kind wiederholt haben.

Frühgeburt - Risiko - Schwere Erkrankung

Tobias, unser zweites Kind, kam in der 32. Schwangerschaftswoche auf die Welt. Er wurde, obwohl er für sein Alter gross und schwer war, zur Beobachtung in die Isolette gelegt. Nach einigen Stunden erkrankte er und musste künstlich beatmet werden. Wir hatten grosse Angst, dass wir uns von dem neugeborenen Kind bereits wieder trennen müssten. Wir waren hilflos in unserer Angst und Trauer. Der Zustand von Tobias war nach der ersten Lebenswoche immer noch sehr kritisch. Wir wurden vorsichtig darauf vorbereitet, dass er, wenn in den folgenden Stunden keine Besserung eintrete, nur noch wenig Lebenschancen haben werde. Am elften Lebenstag wurde Tobias extubiert. Neue Hoffnungen wurden wach. Wir konnten ihn nach vielen Tagen der Angst und Ungeduld nach Hause nehmen. Der Austrittsbericht klang optimistisch.

Überlebt

Zuhause war alles anders. Das Wichtigste aber war, unser Kind bei uns zu haben. Jetzt spürte ich ganz deutlich, wie sehr ich meine Muttergefühle zurückgebunden hatte, aus Angst, eine Beziehung aufzubauen, die vielleicht nicht hätte wachsen können. Natürlich spürten wir beim Trinken, beim Wickeln, beim allgemeinen Verhalten überhaupt, dass es nicht gleich war wie beim ersten Kind. Wir führten alles auf die Frühgeburtlichkeit und den langen Spitalaufenthalt zurück. Die Mütterberaterin nahm sich bei uns zuhause besonders viel Zeit, um Tobias zu beobachten. Sie riet mir, sofort einen Termin mit dem Kinderarzt zu vereinbaren. Nun begann für uns wieder eine Zeit der Angst, der Unsicherheit, der Trauer.

Diagnose

Tobias musste wieder ins Spital. Die Hoffnungen waren so lange nicht ganz versiegt, bis nach den vielen Untersuchungen das Gespräch mit dem Kinderarzt deutlich machte, was wir gefühlsmässig gespürt, aber in einem solchen Ausmass nicht erwartet hatten. Es traf uns wie ein Blitzschlag: Tobias wird ein schwerbehindertes Kind sein, das wahrscheinlich weder gehen, sprechen, essen oder sonst irgend etwas wird selbständig machen können. Hilflose Verzweiflung, unendliche Trauer überfiel uns. Diesmal hatten wir das Gefühl, dass ein Teil von uns, ein Teil unseres geliebten Kindes gestorben sei. Das einzige, was uns immer wieder half, den Schmerz und die Trauer zu überwinden, war Tobias selber. Wir konnten ihn in den Armen halten und liebhaben. Er wusste anscheinend nichts von seinem Schicksal, er gehörte ganz einfach zu uns. Der Prozess, die Behinderung anzunehmen, musste beginnen. Auch hier gab es immer wieder Hoffnungen und Rückschläge, die uns als Ehepartner herausforderten. Dadurch waren wir sehr aufeinander angewiesen.

Jahre des Zusammenseins

Die Zeit mit Tobias war sehr arbeitsintensiv und oft von Sorgen belastet. Vor allem in den ersten fünf Lebensjahren war er oft wegen Atmungsproblemen oder Lungenentzündungen hospitalisiert. Da gab es immer wieder Momente der Angst, der Verzweiflung, der Trauer. Seine Krankheiten hingen natürlich mit seiner schweren Behinderung zusammen. Deshalb hing die Angst bei jeder Erkrankung wie ein Damoklesschwert über uns, wir könnten Tobias vorzeitig verlieren.

Lebenserwartung

Oft wurden wir gefragt, was für eine Lebenserwartung Tobias habe. Wir wussten es nicht, wir wussten nur, dass wir jeden Tag mit ihm geniessen wollten.

Überforderung

Als Tobias zwei Jahre und Michi dreieinhalb Jahre alt waren, kam Lukas in der 34. Schwangerschaftswoche, jedoch ohne nachfolgende Komplikationen, auf die Welt. Als Mutter war ich manchmal physisch und psychisch an meinen Grenzen angelangt. Michi war dann meinen Stimmungen und Ängsten am meisten ausgesetzt, obwohl ich immer wieder versucht habe, mit ihm darüber zu reden. Einmal war ich wieder sehr traurig und gleichzeitig sehr angespannt. Ein Kollege von Tobias war gestorben. Ich habe auch da versucht, Michi meine Ängste mitzuteilen, worauf er spontan antwortete: "Ja weisch, Mami, das isch halt eso, behinderti Chind stärbed früehner als anderi, du häsch dänn derfür au nüme sovil Arbet, du muesch dänn nume no dä Lukas und mich alege!"

Phantasien

Natürlich haben wir uns immer wieder Gedanken über Tobias' Zukunft gemacht. Im Gegensatz zu einem gesunden Kind, das ganz automatisch in den Kindergarten und später in die Schule aufgeboten wird, ist es den Eltern überlassen, den Weg für ihr behindertes Kind selber zu suchen und einzuschlagen. Wir versuchten, für Tobias ein möglichst gleichartiges Leben und einen gleichen Tagesrhythmus wie für die beiden andern Buben zu finden. Er verbrachte auch seine Ferien- und Freizeit mit uns, was oft recht kompliziert sein konnte. Einen grossen, frühzeitigen Schritt Richtung Ablösung mussten wir mit Tobias schon in seinem elften Altersjahr machen. Die Tagesschule, die ihn während fünf Jahren betreut hatte, konnte ihn nicht weiter fördern. Der Übertritt in ein Wocheninternat, die Loslösung von zuhause tat weh. Zudem wurde Tobias wieder öfter krank. Ich spürte, dass die Betreuerinnen viel Angst hatten, ihm könnte etwas passieren.

Tod des behinderten Kindes

Die Winterferien rückten näher. Wieder einmal lief eine Grippewelle durch die Bevölkerung. Auch Lukas, Michi und ich wurden davon betroffen. Am vierten Ferientag wurde Tobias krank. Dreizehn Jahre Erfahrung und weit weg von zuhause hat uns schnell handeln lassen. Wir wollten kein Risiko eingehen und verabreichten Tobias Antibiotika. Am siebten Ferientag glaubten wir, dass er wieder einmal alles gut überstanden habe; doch verschlechterte sich sein Zustand am nächsten Tag, es war ein Sonntag. Am Montagmorgen fuhren wir sofort zum Arzt, wo Tobias eine Magensonde erhielt. Zuhause im normalen Alltag waren wir in solchen Situationen jeweils froh gewesen, von der Intensivpflege durch eine Hospitalisation entlastet zu werden. Nicht so in diesen Ferien. Wir hatten genügend Zeit und Ruhe, um Tobias selber pflegen zu können. Er schlief in diesen Ferien mit Lukas und mir im gleichen Zimmer. Ich war sehr besorgt um Tobias und habe in dieser Nacht entsprechend unruhig geschlafen. Gegen zwei Uhr morgens konnte ich überhaupt nicht mehr schlafen und habe bis vier Uhr gelesen. Dann versuchte ich doch nochmals einzuschlafen. Ich nahm die verschiedenen Geräusche im Zimmer in mich auf: das unterschiedliche Atmen der beiden Buben und das Schnurren unseres Büsis. Schnell bin ich eingeschlafen, doch nach wenigen Minuten wieder erwacht und habe sofort gemerkt, dass ein Geräusch fehlte. Ich wollte es zuerst nicht wahrhaben und mich nochmals umdrehen. Doch selbstverständlich war das nicht möglich. Ich sprang ans Bett von Tobias. Das Unglaubliche schien eingetreten zu sein. Tobias atmete nicht mehr, er lag einfach stumm und leblos, wie schlafend vor mir. Ich holte sofort meinen Mann und telefonierte völlig verzweifelt mit dem Arzt. Mein Mann hielt Tobias in seinen Armen und wiederholte immer wieder, Tobias sei nicht tot. Ich hatte das Gefühl, mein Körper berste vor lauter Schmerz auseinander. Ich lief wie ein Tiger im Käfig hin und her. Ich bin zu Lukas und Michi ans Bett gegangen und habe ihnen gesagt, Tobias sei gestorben. Sehr betroffen hat Michi geantwortet: "Mami, du weisst doch, dass wir das irgendeinmal erwarten mussten."

Wie weiter?

Am liebsten hätte ich den Schmerz in die Welt hinausgeschrien. Wir wollten sofort mit Tobias nach Zürich reisen, doch informierte uns der Arzt, dass das nicht erlaubt sei. Wir konnten und wollten uns nicht wehren und fügten uns. Natürlich habe ich Tobias sofort zu mir ins Bett genommen, mit ihm geschmust, ihn dann wieder geschüttelt und habe verzweifelt geschrien. Er war wie immer, so weich und warm, so zart. Das Zusammensein mit unserem toten Kind war für uns alle aber nicht so einfach. Die beiden Brüder brachten es nicht fertig, zu ihm ans Bett zu treten, ihn zu berühren. Sie schauten ihn nur aus der Distanz an. Es war ein furchtbarer Augenblick, als Tobias abgeholt wurde. Erstaunlicherweise ging es uns aber irgendwie besser, als Tobias nicht mehr im Haus war. Das Unabänderliche war geschehen, also wurde es erträglicher für uns, es nicht immer noch vor Augen halten zu müssen. Wir haben die Stunden nach seinem Tod genutzt, um von ihm Abschied zu nehmen. Mein Mann und ich haben ihn zusammen umgezogen. Wir haben ihm besonders warme Unterwäsche angezogen - Tobias war es immer so kalt. Wir entschieden uns, ihm den neuen Trainer anzuziehen, den ihm sein Pate geschenkt hatte. "Happy dancing" war darauf geschrieben!

Es war ein strahlend schöner Wintertag im Februar, als Tobias für immer von uns gegangen war. Es war ein ebenso strahlend schöner Wintertag im März, als Tobias vor dreizehn Jahren zu uns auf die Welt gekommen war. Wir spürten, dass sich der Kreis bei diesem unserem besonderen Kind, unserem Sonnenschein, für uns viel zu früh geschlossen hatte.

Mein Mann und ich waren so aufeinander konzentriert und in gemeinsame Trauer vertieft, dass wir die beiden andern Kinder kaum wahrnahmen. Sie blieben mit Bekannten am Ferienort zurück. Wir mussten nach Zürich reisen, um die Formalitäten zu erledigen.

Wir haben uns auf dieser traurigen, beklemmenden Autofahrt überlegt, was es für uns bedeuten würde, wenn unser toter Tobias mit uns im Auto mitreisen würde. Wir glauben, wir hätten die nötige Kraft dazu nicht gehabt. Die Formalitäten liefen reibungslos ab. Wir hatten Zeit, uns auf dem Friedhof umzusehen, wo Tobias seine letzte Ruhe fände. Wie wichtig dieser Platz für mich einmal werden sollte, wusste ich damals noch nicht. Mein Mann und ich haben Tobias am Samstag in Zürich nochmals besucht. Michi und Lukas wollten nicht mitkommen. Unglaublich, diese Wiederholung: Am Anfang von Tobias' Leben konnten wir ihn nur durch eine Glasscheibe (Isolette) betrachten; jetzt mussten wir wieder durch eine Glasscheibe von ihm Abschied nehmen. Für mich war es ein furchtbarer Augenblick. Tobias lag friedlich, in Blumen eingebettet, vor uns. Mein Mann verabschiedete sich für immer von ihm. Ich wusste, dass ich die letzte Gelegenheit am Sonntag nochmals wahrnehmen wollte. Mit Freunden, Verwandten und vielen Kindern bin ich nochmals zu Tobias gegangen. Unsere Kinder kamen sofort gerne mit, als sie hörten, dass sie zusammen mit den andern Kindern dabeisein könnten. Es schien, dass sie die Trauer und den Schmerz von uns Eltern nicht ertragen konnten und sich in der Gruppe besser fühlten. Für alle diese neun Kinder war es das erstemal, dass sie einen toten Menschen sahen. Weil ich Blumen für die Beerdigung mitbrachte, durfte ich diese zu Tobias hineinstellen, ich hatte also noch ein letztes Mal die Gelegenheit, Tobias zu berühren, zu streicheln, zu küssen. Das war unheimlich wichtig für mich, denn nun spürte ich, dass sein warmes, weiches Gesichtchen, das ich so sehr liebte, das so einmalig war, sich verändert hatte. Tobias' warme Wangen waren kalt und hart. Es war endgültig und wahr: Tobias hatte Abschied genommen.

Erlösung - für wen?

Immer wieder hörten wir, dass es Tobias nun sicher besser gehe, er habe doch oft gelitten. Vielleicht stimmte das auch. Doch trotz seiner schweren Behinderung war er unser aller Sonnenschein. Er hat unser Leben unheimlich bereichert. Natürlich muss ich ehrlich zugeben, dass sich unser Lebensalltag inzwischen wesentlich vereinfacht hat. Unsere grosse pflegerische Aufgabe ist weggefallen. Wir können seit dreizehn Jahren zum ersten Mal wieder so lange schlafen, wie wir wollen. Wir können mit unseren beiden andern Kindern spontane Pläne schmieden und durchführen und einiges mehr. Aber wir sind nie mehr eine vollständige Familie. Ich empfinde uns als eine amputierte Familie - Tobias fehlt uns.

Der Schmerz des Verlustes ist immer noch da. Es tut etwas weniger weh als in den ersten Monaten. Wir trauern in unserer Familie jedes auf seine Art. Ich persönlich brauche unbedingt Freiraum für meine Trauer, den ich vor allem auf dem Friedhof, am Grab von Tobias finde. Es ist für mich wichtig, so oft und wann ich will, hingehen zu können; denn nur so kann ich mir die Zeit vom Alltag wegstehlen, der ja weiter funktionieren muss, um mich mit meiner Trauer zu beschäftigen.

Michi äussert sich kaum und zeigt auch kein auffälliges, anderes Verhalten. Dennoch beschäftigt es mich sehr, wie er wohl innerlich mit seiner Trauer umgeht, wann er seine Gefühle zulassen kann. Anders hingegen Lukas. Lukas war elf Jahre alt, als Tobias starb. Er konnte wahrscheinlich die Trauer in unserem Hause nicht aushalten und hat sich neben der Schule meistens bei Freunden aufgehalten. Er ist buchstäblich von zu Hause geflüchtet. Nicht so in der Nacht. Da hat er unsere Nähe, unseren Körperkontakt mehr denn je gebraucht. Als unsere Trauer für ihn nicht mehr ganz so sichtbar war, hatte er grosse Trennungs- und Verlustängste. Nach der Schule konnte er keine Minute ohne seine Eltern sein. Auch sein älterer Bruder war ihm weder Trost noch Hilfe. So fuhr er denn jeweils sofort nach der Schule zu meinem Mann ins Labor oder zu mir ins Büro. Heute sind es rund anderthalb Jahre her, dass Tobias gestorben ist. Lukas hat das Gleichgewicht noch nicht ganz gefunden, doch pendelt es sich langsam ein.

Mein Mann, der immer sehr besorgt und engagiert war um Tobias, hatte sich schon vor dessen Tod immer wieder mit der Frage beschäftigt, was mit Tobias passierte, wenn wir als Eltern einmal nicht mehr in der Lage wären, ihn zu betreuen. Er fühlte sich beinahe erleichtert, dass ihm die Frage auf diese Weise beantwortet wurde.

Sind nicht gerade das ganz spezifische Fragen, die sich Eltern von behinderten Kindern immer wieder stellen? Haben viele Eltern nicht gar den Wunsch, selber zu erleben, wie sich der Kreis eines solchen Kindes schliesst? Darf man solche Wünsche überhaupt haben? Darf man darüber sprechen? Darf man die Erleichterung, die Erlösung sogar, zulassen, oder ist dies etwa Verrat am behinderten Kind?

Viele dieser Fragen habe ich erlebt, und sie sind in Gesprächen mit Gleichbetroffenen immer wieder aufgetaucht und besprochen worden. Beschäftigt haben sie alle.

Ich selber bin von meinen Gefühlen hin und her gerissen und habe noch keine schlüssige Antwort auf meine Fragen gefunden. Gibt es überhaupt eine Antwort? Oft träume ich von Tobias und bin den ganzen Tag danach gefühlsmässig völlig durcheinander. Diese psychische Belastung empfinde ich immer noch oft als grösser, schwieriger, weniger fassbar, als eben die physische Belastung es war. Jetzt bin ich allein mit diesen Gefühlen. Die Erinnerung aber bleibt. Die ist gut und stark und voller Wärme. Sie soll neue Hoffnung und Kraft bringen!

MEDIZINISCHE BETREUUNG STERBEBEDROHTER KINDER

Urs Hunziker/Hans Peter Kind

Medizinische Betreuung zu Hause (Hans Peter Kind)

Zum Anfang unseres gemeinsamen Referates möchte ich *drei* persönliche Bemerkungen formulieren:

1. Diese Tagung hilft mir persönlich viel, ich bedaure es aber, dass nicht mehr Männer, vor allem Ärzte, anwesend sind.
2. Als ich Christa Hunziker gestern für ihren Vortrag dankte und sagte, sie habe mir sehr geholfen, fragte sie mich, warum. Ich habe ihr geantwortet, weil ich ein Mann sei. Schwangerschaft ist für mich fremd, vor allem wenn sie mit Problemen und Ängsten verbunden ist. Ich bin zwar Vater von vier erwachsenen Kindern, aber in der kinderärztlichen Praxis komme ich immer etwas distanziert in Kontakt mit diesen Problemen und Gefühlen, so dass ich mir - gerade als Mann - dann häufig überfordert und hilflos vorkomme.
3. Ich stehe noch ziemlich häufig an einem Rednerpult, aber noch selten hatte ich solch extremes Lampenfieber und schwitzte schon beim Gedanken an dieses Referat derart an den Händen. Diese Erregung und Unsicherheit ist erst in den letzten beiden Tagen entstanden; ich musste mir in aller Ruhe überlegen, *warum* eigentlich?:

Es ist mir hier im Hörsaal aufgefallen, dass bei allen Vorträgen eine äusserst gespannte Ruhe, eine unglaubliche allgemeine Aufmerksamkeit und Konzentration herrscht. Ich wage zu behaupten, dass hinter dieser für mich beängstigenden Ruhe ein ungeheures Volumen an Emotionen steckt, ein riesiges Mass an verarbeiteten oder unverarbeiteten Ängsten und ebenso unglaublich viel verarbeitete und vielleicht unverarbeitete Trauer *und gerade darum* auch viel Aggression. Und wenn ich versuche, diese Aggression zu erfühlen, so denke ich, dass sich ein beträchtliches Mass davon wahrscheinlich gegen uns Ärzte richtet, und an diesem Punkt fühle ich mich eben mitschuldig, aber auch wieder hilflos. Das Image der Ärzte ist angeschlagen, kein Zweifel, ihre Übermenschlichkeit schon lange und zu Recht in Frage gestellt. Es fällt vielen Ärzten schwer, dies zu akzeptieren. Auch ist es sicher für viele nicht einfach, neue Wege für einen menschlicheren Umgang, unter Zulassung der Gefühle, zu suchen.
Mit dem Thema *"Medizinische Betreuung sterbebedrohter Kinder: zu Hause oder im Spital?"* hoffe ich, dass nicht *'Praxis contra Spital'* oder gar *'Was ist besser - für welche Seite soll oder muss ich mich entscheiden'* erwartet wird. Wir möchten ganz klar *das kranke Kind* in den Mittelpunkt stellen, das heisst, das Kind im Umfeld seiner Beziehungen sehen, wozu notgedrungen Spital und Hausarzt gehören.

Wir wollen vor allem drei Themenkreise ansprechen:

1. Möglichkeiten in Spital und Praxis.
2. Umfeldbeziehungen und Abhängigkeiten in der Betreuung.
3. Kommunikation im betreuenden Umfeld.

Möglichkeiten / Unmöglichkeiten

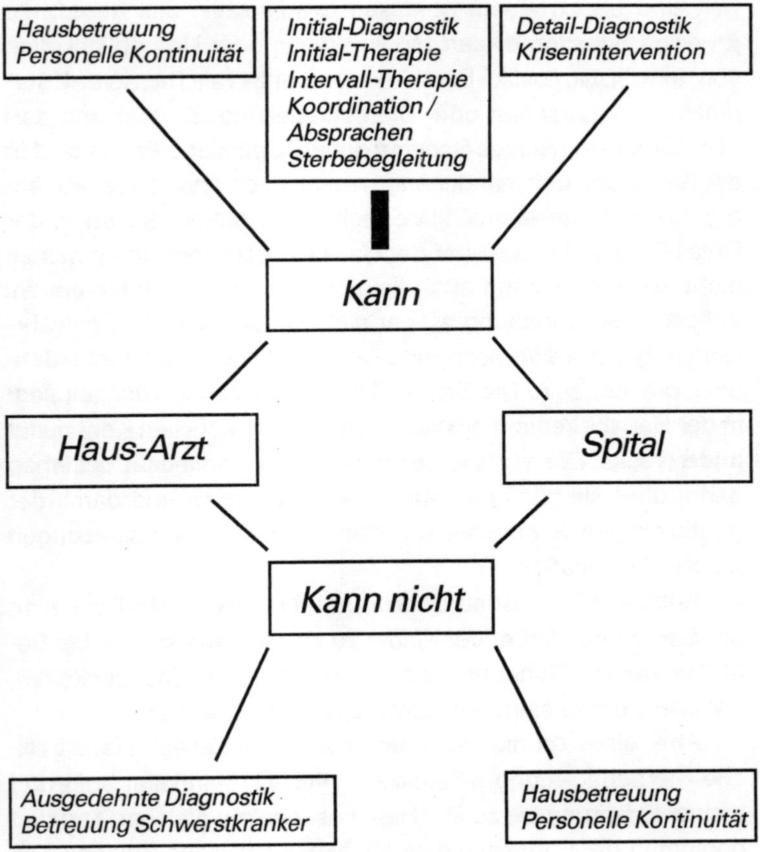

Grafik 1: Möglichkeiten/Unmöglichkeiten

Trotz der Gegenüberstellung von *kann* und *kann nicht* sind Hausarzt und Spital zueinander parallel gestellt. Es stehen für uns keine hierarchischen Fragen zur Diskussion. Die Zuordnungen sind bis zu einem gewissen Grad relativ; das heisst, die jeweilige Situation diktiert Möglichkeiten oder Unmöglichkeiten von Initial-Diagnostik, Initial-Therapie, Intervall-Therapie, Koordination, Absprachen oder Sterbebegleitung. Es gibt und darf kein allgemein gültiges Schema geben. Spital und Praxis sind in der Betreuung aufeinander angewiesen und voneinander abhängig. Es gibt nun einmal klare technische Möglichkeiten in der Detail-Diagnostik, worüber der Hausarzt personell und materiell nicht verfügt. Er kann auch keine intensive Krisenintervention, auf deren Beschreibung wir gar nicht eingehen wollen, gewährleisten, geschweige denn rund um die Uhr und das ganze Jahr über präsent sein. Die Stärke der hausärztlichen Tätigkeit liegt in der Hausbetreuung einerseits und der personellen Kontinuität andererseits. Die Vorteile der personellen Kontinuität bestehen darin, dass sie häufig ein Klima des Vertrauens und damit der gegenseitigen Sympathie schaffen, für mich Voraussetzungen zur Kommunikation.

Auch auf technische Details und technische Möglichkeiten der Betreuung sterbender Kinder zu Hause kann ich nur bei Bedarf eingehen. Sicher unterscheiden sich solche Möglichkeiten, vor allem deren sinnvoller Einsatz, von Arzt zu Arzt.

Aber eines sei hier *mit aller Deutlichkeit* gesagt: Hausärztliche Sterbebegleitung ist äusserst intensiv, beinhaltet aufgrund meiner Erfahrung bis zu fünf Hausbesuche am gleichen Tag und bedingt in der Endphase eine absolut verlässliche Präsenz. Die hausärztliche Betreuung sterbender Kinder muss ganz klar und deutlich abgegrenzt werden vom Praxis-Alltag mit all seiner Routine und seinem 'Krimskrams'. Hausärztliche Sterbebegleitung ist nicht nur zeitraubend, sondern auch reich an Emotionen und hinterlässt auf der betreuerischen Seite tiefe und langandauernde Spuren. Für mich wäre sie ohne meine Familie, vor allem ohne meine Frau im Hintergrund nicht möglich. Sterbebegleitung zu Hause ist, ebensowenig wie im Spital, *kein Muss.* Beides sind Möglichkeiten, worüber meines Erachtens einzig die betroffene Familie entscheidet.

Wirklich erfüllend für beide Seiten und alle Beteiligten ist eine Hausbetreuung sowieso nur, wenn Umfeld, Beziehungen und Abhängigkeiten im Gleichgewicht sind.

Umfeld / Beziehungen / Abhängigkeiten

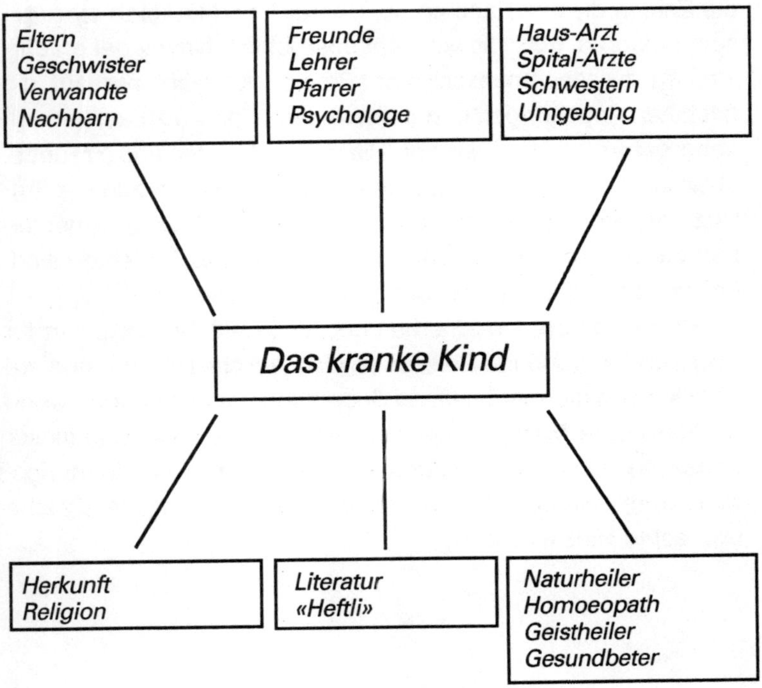

Grafik 2: Umfeld/Beziehungen/Abhängigkeiten

Im Mittelpunkt unserer Bemühungen steht einzig und allein das kranke Kind in seinem beziehungsreichen Umfeld. Von ärztlicher Seite müssen wir uns immer wieder bewusst davor hüten, uns einzubilden, dass die Arzt-Patienten-Beziehung die wichtigste sei. Sie kann dies zwischendurch schon sein, aber je nach Krankheitsphase sind andere Bezüge und Abhängigkeiten viel wesentlicher. Trotzdem, und dies ist ja vielleicht die Crux, sind Ärzte in den sensibelsten Phasen des Lebens, wie Geburt, Krankheit und Tod, *zwangsweise* involviert. Darum wehe, wenn wir hier versagen. Die technischen Ansprüche haben wir heute meist relativ gut im Griff, die menschlichen häufig weniger.

Auf weitere und starke Einflüsse, welche auf Patienten und Familie einwirken, sei lediglich am Rande hingewiesen. Es fehlt die Zeit, in diesem Rahmen auf Herkunft und Religion einzugehen, Faktoren, über die wir nicht überheblich hinweggehen dürfen. Im zwischenmenschlichen Bereich ist nicht nur auf die nächsten Angehörigen und die erweiterte Familie zu achten. Ich gebe gerne zu, dass wir vor allem Geschwister und Freunde, aber auch die Schule nur allzuleicht übersehen. Gerade der Aufsatz von Herrn Zach zeigt uns deutlich, wie hilflos im allgemeinen die Schule und wie bedürftig Freunde des Patienten sind. Oft mangelt es an der nötigen Kommunikation.

In Phasen der Unsicherheit und Verzweiflung gewinnen für Eltern und Angehörige Gelesenes, also jegliche Literatur und andere Medieninformationen, an Bedeutung vor allem dann, wenn die klassische Medizin keine Heilung mehr verspricht. In dieser Phase der Ohnmacht bekommen auch alternative Hoffnungsträger mehr Gewicht. Dies ist keine Wertung; denn jede ehrliche und echte Hilfe ist wichtig.

Was bedeutet der Tod eines Kindes für mich als Arzt? Was empfinde ich dabei? (Urs Hunziker)

Wenn ein Kind im Spital stirbt, dann erfolgt dieser Tod meistens unerwartet nach einer kurzen, heftigen Erkrankung oder nach einem Unfall. Etwas seltener begegnet uns das lange, vorbereitete Sterben nach einer chronischen Krankheit.

Bei der oben gestellten Frage versuchte ich mich an Kinder zu erinnern, deren Sterben ich im Spital begleitete, Gemeinsamkeiten herauszuarbeiten und daraus möglichst allgemein gültige Schlussfolgerungen zu ziehen.

Es stellte sich bei diesem Bemühen heraus, dass eine solche Analyse ein sehr unvollständiges Resultat ergibt. Unvollständig deshalb, weil:

- Die Persönlichkeiten der Kinder und die familiären Systeme überaus unterschiedlich waren;
- Weil der Grad des Krankseins, der Schmerzen und des Leidens nicht zu vergleichen waren;
- Weil die Raschheit der Todesbedrohung verschieden war;
- Weil Hoffnung, Resignation, Verdrängung und Akzeptanz bei Kind und Eltern stark wechselten.

Daraus ergab sich ein Muster von äusserst verschiedenartigen Begegnungen, bei denen ich als Arzt und Mensch ganz unterschiedlich involviert wurde. Letztlich blieben eine Reihe von Fragen:

1. Fragen in fachlicher und medizinischer Hinsicht.

- Wurden wirklich alle Diagnosen, Massnahmen und Therapien richtig gestellt und eingesetzt?
- Haben wir als Fachleute wirklich nichts übersehen?

In diesem Zusammenhang werde ich mit dem Dilemma konfrontiert: Unterstütze ich die der Medizin oft vorgeworfene Tendenz, den Menschen unsterblich zu machen, indem ich Massnahmen durchführe, welche den Sterbeprozess hinauszögern?

2. Fragen in beziehungsmässiger Hinsicht.

- Gelang es mir, das sterbebedrohte Kind und seine Familie in ihren wesentlichen Anliegen wahrzunehmen? Habe ich versucht, alle beteiligten Angehörigen ausreichend einzubeziehen?
- Ist es mir passiert, dass z.B. der Vater oder die Geschwister gegenüber der Beziehung mit der Mutter stark in den Hintergrund getreten sind?

3. Fragen in rein persönlicher Hinsicht.

- Wie kann *ich* das Sterben und den unvermeidlichen Tod akzeptieren?
- Fühle ich mich frustriert in meiner Helfer- und Retterrolle?
- Was steht mir näher: meine egoistischen Anliegen oder die Autonomie, resp. Entscheidungsfähigkeit des Patienten?
- Wie stark werde ich an persönliche Erlebnisse in der eigenen Familie erinnert?
- In welchem Ausmass bin ich beim nächsten Mal wieder bereit, auf eine andere Situation einzugehen?

Ich möchte drei Situationen schildern, wie ich als Arzt Krankheit, Sterben und Tod eines Kindes bei uns auf der Klinik erlebte:

Beispiel 1:

Ein 12jähriges Mädchen mit einer schweren Infektionskrankheit trat bei uns in die Klinik ein. Ihr Zustand war wohl ernst; es bestand allerdings mit den bestehenden medizinischen Möglichkeiten eine gute Aussicht, die betreffende Krankheit zu heilen. Unerwarteterweise kam es zu einer schweren Komplikation mit Verschluss eines Hirngefässes und einer rasch eintretenden Bewusstlosigkeit, was schliesslich den Zustand eines hirntoten, am Beatmungsgerät angeschlossenen Kindes ergab.

Schon im Verlaufe der vorhergehenden Tage waren die Eltern teils zusammen, teils abwechslungsweise bei ihrem Kinde und wurden laufend über die medizinischen Zustände und Änderungen informiert. Es entwickelte sich ein Vertrauensverhältnis zwischen Schwestern, Ärzten und den Eltern. Die plötzliche Komplikation führte zu einer krisenhaften Akzeleration der Todesbedrohung. Schliesslich starb das Kind in den Armen der Mutter und des Vaters. Beide Eltern entschlossen sich, ihr verstorbenes Kind noch in der gleichen Nacht mit nach Hause zu nehmen. Wir begleiteten die Familie bis vor das Spital, halfen ihr beim Einsteigen ins Auto und schauten ihr beim Wegfahren nach. In diesem Augenblick überkam mich eine unglaubliche Leere; es befielen mich Gefühle wie Trauer, Enttäuschung, Ausgelaugtheit, wechselnd mit Frustration, Wut und Zorn: ein Wechselbad von Gefühlen, welche ich eigentlich in der Regel nicht in diesem Ausmass erlebe.

Ideal wäre es, solche Zustände wirken zu lassen und nicht zu verdrängen. Leider sieht der Alltag oft anders aus. Aus einer solch bewegenden und belastenden Situation wird man zu einer nächsten Begebenheit gerufen, und die Gefühle werden abgewürgt.

Beispiel 2:

Ein nunmehr 5jähriger Knabe erlitt während der Geburt einen schweren Sauerstoffmangel und ist seither ganz körpergelähmt, in seiner sprachlichen Ausdrucksfähigkeit schwer behindert, praktisch nur liegefähig - andererseits ein ausserordentlich viel Persönlichkeit ausstrahlender Mensch. Er ist in eine äusserst lebhafte Familie eingebettet, in der mit drei weiteren Geschwistern sehr viel läuft und sehr viele Aktivitäten inner- und ausserhalb der Familie unternommen werden. Kurz gesagt, von aussen gesehen lebt dieses Kind in dieser

Familie ein äusserst lebenswertes Leben. Er kam nun mit einer schwersten Lungenentzündung ins Spital. Wir mussten uns Gedanken darüber machen, wie denn und wie weit wir unsere Möglichkeiten in medizinischer Hinsicht einsetzen sollten. Ich versuchte, diese Aspekte mit den Eltern zu besprechen. Obwohl ich glaubte, einfühlsam und bedächtig vorgegangen zu sein, schnellte der Vater wie von einer Nadel gestochen aus dem Sitz und erklärte: "Was fällt Ihnen eigentlich ein, sich über das Weglassen von medizinischen Möglichkeiten Gedanken zu machen! Was fällt Ihnen eigentlich ein, Behinderung mit Minderwertigkeit gleichzustellen! Ein sogenanntes normales Kind würden Sie ja ohne Rückfragen sofort und schnell mit den letzten technischen Möglichkeiten versehen!"

Man kann jetzt natürlich sehr verschiedene Standpunkte einnehmen: Man kann von fehlender Vorbereitung meinerseits bezüglich dieses Gesprächs ausgehen; man kann von noch nicht erreichter Akzeptanz seitens des Vaters sprechen etc. Mir geht es eigentlich nur darum festzuhalten, dass solche Fragestellungen nicht eine medizinische Sache sind, die man nach einer Regel beurteilen kann, sondern es sind Vorgänge, die nur in engster Zusammenarbeit mit den Angehörigen abgewickelt werden können. In der geschilderten Situation sind wir mit den Eltern übereingekommen, dass wir das Kind auch mit den erwähnten apparativen Möglichkeiten weiterbehandeln würden. Behinderung bedeutete eben für diese Familie zum damaligen Zeitpunkt lebenswertes Leben mit vielen Inhalten, die noch weit von einem Sterbeprozess entfernt waren.

Beispiel 3:

Auch dieses Kind ist mittlerweile fünf Jahre alt. Ich kenne es seit dem Alter von neun Monaten. Seit damals weiss ich, wissen die Eltern und Angehörigen, dass es an einer unheilbaren Krankheit leidet und an dieser Krankheit vorzeitig, also noch im Kindesalter sterben wird. Mittlerweile ist eben dieser Knabe fünf Jahre alt geworden, ist körpergelähmt und auch in seiner sprachlichen Ausdrucksfähigkeit sehr behindert. Er kommuniziert mit seinen Augen, mit seinem Gesichtsausdruck und seinem Lachen und ist bei seinen Eltern in einer sehr warmen und äusserst fürsorglichen Umgebung aufgehoben. Er hat auf seinem Weg bisher verschiedene schwere Krankheiten erlitten und musste deshalb auch häufig ins Spital eintreten. Auch zwischendurch benötigt er Medikamente, hat dadurch Schmerzen und Angst. Trotzdem: Nach langen Gesprächen sind die Eltern und wir als Ärzte immer wieder zur Überzeugung gelangt, dass auch dieses Kind ein intensives und gutes Leben hat. Kürzlich musste er wieder ins Spital kommen und hatte eine sehr schwere Krankheit durchzustehen. Irgendwie spürte man, dass der Sterbeprozess eingesetzt hatte, dass sich die Eltern allmählich auf diese Vorgänge einstellten und auch mehr und mehr von Loslassen redeten und der Frage vom "danach". Alle medizinischen Massnahmen, die bei diesem Kind im Verlaufe der fünf Jahre durchgeführt wurden, waren lebens- und zu einem bestimmten Teil auch leidensverlängernd. Das Leben für dieses Kind war wenigstens nach Ansicht der Beteiligten trotzdem gut und die gewonnene Zeit für die Angehörigen wichtig, Schritte zum Sterben und jetzt doch bevorstehenden Tod zu machen.

Von aussen habe ich viele kritische Meinungen zu unserem Vorgehen bei diesem Patienten gehört. Diese Stimmen hatten zuweilen auch bei mir selbst massive Zweifel geweckt. Ich war nur fähig, den medizinischen Teil im beschriebenen Sinne weiterzuführen, weil ich gemeinsam mit dem Kind und den Angehörigen in einer sehr guten und konstruktiven Art über die jeweils nächsten Schritte entscheiden konnte.

3. Polarität zwischen den beiden Begriffen "Spital" und dem "kranken, sterbebedrohten Kind". Was kann das Spital, was kann es nicht?

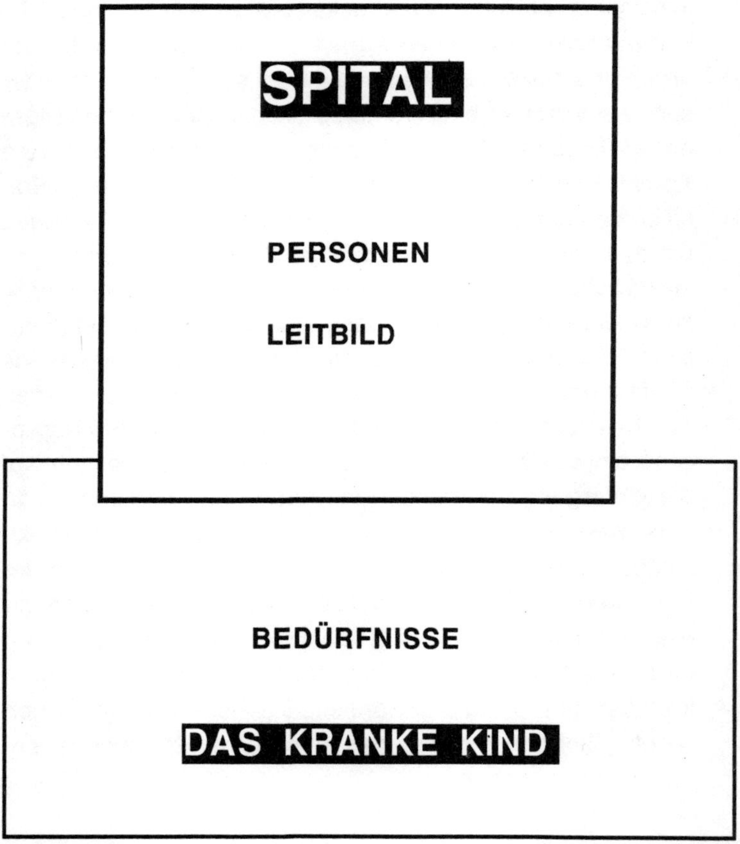

Tabelle 1

Bei dieser Darstellung wollte ich bewusst Polarität schaffen - zwischen dem kranken oder sogar sterbebedrohten Kind auf der einen und dem Begriff des Spitals auf der anderen Seite. Wie bereits ausgeführt, ist das kranke Kind im Normalfall fest in einem Umfeld von Beziehungen und Abhängigkeiten verankert, steht in einem intensiv und fest geknüpften Netz von Geborgenheit und Fürsorge. Wenn es ins Spital eintritt, bringt es dieses ganze, auf den ersten Blick unsichtbare, sehr komplexe Gebilde mit sich.

Aus diesen vielfältigen Beziehungen heraus hat das Kind ganz bestimmte und individuelle Bedürfnisse entwickelt. Zu Beginn kann es diese nur ungenügend ausdrücken. Auch die Eltern sind in der Regel bei der Aufnahme ihres Kindes ins Spital derart geschockt, dass sie ihre eigenen Bedürfnisse und diejenigen ihres Kindes kaum formulieren und anmelden können. In erster Linie steht das ganz primäre Anliegen an das Spital im Vordergrund, die Ursache der Krankheit zu erkennen und diese zu heilen.

Von aussen gesehen, ist das Spital eine Einrichtung, welcher oft der Anstrich von Abgeschlossenheit oder sogar das Bild einer eigenen Welt anhaftet. Von innen gesehen aber sind es Menschen, welche das Spital beleben und ihm eine besondere Atmosphäre verleihen; es hat eine Struktur und ein eigenes Leitbild. Auf diese Aspekte möchte ich nun eingehen.

Spital - Personen	
ARZT	SCHWESTER
PSYCHOLOGIN	PÄDAGOGIN
LABORANTIN	RÖNTGEN - MTA
PHYSIOTHERAPEUTIN	LEHRERIN
PFARRER	

3.1 Spital - Personen
Tabelle 2

Für mich als Spitalarzt ist der Anspruch wichtig, dass die im Spital tätigen Personen die Anonymität dieser Einrichtung sprengen und mit Menschlichkeit beleben. Es ist dann eben nicht ein anonymes Spital, in welchem das kranke Kind liegt, sondern es sind Menschen mit Namen, welche das Kind betreuen. Das kranke Kind ist nicht ein sogenannter medizinischer Fall, sondern in erster Linie ein menschliches Individuum, das einer stark belasteten Familie angehört und von einer schweren und bedrohlichen Krankheit befallen ist.

Das schwerkranke Kind wird im Spital von einer Reihe von Personen betreut, welche über eine Spezialausbildung verfügen, eine grosse Zahl von technischen Hilfsmitteln, Medikamente einsetzen und bestimmte Massnahmen treffen können. Viele dieser Massnahmen müssen gerade zu Beginn des Spitalaufenthaltes in besonderem Mass getroffen werden, um möglichst schnell zu einer Diagnose zu gelangen und eine entsprechende Behandlung einleiten zu können.

SPITAL - LEITBILD

MEDIZINISCHE ZIELSETZUNG

BETREUUNG DES PATIENTEN

- WER TRÄGT DIE VERANTWORTUNG?
- KOMMUNIKATION
- VERNETZUNG < Angehörige / Hausarzt
- STERBEBEGLEITUNG

3.2 Spital-Leitbild
Tabelle 3

Das Spital wird also, so hoffe ich wenigstens, dank dieser Personen zu einer menschlichen Einrichtung. Durchschaubar wird es, wenn seine Schwerpunkte gegen aussen erkennbar sind. Im Umgang mit den vom Tode bedrohten Kindern sind für mich einerseits die medizinischen Zielsetzungen und andererseits eine Reihe von betreuerischen Schwerpunkten wichtig. Auf medizinische Details möchte ich jetzt nicht eingehen. In betreuerischer Hinsicht würde ich die Stichworte *Erfahrung, Kommunikation, Offenheit gegen aussen und Sterbebegleitung* besonders hervorheben.

Es ist in der Regel ein erfahrener Arzt, zum Beispiel ein Oberarzt, der die medizinische Verantwortung trägt, ein enges Verhältnis mit dem Kind und den Eltern eingeht und sie über eine lange Zeit begleitet. Das gleiche gilt für die Betreuung im Pflegebereich: In der Regel sind es erfahrene Schwestern, welche diese Kinder betreuen. Es gibt aber auch unerfahrene Assistenten und Schwestern mit weniger Berufserfahrung. Einfühlungsvermögen ist jedoch nicht nur eine Frage der Erfahrung. Ich habe wunderbare Begegnungen zwischen sogenannten unerfahrenen Assistenten und Schwestern mit schwerkranken Kindern erlebt. An dieser Stelle möchte ich besonders die Rolle der Psychologin erwähnen, welche durch ihre besondere Persönlichkeit und Erfahrung für das chronischkranke und sterbebedrohte Kind und seine Familie Hilfe und Stütze anbietet.

Wir bemühen uns aktiv um die *Kommunikation* mit dem Kind und seinen Angehörigen. Wir sind uns bewusst, dass kommunizieren nicht nur sprechen, sondern zuhören, fühlen und vor allem mitfühlen heisst. Wenn wir gefühlsmässig kommunizieren und Empathie vermitteln, wird es dem Patienten, den Eltern und letztlich auch uns besser gehen. Auf dieser Grundlage erst können wir medizinische Inhalte offen und umfassend vermitteln, welche sowohl das Kind als auch die Eltern wirklich verstehen können.

Wir versuchen, gegen aussen offen zu sein. Damit möchte

ich wieder auf die erste Grafik hinweisen, auf welcher das Kind im Zentrum eines stark vernetzten Systems steht. Unser wichtigster Ansprechpartner neben der Familie ist für uns der Hausarzt. Die Zusammenarbeit mit ihm soll mithelfen, die Polarität *"Entweder im Spital oder zu Hause"* zu beseitigen und durch die Maxime *"Im Spital so kurz wie möglich, aber so lange wie möglich und wann immer möglich zu Hause"* zu ersetzen. Wir erachten uns aber durchaus auch in der Lage, den Hausarzt zu entlasten und mit ihm zusammen ein System zu schaffen, in dem sich die Familie einerseits durch den Hausarzt und andererseits durch den Spitalarzt betreut fühlt. Letztlich scheinen mir dann Abgrenzungsdiskussionen hinfällig zu werden. Auf einer soliden Vertrauensbasis zwischen Familie, Hausarzt und Spitalarzt kann der für das betreffende Kind und seine Familie optimale Betreuungsmodus erarbeitet werden. Dabei handelt es sich häufig um episodenhafte Vereinbarungen, welche für eine gewisse Zeit Gültigkeit haben und immer wieder neu angepasst werden müssen. Gerade dieses Anpassen bedeutet Anstrengung und ist oft schwierig. Als Spitalarzt weiss ich, dass wir als Mehrpersonen-Team störanfälliger sind als die Einzelperson des Hausarztes. Die Konstanz und Kontinuität der Personen im Spital ist weniger stabil und kann zu Informationslücken und schmerzlichen Erfahrungen seitens der Patienten und ihrer Eltern führen. Um so wichtiger ist es, einmal vereinbarte Abmachungen regelmässig zu aktualisieren. Optimalerweise ist es dann sogar die autonom gewordene Familie, welche den Informationsfluss zwischen Spital- und Hausarzt bis zu einem bestimmten Grad selbst stimuliert.

Ein weiterer Pfeiler unseres Leitbildes ist die aktive *Begleitung sterbebedrohter Kinder*. Wir betrachten sie als wichtigen Bestandteil der Kinder- und Elternbetreuung. Aus diesem Grunde ist Peter Fässler-Weibel am Kantonsspital Winterthur und besonders an der Kinderklinik tätig. Dank seinen Bemühungen sind wir so weit gekommen, das Sterben und die Grenzbereiche zwischen Leben und Tod etwas ungehemmter und früher zu thematisieren. Übereinkünfte zwischen dem sterbebedrohten Kind, den beteiligten Familienangehörigen und den medizinischen Fachpersonen werden möglich und können verschiedene Formen annehmen, zum Teil bedeutet das eine Sterbebegleitung des Kindes und seiner Familie durch ihn selbst, in anderen Fällen durch bereits entsprechend geschulte Personen aus dem bestehenden Beziehungsnetz der betroffenen Familie oder durch eine Person unserer Klinik.

Ich möchte jetzt nochmals zur Tabelle 1 zurückkommen und die beiden Pole Spital und krankes Kind noch einmal betrachten. Ich wünsche mir, dass diese beiden Pole einander näherrücken. So wird im optimalen Fall erreicht, dass die zu Beginn in allen Fällen vorhandene Polarität mit der Zeit verlorengeht. Es ist mir dabei ganz klar bewusst, dass wir dieses Ziel nicht allein spitalintern erreichen können, sondern dafür die Unterstützung und Mithilfe der Fachleute ausserhalb, vor allem der betreuenden Haus- und Kinderärzte bedürfen.

4. **Kommunikation** (Hans Peter Kind)

Der letzte Teil unserer gemeinsamen Ausführungen befasst sich mit der Kommunikation zwischen Arzt und Familie einerseits und Patient und Arzt andererseits. Der Titel der nachfolgenden Grafik wirkt etwas reisserisch und plakativ, aber gibt auch deutlich das Zwiespältige der Beziehung sowie die beidseitige Unsicherheit wieder.

Nicht nur Familie und Patient, sondern auch die Ärzte sind den oben aufgeführten Stimmungen und Gefühlen im Verlauf der Begleitung eines kranken Kindes ausgesetzt. Auch wir werden von Unsicherheiten, Ängsten, sogar Wut, häufig aber von Verzweiflung, Hoffnung, Resignation und Trauer überwältigt. Das Fatale ist nur, dass wir damit häufig falsch umgehen und solche Gefühle verdrängen. Nur allzu oft stehen wir in Gefahr, das Labor und andere Techniken als Alibis für das Unvermögen, mit solchen Gefühlen umzugehen, einzusetzen. Wir haben alle Angst vor der eigenen Angst.

Kommunikation «Das Wechselbad der Gefühle»

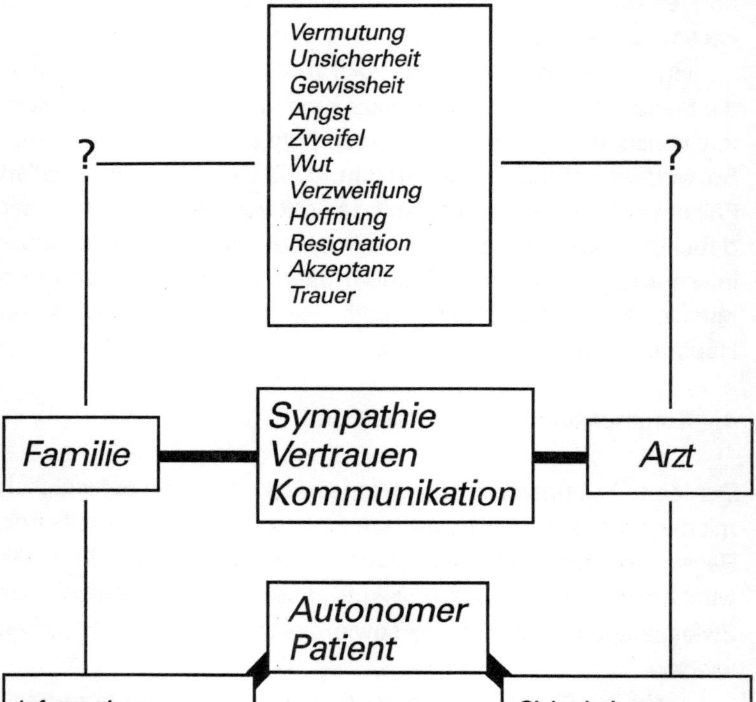

Grafik 3: Kommunikation - "Das Wechselbad der Gefühle"

Wenn es uns gelingt, die eigenen Gefühle zu erkennen und zu akzeptieren, fühlen wir uns sicherer, werden berechenbarer und für Patient und Familie menschlicher. Dies ist die Basis für gegenseitiges Vertrauen und Sympathie, und diese wiederum bilden die Voraussetzung für eine fruchtbare Kommunikation. Nur so, glaube ich, kann der Patient selbst *autonom* werden, reifen, wachsen, er selbst bleiben.

Ich denke, dass solche "statements" unter Umständen zu verwirrend sind. Lassen Sie mich darum zum Schluss und zur Verdeutlichung ein authentisches Beispiel erzählen:

Beispiel:

Der Patient, von dem ich hier spreche, erkrankte mit dreieinhalb Jahren an Leukämie. Ich habe ihn genau sieben Jahre betreut. Er erkrankte am Geburtstag eines meiner Söhne und starb an dessen Geburtstag. Als er starb, war es, als sterbe mein eigenes Kind.

Er war eigenwillig, wollte alles genau wissen, und bestimmte den Ablauf von Massnahmen mit, das heisst er legte genaue Rituale fest. Bis er 9jährig war, ging er zur Schule; dann meinte er, nichts mehr lernen zu können. Seine Alterskameraden fand er "bubig". Etwa sechs Monate vor dem Tod, als er die Unabänderlichkeit des Verlaufs erkannte, setzte er die Medikamente selbst ab und verweigerte alle medizinischen Massnahmen. Bei Schmerzen in der Endphase wurde Morphium zur Verfügung gestellt (von Suchtgefahr oder Überdosierung wurde nicht gesprochen, die Tabletten lagen auf dem Nachttisch). Nur äusserst selten nahm er eine. Meine Frau sagte: "Seine Mutter unterstützt seine Autonomie, ohne aber je die Hoffnung aufzugeben. Sie hat Respekt vor der Integrität seiner Persönlichkeit, so dass er erwachsen werden konnte."

Nachdem er sein Testament gemacht und das eigene Begräbnis festgelegt hatte (Sarg, Sargschmuck, Musik, Krema-

tion, Ausstreuung der Asche am Ferienort im Meer, keine Predigt), starb er als frühreife, erwachsene Persönlichkeit. Als er in der Endphase einmal sehr unter Schmerzen litt, spritzte ich ihm ungefragt Morphium. Am Abend besuchte ich ihn wieder. Er war wach und besonnen und sagte: "Du huere verdammte Schiessdokter, du häsch mer e Sprütze gäh, won ich nöd ha welle, ich wott dich nümme gseh" und legte sich auf die Seite. Am Abend, bevor ich zu Bett ging, besuchte ich ihn noch einmal, weckte ihn behutsam und entschuldigte mich bei ihm.
Wenige Tage danach, kurz vor seinem Tod, liess er mich notfallmässig kommen, weil er gewaltige Schmerzen hatte. Er streckte mir den Arm entgegen und sagte: "Jetzt wott ich e Sprütze." Darauf schaute er mich ruhig und fest an und sagte: "Und jetzt no eini."

5. **Zusammenfassung** (Urs Hunziker und Hans Peter Kind)

- Es kommt nicht darauf an, *wo* etwas gemacht wird, zu Hause oder im Spital.
- Es kommt nicht darauf an, *wer* etwas macht.
- Es kommt darauf an, *wie* es gemacht wird.
- Es müssen alle Möglichkeiten abgewogen werden, ebenso Umfeld/Beziehungen/Abhängigkeiten ausgelotet werden.
- Wir müssen versuchen, im Wechselbad der Gefühle ehrlich zu bleiben. Meine Frau sagte: "Was man für sich als das Beste ansieht, braucht für andere nicht das Beste zu sein; dies zu spüren *und* zu akzeptieren ist schwierig."
- Unser Ziel ist es, das kranke Kind sich zum autonomen Patienten entwickeln zu lassen, damit dieses selbst entscheiden kann, was für ihn letzten Endes gut *und* richtig ist - zu Hause *oder* im Spital.
- Das Dreieck Spital, ambulante Betreuung, Patient/Eltern muss stabil sein und der Kommunikationsfluss sehr aktiv von

seiten des Spitals und der ambulanten Betreuung gestaltet werden. Die Eltern und die Patienten sind viel zu stark betroffen, um sich aktiv darum bemühen zu können.

- Schmerz ist unnötig und belastend. Kinder müssen allzu viele Schmerzen erdulden, die besser zu bekämpfen wären. In diesem Zusammenhang sei auf die Möglichkeit der Selbstregulierung der Schmerzmitteleinnahme (selbstregulierbares Pumpsystems) hingewiesen. Schmerzen sind ganzheitlich zu betrachten, und verstärkende Faktoren müssen berücksichtigt werden.
- Entscheide können für einen Spitalarzt oft sehr schwer sein. Isolation und Alleinsein sind aber auch Aspekte des Hausarztes. Die eigene Emotionalität des behandelnden Arztes muss für die Eltern und Patienten spürbar werden.
- Gefühle des Arztes stören nie! Trotzdem sind kompetente Entscheidungen erforderlich.

DER TOD IM NEUGEBORENENALTER: EIN TOD VOR DEM LEBEN?

Judith Uehlinger-Walter

Seit gut zehn Jahren bin ich an den *Intensivstationen des Kinderspitals Zürich* tätig. Von dieser Tätigkeit her möchte ich vom "Tod im Neugeborenenalter" und davon vor allem von Selbsterlebtem und -erfahrenem berichten.

"Neugeborenenalter" bezeichnet im medizinischen Sprachgebrauch die Zeit bis vier Wochen nach der Geburt. Die *Todesursachen* schon in diesem frühen Lebensalter sind vielfältig:

- Frühgeborene Kinder, deren Organsysteme, vor allem der Lunge, insgesamt unreif sind;
- Kinder mit Geburtskomplikationen, fast immer verbunden mit Sauerstoffmangel und seinen Folgen;
- Kinder mit angeborenen Fehlbildungen, allen voran des Herzens, aber auch der Lungen und Nieren, des Magen-Darmtraktes;
- Kinder mit angeborenen Muskelschwächen;
- Kinder mit kombinierten Fehlbildungen;
- Neugeborene mit Infektionskrankheiten, die schon bei der Geburt bestehen können oder aber im Verlaufe der ersten Tage erworben werden;
- Sehr häufig Kinder mit kombinierten Krankheitsbildern.

In unseren beiden Intensivabteilungen behandeln wir jährlich ungefähr 250 neugeborene Kinder. In den Statistiken der Abteilungen erscheinen unter dem Stichwort "Mortalität" je nach Jahr die Zahlen 5-8-10%, d.h. dass jährlich ungefähr 12 bis 25 neugeborene Kinder in unseren Intensivabteilungen sterben.

Wohl in keiner Sterbesituation so ausgeprägt wie beim Tod eines neugeborenen Kindes tritt für die Eltern die *Schuldfrage* in den Vordergrund. Sehr oft wird sie aber nicht ausgesprochen, weder dem Arzt gegenüber noch zwischen den betroffenen Elternteilen. Wichtig und absolut unerlässlich ist darum das aktive Eingehen auf diese Frage durch den betreuenden Arzt. Oft tauchen dabei völlig unbegründete Ängste, Vorwürfe, Aggressionen und Vorstellungen auf, unterstützt durch mehr oder minder gutgemeinte Erzählungen und Berichte aus der Verwandt- und Bekanntschaft. Hier ist eine sehr genaue und ehrliche, aber auch verständliche Information an die Eltern wichtig. Ein solches Gespräch sollte unbedingt auch nach dem Tod eines Kindes wieder aufgenommen und fortgeführt werden.

Immer wieder wird gesagt, geschrieben und vertreten, *ein neugeborenes Kind zu verlieren sei für Eltern einfacher als der Verlust eines älteren.* Ich bin aufgrund von Erfahrungen mit derweise betroffenen Eltern davon überzeugt, dass das nicht stimmen kann. Die Situationen sind derart verschieden voneinander, dass sie in mancher Hinsicht nicht verglichen werden können. Es beeindruckt mich, dass ein bedeutender Schweizer Pädiater anlässlich seiner universitären Antrittsvorlesung mit dem Thema "Der Tod im Kindesalter" noch Ende der sechziger Jahre unseres Jahrhunderts unter anderem folgendes gesagt hat:

> "Vom Tod des Kindes selbst können wir zunächst aussagen, dass es sich dabei nie um ein physiologisches Sterben handeln kann. Der Tod erfasst hier Menschen, die als Kollektiv die grösste Lebenserwartung haben. Wie wir aber bereits gesehen haben, ist er beim Neugeborenen doch ein Ereignis,

das sich frequenzmässig mit dem Sterben des alten Menschen deckt. Die Hinfälligkeit in diesen beiden Lebensabschnitten ist offensichtlich. Neugeborene Kinder und Säuglinge sterben denn auch entsprechend leicht. Der Hauch einer Krankheit rafft sie dahin. Ohne Leiden, ohne jedes Bewusstsein, ohne die geringste spürbare Mitbeteiligung versagt die Atmung, wird unregelmässig, reflexartig schnappend, und das Leben ist erloschen. Sein Sterben trägt keine individuellen Züge. (.....) So vollwertig das Menschsein des Neugeborenen auch sein mag, es hat sein unverwechselbares Wesen noch in keiner Weise manifestiert. Es hat sich dem Gedächtnis der Eltern auch nicht als Persönlichkeit eingeprägt. Alles an ihm ist im Stadium des 'Noch-nicht' geblieben: Es war ein Baby wie alle andern auch. Mit ihm trägt man lediglich eine Hoffnung zu Grabe, die als solche in der Regel reproduzierbar ist."

So einfach ist das nicht! Es stimmt nicht, dass Eltern noch keine *Beziehung zum Neugeborenen* haben; auch Väter bauen sehr schnell eine enge Beziehung auf. Oft scheuen sich Eltern *kranker oder sterbender neugeborener Kinder*, diese Beziehung wahrzunehmen und zu leben. Das Leid und die Trauer sind oft gerade deshalb so gross, weil wenig oder sogar keine Gelegenheit und Zeit gegeben waren, dem Kind Liebe und Geborgenheit zu schenken, Erlebnisse mit ihm zu teilen, das Kind zuhause zu haben, vor Bösem und Leid zu bewahren; vielmehr sieht man sich mit der harten Realität konfrontiert, miterleben zu müssen, wieviel Krankheit, Operationen, Schmerzen oder andere Unannehmlichkeiten das Kind in seinem kurzen Leben durchzustehen hatte, miterfahren zu müssen, dass dem eigenen Kind keine Chance zum Leben gegeben war, hilflos danebenstehen zu müssen - die *harte Erfahrung des "Todes vor dem Leben"* durchstehen zu müssen.

Erinnerungen an gemeinsame Erlebnisse, auch an Sorgen,

an gemeinsame Freuden und Tränen sind zwar schmerzlich, haben aber immer auch etwas Tröstliches an sich. Solcher Trost fehlt Eltern, die ein neugeborenes Kind verloren haben, fast ganz.

Eine stets neue Herausforderung für uns, die wir solche Kinder betreuen, liegt darin, *die kurze Zeit zu nutzen*, Eltern auf diesem Weg zu begleiten. Eltern müssen die Gelegenheit haben, bei ihrem Kind zu sein, es kennenlernen zu können.

Häufig ist dies durch verschiedene Umstände erschwert: Es braucht *Mut*, das völlig neue Umfeld einer Intensivabteilung zu erleben; da ist die *Angst* vor all den technischen Apparaturen und Installationen. Eine betroffene Mutter beschreibt das so:

> "Ich wurde allmählich aufmerksam auf die andersartige Umgebung. Auch auf dieser Intensivstation piepsten von überall her die Monitoren, die die Herztätigkeit der schwerkranken Kinder überwachten. Schrill und hoch die einen, dumpf die andern. Beatmungsgeräte erweiterten die Geräuschkulisse. Rhythmisch seufzend, taten die Maschinen scheinbar gelassen ihren Dienst. Es tönte, als würde mit unheimlicher Regelmässigkeit im Abstand von wenigen Sekunden immer wieder einem farbigen, lustigen Kinderballon die Luft abgelassen. Der Raum war viel heller und grösser als in der ersten Klinik. (....) Im übrigen beherrschten auch in dieser Station die technischen Apparaturen das Blickfeld. Die zahlreichen Ärzte, z.T. in ihren grünen Operationsschürzen samt Mundschutz, die Schwestern, die darin lautlos umherhuschten, kamen mir vor wie Wesen eines andern Planeten, die gelernt hatten, dieses Menschenlabor korrekt zu bedienen." [1]

Eine andere Mutter hat mir erzählt, sie sei lange Zeit ganz davon überzeugt gewesen, dass auf unseren Intensivabteilungen keine Fenster vorhanden seien, die dem Tageslicht Zugang gewährten.

Da müssen wir mit unseren *erklärenden Gesprächen* versuchen, eine *Brücke zu schlagen*, die den Weg zum Kind weist, den Eltern den übermässigen Respekt und die Angst vor diesen Einrichtungen wegzunehmen, sie dazu zu ermuntern, das Kind zu berühren, mit ihm zu sprechen, zu singen und zu erzählen, es wenn möglich den Eltern in die Arme zu legen. Kurzum: ihnen die Möglichkeit zu verschaffen, dem Kind Zuwendung zu schenken.

Oft wird dieses Bemühen leider durch *vorgegebene äussere Umstände erschwert oder gar verunmöglicht*: Über ein weites Einzugsgebiet werden Kinder zu uns verlegt, aus dem Tessin, der Ostschweiz, Graubünden und Glarus. Per Helikopter, Ambulanz und Flächenflugzeug transportieren wir unsere kleinen Patienten ins Kinderspital. Die Mütter sind oft noch nicht mobil genug, lange Reisewege auf sich zu nehmen; die Väter sind hin- und hergerissen zwischen den verschiedenen Aufgaben: *Begleitung ihres kranken Kindes, Unterstützung ihrer Frauen, Betreuung der älteren Geschwister*. So müssen oft wichtige Informationen nur über die kalte, häufig so ungnädige Telefonleitung erfolgen, etwas, was auch uns Ärzten und Schwestern immer wieder viel Mühe bereitet. Die Mütter ihrerseits kämpfen mit dem Gedanken, dass fremde Personen dem eigenen Kind viel näher sind als sie selbst.

Unter allen Umständen sollte versucht werden, *beide Eltern zu ihrem Kind zu holen*. Wir sind da auf die Kooperation der einweisenden Ärzte und Kliniken angewiesen und erleben dabei die verschiedensten Reaktionen.

Eine *ehrliche, offene und vollständige Orientierung* über die medizinische Situation gehört immer zu den Grundlagen der Elternbegleitung. Gute Nachricht zu vermitteln ist immer einfacher; dazu zu stehen, nicht helfen zu können, ist weit schwieriger; auf die brennendsten Fragen keine Antwort geben zu können tut oft weh - es will gelernt und erfahren sein -, "können" tut man das nie, gleicht doch keine Situation genau der andern. Es ist oft nicht einfach, aber doch so wichtig, zur eigenen Betroffenheit, Anteilnahme und auch zur eigenen Sprachlosigkeit zu stehen. Auch für Ärzte, die doch in der Ausbildung darin geschult werden, fachlich Bescheid zu wissen und stets Auskunft geben zu können. Hören wir dazu nochmals die Empfindungen einer betroffenen Mutter:

> "Ich frage mich immer mehr, warum die Ängste und die Verzweiflung von Eltern eines schwerkranken Kindes bei den Ärzten (nicht beim Pflegepersonal) keinen Platz einnehmen dürfen. Wenn ich in den Gesprächen mit Medizinern jeweils meine Angst äusserte, bekam ich immer nur sachliche Informationen zu hören. Hätten die Herren Doktoren meine Angst wenigstens ernst genommen! Hätten sie mir doch zugehört, dass ich Qualen litt und dass es um das Überleben unserer ganzen Familie ging. Warum kann kein Mediziner sich im schlimmsten Moment ins gleiche Boot wie die Eltern setzen, ihrer Trauer und ihrer Enttäuschung entgegentreten? Warum ziehen sich die meisten Ärzte in die sachliche Verteidigung der Medizin zurück, wenn es darum geht, mit tödlich verletzten Eltern einen Moment in ihrer Trauer auszuharren? Ich weiss, auch Ärzte sind hilflos, aber es würde Angehörigen eines todkranken Kindes guttun, wenn die Mediziner zu ihrer Ohnmacht stehen würden, wenn es nicht gelingt, über Leben und Tod zu entscheiden. Niemand verlangt von ihnen, dass sie allwissende und allmächtige Götter sind; aber vielen Leidtragenden wäre gedient, wenn sie Menschen mit Mitgefühl gegenüberstünden, die sie in der Verzweiflung nicht allein lassen und die sich nicht hinter der Wissenschaft verschanzen." [1]

Es ist dabei aber auch zu bedenken, dass für viele junge Ärzte und Schwestern die Situation eines sterbenden Kindes, überhaupt die *Konfrontation mit Sterben und Tod*, ein völlig neues und erstmaliges Erleben ist, wobei nicht nur bei den Eltern Angst und Unsicherheit herrschen. Zudem sind wir ja fast alle auch dazu erzogen worden, stark zu sein, was oft mit emotionslos gleichgesetzt wird. Auch zu seinen Gefühlen und Emotionen zu stehen, braucht Mut und eine besondere Art von Erfahrung.

Der *Sterbeprozess*, der immer *zum Leben gehört*, wird in der Situation der Intensivmedizin oft unterstützt durch das Sistieren apparativer und medikamentöser, lebensverlängernder, also sogenannter künstlicher Massnahmen. *Eltern* müssen auf diesen Schritt *vorbereitet* sein, solange Zeit dazu vorhanden ist. Nur so können wir mithelfen, Ängste abzubauen und *sie zu ermutigen, bei ihrem Kind zu bleiben*, es auf seinem oft so kurzen und zugleich letzten Stück Lebensweg zu begleiten. Wichtig ist dabei, Eltern so zu betreuen, dass sie auch den Mut und die Kraft aufbringen können, ihre *Wünsche zu formulieren*. Diese sollten, wenn immer möglich, auch verwirklicht werden. Sie betreffen etwa die Taufe des Kindes, das Dasein von Grosseltern, Geschwistern oder Freunden, räumliche Verhältnisse, scheinbare Äusserlichkeiten wie Raumbeleuchtung, Kerzen, Kleidung des Kindes oder aber auch Ängste, zum Beispiel vor dem Alleinsein mit dem sterbenden Kind.

Von unserer Spitalsituation her ist es oft nicht möglich, ein sterbendes Kind den Eltern in das eigene häusliche Umfeld zurückgeben zu können. Geburtskliniken lehnen eine sogenannte Übernahme sterbender neugeborener Kinder oft ab. Wenn eine solche Verlegung trotzdem möglich ist, kann das zu einem entscheidenden Erlebnis werden, wie wir aus den folgenden Zeilen einer betroffenen Mutter heraushören können:

> "Mein Gynäkologe hat für uns ein Einerzimmer auf der Chirurgischen Abteilung organisiert. Nach dem Bezug war es wieder einmal Zeit, etwas zu essen, obwohl uns der Appetit dazu fehlte. Anschliessend pumpte ich wieder etwas Milch ab. Wir wechselten uns gegenseitig ab, Tobias in unseren

Armen zu halten. Es war sehr schwer. Wir wussten, dass man nicht mehr weiter sinken kann. Wir spürten, dass wir uns in jeder Stunde noch mehr mit Tobias verbanden. Ich habe ihn noch gewickelt und umgezogen - ganz normale Verrichtungen einer Mutter. Einerseits hat es mir etwas gegeben, andererseits war es schwer, denn ich wusste ja nicht, ob ich dies noch länger tun dürfe oder könne. In den Stunden von 19.00 - 24.00 Uhr war die Atmung von Tobias immer etwa gleich, eher oberflächlich und ruhig. Dann veränderte sich die Situation für eine Stunde. Bei jedem Atemzug stöhnte Tobias ganz leise. Er hatte seine Äuglein geöffnet. Wir glaubten, ihn zu verstehen. Es war, als wollte er uns sagen: So geht es nicht, ich kann so nicht bei euch bleiben. Wir fragten uns, ob er wohl schreien würde, wenn er die Kraft dazu hätte. Bedeuteten seine Töne einen Hilfeschrei? Fängt Tobias jetzt an zu leiden? Hat er starke Schmerzen? Wir diskutierten, ob wir ihm das Schmerzmittel geben lassen sollten. Ich habe Tobias ganz nahe an mich genommen, so, dass er meinen Herzschlag hören konnte. Er liess sich beruhigen und schlief ein. Auch wir fielen während einer Stunde in einen ganz leichten Schlaf. Um 02.00 Uhr bin ich aufgewacht und habe meinen Mann aufgeweckt. Wir wussten, dass jetzt die Zeit gekommen war, wo Tobias uns verlassen würde. Er atmete ganz ruhig und leise, und zwischendurch liess er auch einen Atemzug aus. Seine Glieder waren bereits etwas ausgekühlt. Ich habe dann das im Zimmer vorhandene Stethoskop genommen, und kurz vor 02.30 Uhr seinen Tod festgestellt. Unser Abschied war ruhig. In dieser Stunde liessen wir unseren Sohn gehen. (....) Uns wurde bewusst, wie wichtig es für uns war, Tobias bis in den Tod begleiten zu können. Es bedeutet einen sehr wichtigen Teil der Trauerarbeit. Wir sind auch dankbar, dass wir Tobias in seinem kurzen Leben alles geben konnten, was er gebraucht hat."

Diese Worte zeigen gleichzeitig auch, wie wichtig ein *organisiertes und zur Mitarbeit und Unterstützung bereites Umfeld* in dieser Situation ist.

Ich denke, dass man auch in der technischen Umgebung einer Intensivstation den Eltern ein solches Begleiten ihres Kindes individuell ermöglichen kann.

Wenn wegen äusseren Umständen die Eltern ihr Kind in seinem Sterben nicht begleiten konnten (weil die Mutter z.B. nach Kaiserschnittentbindung im auswärtigen Spital lag), so muss unbedingt alles daran gesetzt werden, ihnen wenigstens das *Abschiednehmen von ihrem bereits gestorbenen Kind* zu ermöglichen. Eine Trauerarbeit leisten zu müssen, ohne das eigene Kind je gesehen zu haben, ist fast unmöglich. Es sollte nicht vorkommen, dass eine Mutter ein Gedicht an ein ihr unbekanntes Kind, das sie zwar zuvor geboren hat, schreiben muss:

> "Zum Tod eines geliebten Kindes:
> Ich kannte dich nicht und liebte dich doch.
> Ich hielt dich nie im Arm wie eine Mutter.
> Ich begrabe mit dir meine Hoffnungen und Träume
> für ein unbekanntes Kind, das ich nie gesehen habe.
> Aber ich begrabe auch die Liebe in meinem Herzen und die
> Trauer, weil wir uns trennen müssen.
> Ich bete zu Gott, dass er alles für dich tut,
> was ich so gerne für dich getan hätte." [2]

Auch Eltern, die ihr sterbendes Kind begleiten konnten, brauchen die *Möglichkeit und Zeit für den Prozess des Abschiednehmens.* Dazu kann - muss aber nicht - gehören das Waschen und Anziehen des Kindes, bei ihm bleiben und wachen, es selber in den Sarg legen, liebevoll in eine Decke hüllen, und vielleicht vor seiner Beerdigung sogar nach Hause nehmen zu können.

Noch immer haben viele Eltern Angst davor, Neugeborene und ganz besonders kleine, frühgeborene Kinder hätten kein

Anrecht auf eine *eigene Grabstätte und eine kirchliche Abdankungsfeier*. Es ist wichtig, auch diesen Fragen nicht auszuweichen, sich selber darüber zu orientieren und auch damit die eigene Anteilnahme zu zeigen.

Nur so können wir vielleicht ein Stück weit dazu beitragen, Eltern auf ihrem schweren Weg angesichts des "Todes vor dem Leben" zu unterstützen.

Zum Abschluss möchte ich Ihnen aus einem Brief, den eine betroffene Mutter kürzlich in einer deutschen Pädiatriezeitschrift an uns Ärzte gerichtet hat, vorlesen:

> "Sie können und sollen nicht um jedes Kind mittrauern, aber Sie können Eltern in ihrer Trauerarbeit unterstützen, ihnen den Anfang erleichtern, ihnen Schuldgefühle nehmen oder diese ***erst gar nicht aufkommen lassen.*** Denn konstruktive Auseinandersetzung mit dem Verlust des Kindes kann erst dann beginnen, wenn ich den Komplex der Schuldfrage ausschliessen kann.
> Die Trauerarbeit wird bei Eltern nach dem Verlust eines Kindes ein Leben lang eine Rolle spielen, als abgeschlossen kann sie nie betrachtet werden, denn das hiesse, das Kind zu vergessen, mit ihm fertig zu sein.
> Die Trauer wird sich verändern, sie wird an Dominanz verlieren und ins Leben einbezogen werden, vielleicht bis hin zu dem Satz: 'Es war gut so!'"[3]

[1] Viviane Schwizer, Januarkinder (Vom Überleben auf der Intensivstation), Unionsverlag, 1988

[2] Elisabeth Kübler-Ross, Kinder und der Tod, Kreuzverlag, 1983

[3] Ute Rigas-Gundlach, Sterbebegleitung aus der Sicht der Eltern, in "Der Kinderarzt", Nr. 7, 10 1992, p. 1151 - 1152

BEGLEITUNG STERBEBEDROHTER KINDER AUF DER INTENSIVSTATION

Judith Uehlinger-Walter
unter Mitarbeit von Claudia Hassam-Godly

Was heisst überhaupt *"sterbebedroht"*? Zunächst ist die Notwendigkeit einer intensivmedizinischen Behandlung eines Kindes für betroffene Eltern wohl immer gleichzusetzen mit Sterbebedrohung. Eltern sind dabei hin und her gerissen zwischen Hoffnung und Angst, Akzeptanz und Aggression, Tatsachen und (Vor-) Ahnungen. Der Wechsel vom gesunden zu dem von der Intensivmedizin abhängigen Kind kann sich oft innert kürzester Zeit und völlig unerwartet vollziehen (z.B. Unfallsituation) oder aber lange Zeit im voraus geplant sein (z.B. in der Situation herzoperierter Kinder). Auch die Aufenthaltsdauer der Kinder auf unserer Abteilung ist äusserst unterschiedlich; sie reicht von einer knappen Stunde bis zu Wochen, Monaten oder - allerdings selten - gar Jahren. Das Ende einer Behandlung ist häufig zunächst ungewiss: Wird das Kind ganz gesund? Setzt der Tod der Behandlung ein Ende? Oder aber: Wird unser Kind chronisch krank überleben?

Stellvertretend für diese verschiedenen Situationen seien *zwei Patientenbeispiele*, die mir persönlich in besonders eindrücklicher Erinnerung geblieben sind, kurz skizziert:

Der sechsjährige *Raphael* (Name geändert), bisher immer gesund, ist während zweier Wochen vermehrt müde und etwas blasser als gewöhnlich. Beim zusätzlichen Auftreten von Husten sucht die Mutter den Hausarzt auf, der den Verdacht auf eine Lungenentzündung äussert und den Knaben gleichentags in eine auswärtige Kinderklinik einweist. Noch am Abend des gleichen Tages wird Raphael wegen Verdacht auf eine Herzmuskelentzündung auf unsere Intensivabteilung verlegt. Seine Eltern werden im auswärtigen Spital beruhigt und vor der Verlegung des Kindes nach Hause geschickt. Bei uns erleidet Raphael knapp zwei Stunden nach Eintritt einen Herzstillstand und verstirbt trotz intensivster Wiederbelebungsmassnahmen. Unser erster Kontakt mit den Eltern ist die zunächst telephonische Mitteilung von Raphaels Tod.

Anders die Geschichte von *Sarah* (Name geändert): Als Neugeborenes wird uns Sarah mit Verdacht auf einen Herzfehler aus einer auswärtigen Kinderklinik zugewiesen. Dieser Verdacht bestätigt sich, das Kind ist in einem sehr schlechten Zustand. Schon vor und auch während den notwendigen, lebensermöglichenden Massnahmen muss das Kind wegen Herz-Kreislaufversagen wiederbelebt werden. Auf ganz erstaunliche und erfreuliche Weise erholt sich Sarah und kann zunächst nach Hause entlassen werden. Im Alter von fünfeinhalb Monaten tritt das Kind wiederum bei uns ein zur korrigierenden Herzoperation. Diese ist mit vielen Schwierigkeiten und Problemen, schliesslich noch mit einer dritten Wiederbelebungssituation verbunden. Auch diesmal erholt sich Sarah ganz erfreulich und kann nach gut fünfwöchiger Behandlungszeit unsere Abteilung verlassen. Sieben Monate später schicken uns die Eltern ein reizendes Foto von Sarah, die strahlend hinter dem Kuchen mit der ersten Geburtstagskerze sitzt.

Dass derart verschiedene Situationen sowohl bei den betroffenen Eltern wie beim Spitalpersonal *verschiedene Reaktionen* auslösen und *verschiedene Anforderungen* an die Betreuung stellen, versteht sich eigentlich von selbst. Die Eltern und auch wir, das Spitalpersonal, müssen dabei einen *Prozess* durchlaufen, der graphisch vielleicht folgendermassen dargestellt werden könnte:

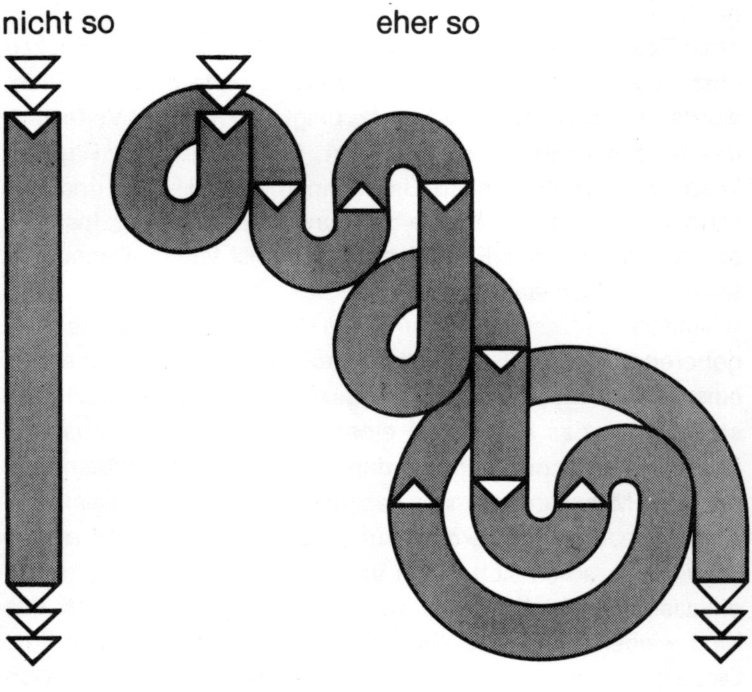

Abbildung 1, in Anlehnung an eine Darstellung von Elisabeth Kübler-Ross

Sehr wichtig ist die Kenntnis dieses Ablaufs für alle, die Patienten und ihre Eltern betreuen. Nur dann können wir, das Pflegepersonal und die Ärzte, versuchen, eine sinnvolle (unter-)stützende Begleitung zu gestalten.

J.C. Student und Ute Student (Hannover) [1] haben das unter dem Titel *"Hilfreiche Einstellungen"* folgendermassen formuliert:

> *"Eltern, deren Kind stirbt, durchleben regelmässig schmerzhafte emotionale Krisen* (Kübler-Ross 1969, 1984): Schock, oder das Gefühl des Nicht-Wahrhaben-Wollens, der Wut, der immer wieder aufkeimenden Hoffnung, der Depression und ähnlichem. Viele Eltern erleben diese Gefühle als unangemessen, ja 'abnormal' - ohne sich jedoch dagegen wehren zu können. Vielfach bemühen sie sich darum, ihre Empfindungen vor anderen Menschen zu verbergen.
> Auch Ärzte und Pflegekräfte, denen ein kleiner Patient stirbt, durchleben vergleichbare Phasen, wenngleich diese meist milder verlaufen: Sie unternehmen noch Rettungsversuche ohne objektive Erfolgsaussichten ('Leugnung/Schock'); empfinden unklaren Ärger gegenüber Kollegen, den betroffenen Eltern und sich selbst ('Wut'); neigen dazu, an Wunder zu glauben ('Hoffnung'); verfallen schliesslich in resignativ-trostlose Stimmung oder flüchten in leere Hektik ('Depression'). - Auch Ärzte und Pflegepersonal erleben diese Stimmungen und Reaktionen als unangemessen und ihrem Selbst- und Berufsbild zuwiderlaufend.
> Auf diese Weise fühlen sich Eltern sowie Pflegekräfte und Ärzte isoliert und alleingelassen, weil sie ihre eigenen Gefühle negativ bewerten und sie vor anderen (und sich selbst?) zu verbergen suchen. Schwestern, Pfleger und Ärzte, die in der Lage sind, die eigenen Gefühle wahrzunehmen, können allein schon durch diese Selbstwahrnehmung eine Brücke zu den betroffenen Eltern schlagen und so gemeinsam Wege aus der Isolation finden: *Solidarität ist deshalb die entscheidende Forderung an die Mitarbeiter der Intensivstation."*

Von diesen "Hilfreichen Einstellungen" leiten J.-C. und Ute Student *"Hilfreiche Verhaltensweisen"* ab [1]:

"Das *Gefühl der Solidarität* kann es Mitarbeitern der Intensivstation erleichtern, auf die Eltern zuzugehen. Den Eltern kann es helfen, die Unterstützung der Mitarbeiter anzunehmen. Pflegekräfte und Ärzte sollten vor allem die folgenden *fünf Aufgaben* übernehmen:

Erste Aufgabe:
Kontakt der Eltern zum sterbenden Kind fordern und fördern.

Hierzu gehört, dass die räumlichen Gegebenheiten auf der Intensivstation menschengerecht auch für betroffene Eltern eingerichtet sind. Kontakt zum Kind heisst natürlich nicht nur räumliche, sondern auch körperliche Nähe, Berührung. Gerade Schwestern und Pfleger können durch ihr Vorbild den Eltern Verhaltensmodelle liefern.

Zweite Aufgabe:
Eltern zum Kontakt mit dem toten Körper des Kindes auffordern.

Trauer über den Tod eines Menschen kann erst beginnen, wenn die Realität des Todes für die Hinterbliebenen wahrnehmbar wird (Worden 1987). Die Eltern müssen auf jede nur erdenkliche Art und Weise dabei unterstützt werden, auf ihre eigene, ganz besondere Weise von dem geliebten Kind Abschied nehmen zu können. Hierfür muss vor allem auch genügend Zeit zur Verfügung gestellt werden. Nur die Eltern wissen, wieviel Zeit für sie wichtig ist.

Dritte Aufgabe:
Der zuständige Arzt stellt sich als Mitmensch zur Verfügung.

Wenn ein Kind stirbt, gibt es in dieser Situation für die Eltern keinen wirklichen Trost. Eltern erwarten dies im Grunde genommen auch gar nicht und misstrauen allen Trostworten. Dies zu akzeptieren ist für Helfer nicht leicht. Wichtig ist jedoch, dass der verantwortliche Arzt sich jetzt nicht seiner Verantwortung entzieht, sondern anwesend ist und bleibt. Wenn er jetzt seine eigene Betroffenheit zulässt und zeigt, ist dies ein zusätzliches Signal seiner Solidarität.

Vierte Aufgabe:
Keine Tranquilizer verordnen, sondern die Eltern ermutigen, ihre Gefühle vollständig auszudrücken.

Die Gefühlsausbrüche von Eltern, deren Kind gestorben ist, können (insbesondere, wenn sie den Tod nicht erwartet haben) sehr dramatisch wirkende Formen annehmen. Ärztliche Aufgabe ist es hier, diese auszuhalten und zuzulassen, ja sogar zu fördern. Hilfreich hat sich in dieser Phase die Anwesenheit von Menschen erwiesen, die selbst ähnlich schwere Verluste erlitten haben und über ausreichende Stärke, Zeit und Geduld verfügen, um die Gefühle der Eltern auszuhalten. (Hierfür besonders geeignet sind Eltern, denen selbst vor längerer Zeit ein Kind auf der Intensivstation gestorben ist und die diesen Verlust mittlerweile bewältigen konnten.)

Fünfte Aufgabe:
Eltern zum Nachgespräch einladen.

Etwa vier bis sechs Wochen nach dem Tod ihres Kindes sollten die Eltern von dem behandelnden Arzt der Intensivstation einen Gesprächstermin angeboten bekommen. Bei diesem Gespräch soll:
a) den Eltern Gelegenheit gegeben werden, das traurige Ereignis noch einmal verbal zu durchleben;
b) ihre psychische und somatische Gesundheitsgefährdung

abgeschätzt werden (Informationsschriften und Hinweise auf lokale Selbsthilfegruppen, Trauerberater und ähnliches)."

In unserer täglichen Arbeit versuchen wir, diese Aufgaben in der Elternbetreuung wahrzunehmen, wobei je nach Situation die Schwerpunkte anders gesetzt werden müssen. Einige zentrale Punkte, die nicht übergangen oder vergessen werden dürfen, sind in der zitierten Aufgabenaufzählung nicht berücksichtigt; dazu gehört allen voran der *Miteinbezug der betroffenen Geschwister* sowie das Schaffen von Raum und Möglichkeit zur Pflege der *religiösen Bedürfnisse* (z.B. Erteilung der kirchlichen Sakramente).

Dass solche Betreuung und Elternbegleitung *hohe Ansprüche und Anforderungen an alle Beteiligten*, Pflegepersonal und Ärzte, stellt, scheint einleuchtend.

Auch J.-C. und Ute Student schreiben davon unter dem Stichwort *"Emotionale Unterstützung der Helfer"*:

> "Der Tod eines Kindes rührt immer auch an die eigenen Todesängste und -befürchtungen der Stationsmitarbeiter und führt sie damit in persönliche Krisen. Werden die dort Tätigen mit derart intensiv aufkommenden Gefühlen konfrontiert, ohne dass ihnen Bewältigungshilfen angeboten werden, bedeutet dies unter Umständen, dass sie ihre eigenen Gefühle massiv unterdrücken müssen. Dies kann Auslöser für verschiedenste körperliche Krankheitszeichen, psychische Störungen und soziale Spannungen innerhalb des Teams werden und zu dem gefürchteten 'burn out' führen. Deshalb brauchen auch die Helfer mehr als nur formale Unterstützung für den angemessenen beruflichen Umgang mit Sterben, Tod und Trauer. (...)
> Ärzte und Pflegekräfte werden durch derartige Weiterbildung in die Lage versetzt, alte, ungelöste Trauererfahrungen zu bearbeiten, eigene Lebensperspektiven unter dem Aspekt der

Endlichkeit unserer körperlichen Existenz neu zu bewerten und schliesslich Abschied auch als eine Chance zu neuem Beginn zu erleben."

Dass diese Anforderungen gerade auch für junge Mitarbeiterinnen und Mitarbeiter, die erstmals und neu mit der Intensivmedizin konfrontiert sind, zur *belastenden, aber auch bereichernden Erfahrung* werden können, davon berichtet nun Frau Dr. C. Hassam, zur Zeit Assistenzärztin auf den Intensivstationen:

"Seit 1986 durchlaufe ich meine medizinischen Wanderjahre, davon die letzten zehn Monate auf den Intensivstationen des Kinderspitals Zürich. In so mancher Hinsicht erlebe ich die Zeit dort intensiv; noch nie wurde bei meiner ärztlichen Tätigkeit so oft und so stark an meinem Gefühlsleben gerüttelt.

Als ich die ersten Gedanken dieses Vortrages zu Papier brachte, kamen die Worte 'Mühe', 'Angst', 'Probleme' auffallend oft vor, obwohl es mir an meinem jetzigen Arbeitsplatz sehr gut gefällt und ich sehr viel lerne. *Noch nie ist mir meine Arbeit so nahe gegangen.*

Unsere Patienten auf der IPS sind ja meist in einem kritischen Zustand, so dass es oft wenig braucht, um ihr wackeliges Gleichgewicht zu stören. Es gibt viele Momente, da ich als Assistenzärztin eine Entscheidung treffen oder eine Massnahme mit Konsequenzen ergreifen muss, vor allem nachts. Ja, die Nächte - davor haben alle Assistenten den 'Bammel', ganz besonders am Anfang, bis man die ersten Erfahrungen gesammelt hat. Die *Zusammenarbeit Ärzte-Schwestern* ist äusserst wichtig, gerade auf einer Intensivstation, wo man noch mehr aufeinander angewiesen ist als auf den Normalstationen. Die immerwährende Unterstützung kompetenter Schwestern, Pfleger, Oberärztinnen und Oberärzte ist mir bei meiner Arbeit eine unentbehrliche Hilfe.

Und doch bleibt mir die *ständige Angst* im Hinterkopf, trotz der verschiedenen Sicherheitsschaltungen einmal etwas Falsches zu tun, eine falsche Entscheidung zu treffen oder einfach etwas zu übersehen. Obwohl ich sonst eine robuste Psyche habe und belastbar bin, hätte ich grösste Mühe, mit einer solchen Situation fertig zu werden.

Als einer 'Nicht-Vollblut-Intensivmedizinerin' bereitet es mir ab und zu auch *Mühe*, gewisse medizinische Massnahmen zu akzeptieren. Dies hängt zum Teil sicher auch mit meiner mangelnden Erfahrung zusammen. Gerade in hoffnungslosen Situationen, wo es um die Frage des Therapieabbruchs geht, glaube ich, dass es beides braucht: das Herz und den Kopf. Dies erlebe ich bei uns im IPS-Team sehr positiv. Jeder derartige Fall wird individuell in mehreren Gesprächssitzungen (mit Eltern, Schwestern und Ärzten) behandelt. Es wird nach einer für alle akzeptablen Lösung gesucht. Dagegen macht es mir Mühe, dass die am Rande beteiligten Konsiliardienste oft nur die medizinischen Belange sehen und Mühe haben mit der 'Kapitulation vor dem Tod'. Es ist einfacher, etwas zu tun als eben nichts zu tun.
Schon kommt das *nächste Problem:* Das Telefon an die Eltern, dass es ihrem Kind schlecht geht oder dass es verstorben ist. Manchmal (vor allem im Nachtdienst) kennt man die Eltern nicht einmal persönlich. Wie soll man da am Telefon die richtigen Worte finden?

Nächste psychische Hürde: Falls eine Autopsie erforderlich ist, muss dazu bei uns zuerst die Zustimmung der Eltern eingeholt werden. Eine unangenehme, aber oft notwendige Sache. Da ich selber ein Jahr auf der Kinderpathologie tätig war, kann ich den Eltern wenigstens aus eigener Erfahrung versichern, dass die Sektion mit Respekt und Achtung durchgeführt wird.

Aus meiner Problemliste ein weiteres Beispiel: Die Frage der Eltern nach dem ungefähren Todeseintritt kommt oft. Auch hier habe ich auf der IPS meine Lektion gelernt! Ein Kind mit einer schwersten angeborenen Muskelerkrankung war ohne künstliche Beatmung nicht lebensfähig. Gemeinsam mit den Eltern wurde die Entscheidung getroffen, den Beatmungsschlauch zu entfernen. Auf ihre Frage, wann der Tod eintreten würde, teilte ich den Eltern mit, das Kind könne ja nicht selber atmen und würde demzufolge bald sterben. Es atmete jedoch während 24 Stunden mühevoll weiter. Wie klein und dumm bin ich mir da vorgekommen! Ein zweites Mal werde ich keine Prognose mehr stellen, mag sie theoretisch auch noch so sicher sein.

Einige Worte zur *Gesprächsführung:* Immer wieder müssen den Eltern schwerwiegende Diagnosen bzw. Krankheitsverläufe mitgeteilt werden. Solche Gespräche sind für mich sehr belastend. Trotzdem mache ich das gerne, weil ich damit die Eltern ein Stück weit begleiten kann. Für die Bewältigung dieser Aufgabe bin ich froh, etwas älter zu sein; zudem habe ich während meiner Assistentenzeit an der Psychiatrischen Klinik Rheinau gelernt, auf verschiedenste Menschen einzugehen, und - was vor allem wichtig ist - ich lernte zuhören.

Auf der IPS kann die Patientenbetreuung bzw. die Sterbebegleitung durch das unumgängliche Rotationssystem manchmal erschwert werden. Oft ist ein Oberarzt oder eine Oberärztin für die kontinuierliche Betreuung zuständig. Wir Assistenzärzte wechseln wöchentlich, und so habe ich manchmal Hemmungen, mich auch noch einzumischen, es sei denn, ich kenne die Eltern. Wir (Ärzte und Schwestern) versuchen doch immer herauszuspüren, was die Eltern brauchen: Wollen sie reden oder alleine sein, wollen sie einen geistlichen Beistand, Spendung kirchlicher Sakramente etc.? Wenn es einem Kind schlecht geht und es stirbt, sind nicht nur die Angehörigen betroffen, auch wir Ärzte und Schwestern sind mitbeteiligt, wenn auch in einem sicher viel kleineren und anders gelagerten Ausmass. Eine weitere Forderung der Eltern an uns Mediziner besteht darin, unsere Hilflosigkeit und Ohnmacht nicht zu überspielen, sondern ehrlich dazu zu stehen. Ein Arzt sei auch nur ein Mensch; dies zu zeigen sei kein Zeichen der Schwäche. Andererseits erwarten die Eltern, dass ihr Kind in einer Notsituation kompetent und allumfassend medizinisch versorgt wird. Ein hilfloser Arzt wäre dann fehl am Platz. Es ist wahrlich nicht einfach, allen Ansprüchen zu genügen!

Die *Sterbebegleitung* kann auch einmal *allein unsere Sache* sein. Letzthin wollten Eltern beim Sterben ihres bei uns hospitalisierten Neugeborenen, das an einem nicht operablen Herzfehler litt, nicht dabeisein. So übernahm eine junge Schwester diese Aufgabe. Als ich zu ihr ging (sie sass allein, etwas abseits in der sogenannten Stillecke), bot sich mir folgendes Bild: Auf dem Tischchen neben den Nottaufutensilien türmten sich verweinte Papiertaschentücher, die Schwester hielt das sterbende Kind im Arm, und die Tränen rannen nur so über ihre Wangen. Ich blieb bei ihr sitzen, zu reden gab es nicht viel; der Piepser war ausnahmsweise verständnisvoll. Als ich später wieder zur Arbeit gerufen wurde, überkam auch mich Trauer.

Mir geht es nahe, wenn Kinder sterben, und ich hoffe, das bleibt so, selbst wenn es weh tut."

Die Betreuung sterbebedrohter Kinder und die Begleitung ihrer Eltern verlangt aber nicht nur von uns, die wir in der Intensivmedizin tätig sind, hohe Anforderungen. Sie erfordert auch *von den betroffenen Eltern die klare Bereitschaft*, darauf einzutreten, die Begleitung anzunehmen, den Rahmen einer Intensivstation, der für die Ausführung unserer medizinischen Aufgabe gegeben sein muss, zu akzeptieren und auch immer wieder auftretende Unzulänglichkeiten zu tolerieren. Diese Spannung zwischen Akzeptanz und Toleranz wird wohl immer für beide Seiten bestehen bleiben; die Spannung auch zwischen den Eltern, deren Kind auf unserer Station liegt und die immer voll und ganz und einzigartig betroffen sind, und uns, die wir auf der Station arbeiten, uns aber immer wieder mit der nächsten und den folgenden, anderen Situationen der Sterbebedrohung und des Todes auseinandersetzen müssen.

Mögen unsere Bemühungen dazu beitragen, dass die folgenden Worte von J.-C. und Ute Student [1] Realität sein können:

> "Der Tod eines Kindes gehört zu den furchtbarsten Ereignissen, die einen Menschen treffen können. Daran ändert auch alle Hilfe und Unterstützung der Betroffenen nichts. Was ärztliche und pflegerische Hilfe jedoch vermag, ist, dazu beizutragen, dass der Tod eines Kindes nicht auch noch das Leben seiner Eltern zerstört. Eltern müssen dabei unterstützt werden, damit sie den schmerzhaften Prozess der Trauer so durchlaufen können, dass sie anschliessend (meist erst nach mehreren Jahren) neue Lebensziele entwickeln können."

[1] J.-C. Student, Ute Student, Vom Umgang mit Eltern sterbender Kinder auf der Intensivstation, in: Pädiatrische Intensivmedizin X, INA Bank 69, 1989, Georg Thieme Verlag Stuttgart und New York

BEGLEITUNG VON ANGEHÖRIGEN STERBEBEDROHTER KINDER AUF DER INTENSIVSTATION

Judith Uehlinger-Walter
unter Mitarbeit von Margrit Bircher

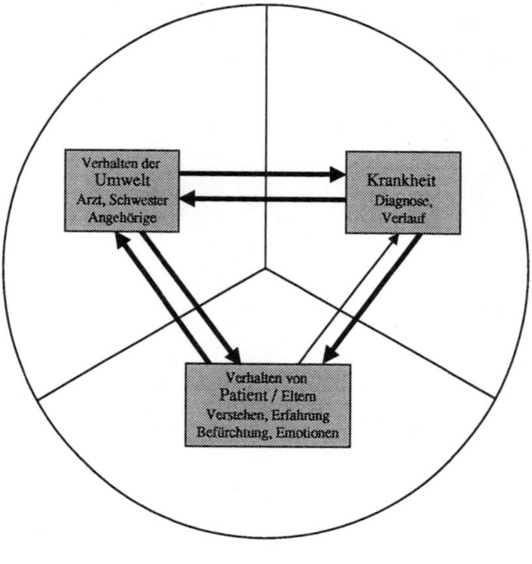

In diesem Versuch einer graphischen Darstellung unseres Themas (in Anlehnung an Elisabeth Kübler-Ross) scheinen mir erstens die in Sektoren unterteilte Kreisform und zweitens das Vorhandensein der verschiedenen Pfeile vorrangige Bedeutung zu haben: Es entstehen in diesem *Problemkreis* wichtige *Wechsel-*

wirkungen, durch die bei allen beteiligten Gruppen (Eltern/Familien, Pflegepersonal/Ärzte, "Aussenstehende") verschiedene Reaktionen und Emotionen (Schuldgefühle, Ängste, Aggressionen, Frustrationen, Verzweiflung und Trauer) ausgelöst werden.
Als Diskussionsgrundlage sollen im folgenden zunächst drei Betroffene aus diesen beteiligten Gruppen zu Wort kommen, und zum Abschluss wird noch auf eine Besonderheit im Sektor "Krankheit/Diagnose/Verlauf" hingewiesen werden:

1. Zuerst zitiere ich stellvertretend für die *Gruppe der betroffenen Eltern* aus dem Brief, den eine Mutter in einer deutschen kindermedizinischen Zeitschrift an uns Ärzte gerichtet hat:

> "Ich möchte die Situation der Eltern beleuchten, die mit den Ärzten gemeinsam vor die Entscheidung gestellt sind, wie oder ob ihr Kind therapiert werden soll.
>
> *Warten, Ungewissheit, Hoffnung.*
> Eltern kommen mit ihrem drei Tage alten Säugling nach ambulanter Geburt in die Klinik. Zustand des Kindes: Schwerster Schock, Schnappatmung, kaum noch Vitalfunktionen. Das Kind wird sofort weggebracht, die Eltern in einen kleinen Raum in der Ambulanz geschickt. Warten, anderthalb Stunden lang keine Informationen. Vor zwei Stunden schlief die Kleine noch ruhig in ihrem Bett. Meine Ahnung: Sie wird sterben! Ich beginne um mein Kind zu trauern. Ungewissheit, dann wieder Hoffnung. Angst. In dieser Situation geht jeder Realitätsbezug verloren, weil erstens kein Ansprechpartner greifbar ist, der als mögliches Korrektiv wirksam werden kann, und zweitens, weil alle Überlegungen durch Spekulationen und Phantasie bestimmt sind.
> Nach fast zwei Stunden wurden wir nun auf eine Station gebracht, und eine Ärztin teilte uns mit, dass es ein Herzfehler sei - und ging. Allein mit dem Kind: Sie lebt - Hoffnung -

ein Herzfehler - halb so schlimm, vielleicht eine Operation - immer noch nichts Genaues. (...) Meine Hoffnung basiert auf mangelnder Information.

Die Diagnose.
Unsere Tochter wird auf die Intensivstation verlegt, neuer Arzt, erster wirklich vorhandener Arzt. Ich habe das erste Mal die Möglichkeit, Fragen zu stellen, und ich bekomme klare Antworten, ohne Umschweife, ohne falsche Rücksichtnahme: Das heisst Leben oder Tod! (...)

Spontane Entscheidung.
Ich entscheide spontan, (...) ich will bei meinem Kind bleiben. Ich gehe nicht! Meine Angst, man könnte uns wegschicken, erweist sich als überflüssig. Von diesem Moment an hatte ich endgültig das Gefühl, ernst genommen zu werden, sowohl in meinen Wünschen als auch in der Verantwortung meiner Tochter gegenüber.

Zeit zum Begreifen.
Ich hatte Zeit, die Informationen, die Situation zu begreifen, Zeit, mit Freunden zu sprechen, Eltern dazuhaben, Zeit, meine Tochter taufen zu lassen, und vor allem, die verbleibende Zeit für meine Tochter dazusein, alles für sie zu tun, was in meiner Kraft stand, und Zeit vor allem, von ihr Abschied zu nehmen. Wir wurden begleitet. Ich bekam Antworten, egal ob mittags um zwei oder nachts um vier, verfolgte die Untersuchungen an meiner Tochter, wuchs hinein in die Situation und wurde befähigt, mir ein Urteil zu bilden (...)

Wir - Schwestern, Ärzte, Eltern.
Nachdem wir also zwei Tage Zeit gehabt hatten, uns auf den Tod unserer Tochter vorzubereiten, beim lebenden Kind zu trauern, sie zu streicheln, bei ihr zu sein, miteinander unsere

Situation und unser weiteres Leben zu bedenken, nahmen wir, Schwestern, Ärzte und Eltern, uns Zeit, um Hannahs Zustand noch einmal durchzusprechen. Untersuchungsergebnisse wurden bis ins Detail erklärt, wir wurden kompetent gemacht für die Entscheidung zur Beendigung der künstlichen, lebenserhaltenden, intensivmedizinischen Massnahmen. (...)

Hilfe bei der Entscheidung.
(...) Am Anfang dieses Prozesses der Meinungsbildung steht der ganz individuelle Tod dieses Kindes, ohne Vergleichsfälle, ohne Verallgemeinerungsfähigkeit, nur der bevorstehende Tod dieses Kindes und der Umgang der Eltern mit dieser Situation. Erst in einer zweiten Phase werden Eltern für Vergleichsfälle, für den Versuch einer Objektivierung empfänglich sein. Der Übergang in diese Phase wird den meisten Eltern nur durch die Hilfestellung der Ärzte möglich werden. Im Idealfall haben sie vielleicht einen Psychologen, einen Seelsorger zur Seite, die den teilweise sehr zeitaufwendigen Prozess begleiten. (...) In dem Gespräch wurde - und das erwies sich im nachhinein als absolut notwendig - auch auf die Sterbephase unserer Tochter eingegangen.

Hannah stirbt.
Eine Schwester und ein Arzt halfen uns, unsere Tochter aus dem Inkubator zu holen. Sie begann selbständig zu atmen, ein zyklisches Nicht-Sterben-Können begann. Nach sieben Stunden starb unsere Tochter in unseren Armen. Es war eine Zeit, die durch eine Spannung zwischen Angst und Sicherheit, Hilflosigkeit, Schwäche und Stärke gekennzeichnet war. Wir konnten Hannah sterben lassen in dem Bewusstsein, alles für sie getan zu haben, und dem Gefühl, selbst weiterleben zu können, auch wenn vor uns noch ein hartes Stück Arbeit lag. Die Schwester, die Hannah fertigmachen

wollte, liess mir freie Hand, ich machte es selbst - ich nahm Abschied, die letzten Berührungen. Es war gut so!" [1]

2. Stellvertretend für das *Intensivpflegepersonal* schildert Frau Margrit Bircher Gedankensplitter aus ihrem Erleben und ihrer Sicht:

"Als Pflegende sind wir an vorderster Front bei der Betreuung und Begleitung von schwerkranken und sterbenden Neugeborenen und deren Eltern. Ich möchte ein paar Erlebnisse und Reaktionen aufzeigen. Seit ziemlich genau zwanzig Jahren bin ich nun schon in der Intensivpflege tätig und habe unzählige schwerkranke und sterbende Patienten und ihre Angehörigen betreut und begleitet; und ich kann Ihnen sagen: Ich bin nicht abgehärtet, nicht abgestumpft, *es ist für mich nie zur Routine geworden,* wie viele vielleicht denken.

Ich empfinde es als grosse Herausforderung, auf unserer Station mit schwerkranken Patienten zu arbeiten. Die vielen Erlebnisse mit Krankheit und Tod haben mich überaus bereichert. Es gibt so *viele belastende Momente*, die mir immer wieder Mühe bereiten und Kraft kosten. Aber es gibt *ebenso viele positive Momente*, etwa wenn ein Kind die Augen öffnet, mich anschaut oder gar lacht, und wenn es ihm besser geht. Oder von seiten der Eltern, die uns immer wieder ein positives Feedback geben, die uns später besuchen mit ihrem Kind oder Fotos schicken. Ich staune selbst immer wieder über den *enormen Pflegeaufwand* bei diesen kleinen und allerkleinsten Patienten. Da wir als Pflegende ständig am Krankenbett stehen, empfinden wir oft Mitleid mit dem kranken Kind, deshalb reagieren wir eher auf der emotionalen Ebene: Wir wehren uns für den kleinen, hilflosen Patienten, möchten ihn schützen, nicht so oft stechen, nicht zuviele Untersuchungen machen. Manchmal bin ich entmutigt und frage nach dem Sinn des Ganzen - besonders bei Kindern, die während Tagen und Wochen eine hochintensive Therapie benötigen. Ich fühle mich hin und her gerissen zwischen der Hoffnung, dass es besser wird, und der Ahnung, dass es trotz all unseren Bemühungen nicht gut kommt. Und oft überlege ich mir, was aus dem Kind einmal werden mag, falls es überlebt. Daher ist es wichtig, dass wir *im Team mit den Ärzten* zusammensitzen und darüber sprechen können. Zum Glück hat das Ganze häufig einen Sinn! Das Kind wird gesund, das gibt uns neuen Mut und Motivation. Über jeden noch so kleinen Fortschritt des Patienten freut sich jeweils das ganze Team zusammen mit den Eltern. Wenn es einem Kind jeden Tag gleich schlecht geht und ich den Eltern nichts Positives sagen kann, ertappe ich mich manchmal dabei, dass ich mich in Aktivitäten stürze und sehr beschäftigt tue, um ja nicht viel sagen zu müssen. Letzthin konnte ich den Eltern eine positive Auskunft geben: 'Ihrem Kind geht es gut, es wird morgen auf die Abteilung verlegt.' Am nächsten Morgen ging es dem Kind aber plötzlich schlecht, es musste wiederbelebt und erneut künstlich beatmet werden. Die Eltern wussten noch nichts davon und standen strahlend vor der Tür, mit Blumen und Champagner. Wie war ich froh, dass hier der Arzt diese schwierige Aufgabe der Information übernahm!

Früher habe ich immer gemeint, für Eltern sei der Tod eines grösseren Kindes, z.B. als Unfallfolge, an einer schweren Erkrankung, am plötzlichen Kindstod, am schlimmsten; und ich habe gemeint, es sei viel weniger tragisch, wenn ein Neugeborenes oder ein Frühgeborenes schwer krank ist oder stirbt. 'Es hat ja noch kaum gelebt, ist doch zu unreif, hat vielleicht Missbildungen oder eine so schwere Geburtskomplikation erlitten' - heute weiss ich, dass diese Annahme falsch ist! Für jede Mutter, jeden Vater ist die Erkrankung oder der Tod eines eigenen Kindes - unabhängig vom Alter - in diesem einzigen Augenblick unsagbar traurig und schlimm.

Nebst der Pflege der Patienten ist für uns die *Betreuung der Angehörigen* eine überaus wichtige Aufgabe. Aber wie kann ich z.B. eine türkische Frau 'betreuen', wenn wir uns sprachlich nicht verstehen? Viele Eltern kommen aus fremden Ländern und haben eine andere Sprache, andere Mentalitäten, Sitten und Religionen. Und wie muss es diesen Leuten bei uns zumute sein? Da viele Angehörige weit entfernt von Zürich wohnen (z.B. im Tessin), haben wir mit ihnen zeitweise nur telephonischen Kontakt. Eine negative Auskunft kann in solchen Fällen recht heikel sein, beispielsweise, wenn sich eine Mutter gerade psychisch auf einem Tiefpunkt befindet. Bei den kranken und sterbenden Neugeborenen sind es meistens die Väter, die wir zuerst sehen und begleiten. Die Mutter ist noch im Spital. Diese Väter sind meistens sehr jung, hilflos und überfordert. Frau und Kind im Spital, eventuell das ältere Kind zuhause, die Schwiegermutter, die sich einmischt, und der Beruf: welch ein Stress!

Wir machen in der Regel ein *Foto vom Kind* und fordern den Vater auf, seine Frau über alles ganz genau zu informieren und sie möglichst bald mitzubringen. Interessant ist, dass vor allem die Väter aus dem Süden kategorisch behaupten, ihre Frau würde den Anblick des Kindes nie ertragen, es sei besser, wenn sie nicht mitkomme. Völlig falsch natürlich! Mütter haben in solchen Situationen enorme Kräfte und den Willen, ihr Kind zu sehen. Sie ertragen viel mehr, als die Väter meinen. Die Mutter ist noch stärker betroffen. Ihr Kind ist krank, wird ihr weggenommen und zu uns verlegt. Wenn sie ihr Kind beim ersten Besuch wieder sieht, ist sie überwältigt vom Anblick, von all den Schläuchen und Kabeln, den Geräten und auch vom Lärm, den vielen Leuten und der IPS-Atmosphäre. Dazu hat sie grosse Angst vor der Ungewissheit über die Zukunft ihres Kindes, und oft macht sie sich selbst Vorwürfe: 'Was habe ich falsch gemacht?' Was kann ich für diese Mutter tun, die am Bett steht, mitten in dieser fremden Welt? Was ich tun kann, ist bedeutsam für sie: einen Stuhl anbieten, Taschentücher... ihre Fragen beantworten, sie trösten... eventuell meine Hand auf ihre Schulter legen... sie auffordern, ihr Kind zu berühren und zu streicheln...

wenn es geht, ihr das Kind in die Arme legen, oder sie Pflegeverrichtungen machen lassen... sie darf auch Musikdose und Spielsachen mitbringen. Ich erkläre den Eltern jeweils die wichtigsten Installationen, spreche aber nicht soviel von Technik, vielmehr vom Kind, das die Augen öffnet, hungrig ist, vielleicht Schmerzen hat.

Die *Angst der Angehörigen* äussert sich auf ganz verschiedene Weise: mit Trauer, Schock, Verzweiflung, aber auch mit Aggression. Ich habe gelernt, solche Aggressionen und Anschuldigungen uns gegenüber nicht persönlich zu nehmen.

Wenn ein Kind stirbt, versuchen wir die Angehörigen soweit wie möglich zu begleiten. Begleiten heisst für mich: Dasein, Zeit haben, zuhören, wenig sagen, aber viel spüren. Das ist für Schwestern/Pfleger und Ärzte gar nicht so einfach. Viele sind jung und erleben so etwas auch zum ersten oder zweiten Mal. Sie bedürfen selbst einer Unterstützung. Es ist an uns erfahrenen Leuten, auch sie zu begleiten und ihnen beizustehen. Das ist sehr wichtig. An dieser Stelle möchte ich auch das Hilfspersonal erwähnen, das ebenso betroffen ist, wenn eines der Kinder stirbt, und oft von uns vergessen wird. Jedes Teammitglied sollte die Möglichkeit haben, sich auf seine Art mit dem Tod eines Kindes auseinanderzusetzen und Abschied zu nehmen, um das ganze verarbeiten zu können.

Manchmal habe ich erlebt, wie alle, Angehörige, Pflegepersonen und Arzt um das sterbende Kind standen und weinten. Und mich, die ich jetzt ganz stark und eine Unterstützung für alle sein wollte, mich hat es auch erwischt. Ich erinnere mich auch an eine Situation, wo die Eltern des sterbenden Kindes ganz betroffen waren, dass wir weinten, und sie uns getröstet haben. Wir dürfen ohne weiteres *unsere Trauer und Hilflosigkeit* den Eltern gegenüber zeigen.
Ich habe immer ein *schlechtes Gefühl*, wenn mir die nötige Zeit und Ruhe fehlt, die Angehörigen optimal zu begleiten. Ich weiss, dass diese Stunden des Abschieds für sie einmalig sind. Was

dann, wenn auf unserer Station Hochbetrieb herrscht, der nächste Eintritt kommt und versorgt werden muss? Es ist schwierig, sich nichts anmerken zu lassen; es gibt aber auch in solchen Situationen immer wieder Möglichkeiten, jemanden zu rufen, etwa den Pfarrer, eine freiwillige Helferin.

Es ist auch wichtig, eine kleine *Intimsphäre für den Patienten und seine Angehörigen* zu schaffen, vielleicht im Nebenraum, oder aber in der Station selbst, abgeschirmt, z.B. mit einem Paravent. Oftmals kommt die ganze Familie, kommen Geschwister, Paten, Freunde, um vom Kind Abschied zu nehmen. Es gibt aber auch Eltern, die lieber allein bei ihrem Kind sein möchten. Ich versuche, das zu spüren und zu berücksichtigen.

Immer wieder erlebe ich, dass Eltern es vorziehen, *ihr Kind nicht mehr zu sehen*, sie haben Angst davor. Heute weiss ich, dass wir sie unbedingt dazu auffordern und ermutigen müssen, ihr sterbendes oder totes Kind noch einmal zu sehen, in den Armen zu halten und von ihm Abschied zu nehmen. Dazu zwingen kann man sie allerdings nicht. Wir machen immer ein Foto vom toten Kind, das je nach Wunsch den Eltern mitgegeben wird oder von ihnen später verlangt werden kann.

Meine Erfahrungen zeigen auch, dass der *Einbezug der Eltern in die letzten Verrichtungen*, wie Waschen, Anziehen, private Effekten in den Sarg Legen, von grosser Wichtigkeit sein kann. Ich erinnere mich an eine Mutter, die ihrem toten Kind beim Waschen und Anziehen andauernd erzählt hat, was sie zusammen alles noch hätten unternehmen wollen, oder an ein kleines Geschwister, das unbedingt sein Kindertelefon in den Sarg des verstorbenen Bruders legen wollte, damit sie später immer miteinander sprechen könnten."

Meine Gedanken als die einer Vertreterin der *ärztlichen Berufsgruppe* habe ich bereits in den vorstehenden Beiträgen dargelegt. Einige Punkte möchte ich zur Verdeutlichung nochmals herausgreifen:

Ehrliches Orientieren.
Immer wieder bedeutet es eine neue Aufgabe und Herausforderung, verursacht Mühen, Sorgen und Ängste, ja auch seelische Nöte, Eltern über die Krankheit ihres eben erst geborenen oder vielleicht gar noch nicht geborenen Kindes zu orientieren, mit Eltern über das bevorstehende Sterben und den Tod ihres Kindes zu sprechen. Dabei die jeweilige Situation der Eltern erfassen, die bei der Mutter und beim Vater sehr unterschiedlich sein kann, darauf eingehen und reagieren sowie entsprechende Wünsche aufnehmen zu können, gehört immer zur Zielsetzung solcher Gespräche. Dass das Erreichen solch hoher Ziele nicht immer vollständig möglich sein kann, ist zwar einsehbar, kann aber auch - für beide Seiten - zu einer sehr belastenden Tatsache werden. Manchmal gelingt es, später mit betroffenen Eltern auch darüber zu sprechen.

Aggressionen ertragen.
Eltern können auf medizinisch schlechte Nachrichten oft mit grossen Aggressionen reagieren; Aggressionen gegen die Medizin, gegen Ärzte, gegen Pflegepersonal, gegen die Spitalabteilung, die einweisende Klinik. Zu einem Zeitpunkt, da die eigenen Gedanken und Entscheidungsfindungen, aber auch Empfindungen und Emotionen oft aufs äusserste angespannt sind, solche Aggressionen tragen zu können, ohne sie persönlich auf sich zu beziehen, ist nicht immer einfach und kann auch sehr belastend sein.

Zur Hilflosigkeit stehen.
Bei so schwer kranken Kindern erwarten Eltern eine besonders genaue Information, vor allem auch bezüglich der Prognose. Eben gerade diese Auskunft kann oft nicht gegeben werden. Selber dazu zu stehen, dass über die Zukunft nur wenig oder keine sicheren Aussagen gemacht werden können, bereitet mir oft Mühe, genauso wie die Tatsache, dass trotz unseres oft so

intensiven Arbeitseinsatzes an einer Grunderkrankung nur wenig geändert werden kann.

Zu den eigenen Emotionen stehen.
Während meiner Ausbildung bin ich lange Zeit dazu angeleitet worden, eigene Emotionen hätten beim Sterben und Tod eines Patienten keinen Platz. Unterdessen habe ich erfahren, dass dem nicht so ist, dass gerade wir Ärzte im Gegenteil lernen müssten, auch zu unseren Gefühlen zu stehen und sie zeigen zu können. Eltern empfinden dies keineswegs als Schwächezeichen, sondern als Ausdruck der Solidarität und Verbundenheit.

Insuffizienzgefühle.
Wenn Zeit fehlt, Hektik herrscht, Notfallsituationen mich zu anderen Patienten rufen, kommt in mir oft ein Gefühl auf, das von starkem Unbefriedigtsein, Leere und Traurigkeit beherrscht wird. Gleiches erlebe ich, wenn ich aus sprachlichen Gründen Eltern nicht so, wie ich gerne möchte, betreuen kann oder wenn ich - auch ohne klare Sprachprobleme - den Zugang zu Eltern nicht zu finden vermag.

Glücksgefühle und innere Zufriedenheit.
Sie gehören zu meinen tiefsten und schönsten beruflichen Erlebnissen. Ich erlebe sie dann, wenn mit Eltern und auch im Team mit dem Pflegepersonal ein Zusammengehörigkeitsgefühl, ein Miteinander, das nicht verbalisiert zu werden braucht, entsteht. Das kann sich in besonders traurigen Momenten und auch in freudigen Situationen ereignen und überdauert die Zeit dieses Erlebens.

Zum Schluss darf ein meines Erachtens wichtiger Punkt im Sektor "Krankheit/Diagnose/Verlauf" unserer einleitenden Graphik bei diesem Thema nicht unbeachtet bleiben: Der Aspekt der *pränatalen Diagnostik*. Diese kann (bei aller berechtigten

Umstrittenheit) dazu beitragen, dass der Kontakt zwischen Arzt und Patient und vor allem auch von den Eltern zum kranken Kind nicht erst mit der Geburt wirklich zu spielen beginnt, sondern dass - gerade bei Kindern, die keine oder nur sehr begrenzte Chancen zum Leben haben, wo dann der Zeitpunkt der Geburt gleichsam den Beginn des Sterbens bedeutet - die Zeit der Schwangerschaft bewusst zum Leben miteinander genutzt werden kann. Die Wechselwirkungen, die von daher ausgehen, können überaus stark und bedeutungsvoll sein.

[1] Ute Rigas-Gundlach, Sterbebegleitung aus der Sicht der Eltern, in: Der Kinderarzt, Nr. 7, 1992, p. 1151-1152

SIDS - DER PLÖTZLICHE KINDSTOD

Martin Sutter

SIDS (= sudden infant death syndrome) ist eines der unfassbarsten Ereignisse, die Eltern und Familien treffen können.

Unter SIDS versteht man einen Todesfall, der unerwartet auftritt und weder durch genaue Anamnese noch durch gründliche Untersuchung des Kindes oder eine Autopsie erklärt werden kann. Es finden sich gelegentlich kleine pathologische Befunde (z.B. eine Luftröhrenentzündung), die den Tod allein nicht zu erklären vermögen.

Weiter sind beim SIDS typisch das Alter des Kindes, mit einem Häufigkeitsgipfel um den 2. - 4. Lebensmonat, ein zahlenmässig leichtes Überwiegen der Knaben, eine Häufung in den Wintermonaten und praktisch immer das Eintreten des Todes im Schlaf.

SIDS stellt die häufigste Todesursache zwischen einem Monat und zwölf Monaten dar. In der Schweiz sterben jährlich rund 100 Kinder am SIDS (siehe Grafik nebenan).

Der Verlust eines Kindes durch SIDS stellt für betroffene Eltern eine ungeheure Belastung dar. Es handelt sich bei diesen Eltern meistens um junge Menschen, die selber keine grosse Erfahrung im Umgang mit dem Tod haben und sich in der Phase des Familienaufbaus befinden, also voll im aktiven Leben

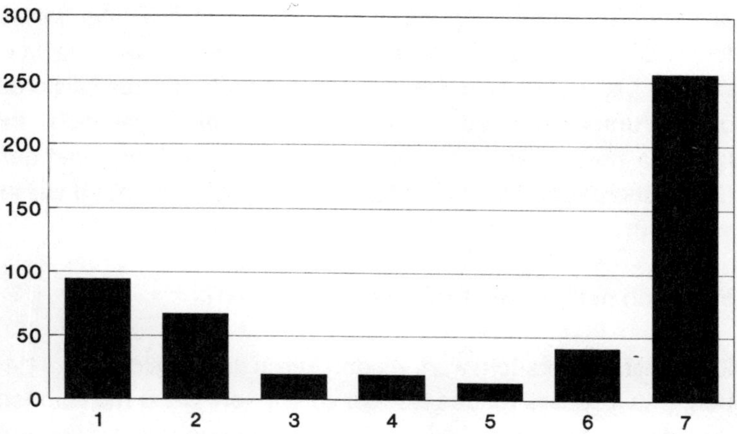

Grafik: Anzahl Todesfälle 1 bis 11 Monate, 1990

1 SIDS	94	2 Missbildungen	67
3 Perinatale Ursachen	20	4 Infektionen	20
5 Unfälle	14	6 Übrige	41
7 TOTAL	256		

stehen, so dass der Tod völlig unerwartet und wie ein Blitz aus heiterem Himmel eintrifft. Zudem findet sich medizinisch keine Erklärung für diesen Tod. Das hat verschiedene Konsequenzen: Die Eltern können den Tod ihres Kindes lange Zeit gefühlsmässig überhaupt nicht begreifen und als real erfassen. Da eine klare Ursache fehlt, reagieren sie zudem mit starken Selbstvorwürfen oder auch Anschuldigungen an Drittpersonen; der Schuldige wird gesucht.

Viele Verwandte und Bekannte der betroffenen Familien reagieren mit Verunsicherung. Entweder ziehen sie sich zurück oder suchen ein Fehlverhalten der Eltern, das den Tod des Kindes erklären könnte. Beides ist sehr schmerzlich für die betroffenen Eltern und führt in eine soziale Isolierung. Manchmal versuchen Verwandte und Freunde den Verlust zu bagatellisieren und herunterzuspielen: "So schlimm ist es doch gar nicht, ihr könnt ja noch weitere Kinder haben". Falscher Trost, der den Eltern überhaupt nicht hilft, sondern ihren Schmerz noch weiter verstärkt.

Wie kann man diesen Problemen begegnen?

Zunächst soll versucht werden, den Eltern die Möglichkeit zu geben, den Tod des Kindes als real zu erleben. Dazu muss ihnen unmittelbar nach dem Tod genügend Zeit gegeben werden, um von ihrem toten Kind Abschied zu nehmen (am besten zu Hause, in einem ruhigen Raum im Spital oder am Ort, wo die Obduktion durchgeführt wurde). Man soll die Eltern ermuntern, ihr Kind auf den Arm zu nehmen, mit ihm zu sprechen, es zu streicheln, es aus- und anzuziehen. Man soll den Eltern auch sagen, dass ihr Kind tot ist, und nicht versuchen, das Wort 'tot' zu vermeiden oder Umschreibungen zu verwenden. Der Lebensfilm, der hier so plötzlich abreisst, soll ein Stück weitergeführt werden und für die Eltern konkret zur Wahrnehmung des Todes führen. Sie sollen bis zum Eintreffen von Verwandten, Haus- oder Kinderarzt/Pfarrer nicht allein gelassen werden. Wenn immer möglich, soll eine Obduktion durchgeführt werden. Erstens, um mögliche Ursachen zu entdecken, was mithilft, den Verlust des Kindes besser zu verarbeiten, und manchmal für die genetische Beratung von Bedeutung sein kann. Zweitens, um die Eltern zu entlasten und damit Anschuldigungen aus der Umgebung vorzubeugen.

Die Resultate müssen unmittelbar nach der Autopsie mit den Eltern diskutiert werden. Eine weitere Erörterung der Resultate hat dann zu erfolgen, wenn sämtliche Ergebnisse vorliegen. Es ist von Vorteil, den Kinder-/Hausarzt, der die Familie kennt, möglichst bald zu informieren und in das weitere Vorgehen einzubeziehen. Die Gespräche mit den Eltern sollen durch eine mit der Problematik des SIDS vertrauten Person geführt werden.

In dieser akuten Situation sollen keine Schlaf- oder Beruhigungsmittel verabreicht werden.

Die Eltern sollen die Gewissheit haben, dass sie sich jederzeit bei der Vertrauensperson melden können. Mehr noch: Es ist empfehlenswert, dass die betreuende Person von sich aus periodisch mit der betroffenen Familie Kontakt aufnimmt. Erfahrungsgemäss braucht dieser Trauervorgang minimal 1 - 2 Jahre, bis die Betroffenen zu ihrer ursprünglichen Lebensweise und Stabilität zurückfinden. Besonders wichtig ist es auch, die SIDS-Geschwister intensiv zu betreuen.

Sehr hilfreich sind auch die Selbsthilfegruppen "SIDS Schweiz".

Nun noch einige medizinische Daten.

Die Ursachen des SIDS sind letzten Endes unklar. Die Hypothesen reichen von Atemregulationsstörungen bis zum Carnitinmangel.

1. Auflistung von Faktoren, die in der Literatur als risikoerhöhend oder als Hinweiszeichen für eine erhöhte SIDS-Gefährdung bezeichnet werden:

Schwangerschaft:
- Rauchende Mutter
- Niedriges Alter der Mutter
- Multipara
- Rasche Schwangerschaftsfolge
- Vorausgegangene Fehlgeburten
- Verlängerte Austreibungsperiode
- Blutgruppe 0, AB und B der Mutter

- Unzureichende Schwangerschaftsüberwachung
- Übertragung
- Hb-Abfall bei der Mutter im letzten Schwangerschaftsdrittel
- Proteinurie der Mutter (nach 24. Schwangerschaftswoche)
- Harnwegsinfekt der Mutter
- Vaginitis
- Akute Chorioamnionitis
- Virale oder Toxoplasmoseinfektion
- Kindbettfieber
- Hydramnion

Kindeseigene Faktoren:
- Frühgeburt (Gestationsalter)
- Zwilling (Zweitgeborener)
- Niedriges Geburtsgewicht
- Nicht 1. Kind
- Männliches Geschlecht
- Niedrige Apgar-Werte
- Reanimationsmassnahmen bei Geburt erforderlich
- Erhöhte Serum-Bilirubin-Werte
- Entwicklung eines Atemnotsyndroms
- Abnormes Saugen beim Trinken
- Abnormer Moro-Reflex
- Andere Reflexanomalien
- Verändertes Schreien
- Hypo- oder Hypertonie der Muskulatur
- Zittern oder Nervosität
- Spontane Hyper- oder Hypothermie
- Anämie
- Infekte, z.B. Schnupfen und Husten (akut oder 1-2 Wochen zuvor)
- Erbrechen und Diarrhöe
- Benötigung von Antibiotika

Familiäre Bedingungen:
- Niedrige soziale Verhältnisse
- Geringes Familieneinkommen
- Niedrige Intelligenz der Mutter
- Niedrige Ausbildung der Mutter
- Unehelichkeit
- Höhere Geschwisterzahl
- Fehlender Stillwunsch der Mutter
- Nicht der weissen Rasse zugehörig
- Genetisch bedingte atypische Atemregulationsmuster

Pflegerische Massnahmen am Säugling:
- Unzureichende Vorsorgeuntersuchungen
- Vorausgegangene stationäre Behandlung
- Medikamente
- Impfungen
- Unzureichendes Elektrolyt- und Vitaminangebot
- Ernährung durch Flasche
- Bauch- und Rückenlage

Umwelteinflüsse:
- Hohe Bevölkerungsdichte (Stadtregion)
- Hohe Mitbewohnerzahl in Haus und Wohnung
- Schlafdeprivation
- Winter und Frühjahr
- Biotrope Wetterlagen
- Kontrastreiche Wetter- und Klimabedingungen
- Luftverschmutzung
- Höhenlage

Die ersten sechs Mechanismen der nachfolgenden Auflistung werden am intensivsten diskutiert und stellen auch die Grundlagen für die Untersuchung sogenannter Risikokinder dar. Es wurden Dutzende von Risikofaktoren postuliert:

2. Pathogenesen des SIDS:

- Atemregulationsstörungen
- Gastrooesophagealer Reflux
- Infekte
- Medium-chain acyl-CoA-dehydrogenase-Mangel
- Herzrhythmusstörungen (langes Q-T-Syndrom)
- Epilepsie
- Temperaturregulationsstörungen
- Gewaltsamer Erstickungstod
- Ersticken unter Decke etc.
- Oculocardialer Reflex
- Magnetfelder (Tram, Eisenbahn)
- Prostaglandin-Imbalanz
- Luftverschmutzung
- Vertebralis-Kompression beim Kopfdrehen
- Aerophagie -- Trachealkompression
- Surfactantmangel
- Endorphine
- Impfungen
- Kuhmilchallergie
- Hyperthermie (Bodenheizung)
- Carnitinmangel

Zu den eigentlichen Risikokindern, die mittels spezieller Programme untersucht werden, gehören:

1. Nachfolgende Geschwister (das Wiederholungsrisiko ist allerdings mit grosser Wahrscheinlichkeit nur geringfügig erhöht).

2. Kinder, die ein ALTE (apparent life threatening event) durchgemacht haben, das heisst fast leblos oder in einem lebensbedrohlichen Zustand aufgefunden wurden und durch Wiederbelebungsmassnahmen am Leben erhalten wurden.

3. Ehemalige Frühgeborene und Kinder, die nach der Geburt medizinisch intensiv betreut werden mussten.

4. Kinder von drogenkonsumierenden Müttern.

Die Kinder dieser vier Gruppen werden nach einem bestimmten Programm untersucht (Polygraphie, EKG, EEG, pH-Metrie etc). Danach wird beurteilt, ob weitere Massnahmen notwendig sind. Falls pathologische Befunde vorliegen, wird versucht, diese zu behandeln.

Weitere Möglichkeiten sind home-monitoring: die Überwachung von Herz- und Atmungstätigkeit mittels eines Heimüberwachungsgerätes oder medikamentöse Stimulation der Atmung.

Wichtig ist dabei, dass die Eltern genau über alle Massnahmen informiert sind und jederzeit wissen, an wen sie sich bei Problemen wenden können (z.B. bei technischen Problemen mit dem Monitor an die entsprechende Firma).

Als allgemein prophylaktische Massnahmen zur Verhinderung des SIDS empfehlen sich:

1. Das Kind soll in Rücken- oder Seitenlage schlafen.

2. Rauchfreie Umgebung während und nach der Schwangerschaft. Die Eltern sollen das Rauchen in Anwesenheit des Kindes unbedingt unterlassen.

3. Überwärmung des Kindes verhindern. Raumtemperatur für das schlafende Kind 18-20°. Keine zu warmen Kleider, Decken, Duvets etc.

WENN EIN AIDSKRANKES KIND STIRBT

Barbara Brändle-Buchs

Ein Kind, das an AIDS erkrankt, gilt als ein Kind mit einer chronischen Krankheit, die wir heute noch nicht heilen können und die zum Tode führt. Unterscheidet sich dieses Kind denn von einem anderen, das an einer anderen unheilbaren Krankheit leidet? Das aidskranke Kind braucht gewiss regelmässige medizinische Kontrollen und Behandlungen; die ganze Familie hat Unterstützung nötig von der eigenen weiteren Familie, von Freunden, von Fachpersonen - in der Pflege des Kindes - auf dem Weg zum Sterben und nach dem Verlust des Kindes. In diesem Sinn unterscheidet sich ein aidskrankes Kind nicht von einem Kind mit einer anderen unheilbaren Krankheit. Und doch tauchen gerade bei dieser Krankheit, bei AIDS, Schwierigkeiten auf, die die Betreuung dieser Kinder zum Teil schwieriger, anspruchsvoller machen, nicht nur für die betroffene Familie, sondern für uns alle - für die Gesellschaft. Im folgenden Beitrag soll versucht werden, diese Besonderheiten aufzuzeigen und Wege, vielleicht neue Wege zur Unterstützung der betroffenen Kinder und deren Familien zu finden.

Zu Beginn möchte ich auf einige dieser Besonderheiten bei der HIV-Infektion und der Krankheit AIDS eingehen:

Angst

Bei meiner Arbeit mit HIV-infizierten oder möglicherweise HIV-infizierten Kindern habe ich immer wieder die Erfahrung gemacht, dass schon nur das Wort *HIV-Infektion* oder *AIDS* Angst auslöst. Angst bei den betroffenen Müttern oder Eltern, Angst bei Freunden und Angehörigen des betroffenen Menschen, Angst bei den Betreuenden - aber auch Angst bei unbeteiligten Personen. In der Arbeitsgruppe "HIV-infizierte Kinder in Kindergarten und Schule" (*) haben wir folgendes dazu erarbeitet:

In unserer technisch hochentwickelten Gesellschaft haben wir lange geglaubt, alle Krankheiten, ja überhaupt alles "im Griff" zu haben, alles zu beherrschen. Wir begreifen nun, dass dies - wieder einmal - nicht stimmt. Auch die Infektionskrankheit AIDS haben wir nicht im Griff, und das macht Angst. Menschen, bei denen es völlig unwahrscheinlich ist, dass sie HIV-positiv sind, spüren eine innere Unruhe angesichts von AIDS. Viele fühlen sich ohnmächtig und verzweifelt, weil heute auch die Welt der Kinder, die so gerne verklärt wird, offensichtlich keine heile Welt mehr ist.

Angst vor AIDS und Ängste im Umgang mit HIV-infizierten oder aidskranken Personen sind sehr weit verbreitet. Ein Teil dieser Angst ist begründet, denn man kann sich mit dem HI-Virus infizieren. Dies ist unter folgenden Bedingungen möglich:

- Beim ungeschützten Geschlechtsverkehr;
- Wenn HIV-infiziertes Blut ins Gewebe oder in die Blutbahn eindringt, zum Beispiel durch Verwendung unsauberer Spritzen beim Drogen Spritzen;
- Durch Übertragung des HI-Virus von der schwangeren Mutter auf das Kind.

Da wir uns im alltäglichen, normalen Umgang mit HIV-infizierten Menschen sonst nicht anstecken, ist ein grosser Teil der Ansteckungsängste im Zusammenhang mit AIDS unbegründet, irrational. Sie sind darum aber nicht weniger wirksam. Den Umgang mit diesen irrationalen Ängsten müssen wir lernen.

Individuelle Ängste äussern sich in lähmenden Gefühlen bei der ersten Begegnung und Berührung mit HIV-infizierten oder aidskranken Menschen. Es kann auch sein, dass wir panische Vorstellungen und irrationale Ansteckungsängste entwickeln oder den Wunsch haben wegzulaufen. AIDS kann uns ängstigen, wenn wir uns Gedanken über unsere ganz persönliche Lebensführung machen, beispielsweise über unser Liebesleben oder unsere Vergangenheit oder die unserer Partnerinnen oder Partner. Weitere Ängste können entstehen, weil AIDS uns über die Sexualität hinaus mit weiteren tabuisierten Fragen konfrontiert: mit unheilbarer Krankheit, Sucht und Tod. Wir werden schmerzlich auf unsere Grenzen und die eigene Vergänglichkeit verwiesen. Bei der Begegnung mit einem betroffenen Menschen kann auch Angst davor bestehen, dass wir nicht trösten oder helfen können, dass wir versagen. Und wir sind tief betroffen angesichts der Tatsache, dass die Lebensperspektive unseres Gegenübers durch die Diagnose eine existentielle Veränderung erleidet.

Solche Ängste kommen immer wieder neu, sie verschieben sich, nehmen immer wieder neue Formen an. Beispielsweise verlagert sich die Angst vor Ansteckung beim Händeschütteln auf die Angst vor dem Küssen. Diese wiederum verwandelt sich in die Angst vor Mücken und kehrt zu einem späteren Zeitpunkt als Frage nach Gummihandschuhen wieder, obwohl wir wissen, dass diese für Wundversorgung im Rahmen der ersten Hilfe bei HIV-infizierten oder aidskranken Kindern nicht nötig sind.

Viele der Ängste, welche in bezug auf AIDS herumgehen, können auf konkrete Fragen und umschreibbare Problemstellungen eingegrenzt werden. Die Erfahrung zeigt, dass die Benennung der Angst die Angst verringert. Daran erinnert auch das Märchen vom Rumpelstilzchen: Als die Prinzessin den Namen des leidigen Wesens erfuhr, war die Angst gebannt.

Ängste äussern sich zunächst oft als ein diffuses Gefühl. Wenn man sich aber genau überlegt, wovor man eigentlich

Angst hat, wenn man konkrete Fragen formuliert, wenn man dem Angst-Ding einen Namen gibt, dann kann die Angst geringer werden oder sich auflösen.

Ein weiterer Schritt in der Angstbewältigung kann die Beschaffung von aktuellen, umfassenden und konkreten Informationen zu konkreten Fragen und Problemen sein.

Tatsachen können überschiessende Ängste reduzieren, indem sie uns auf den Boden der Realität zurückführen und die tatsächliche Situation fassbarer machen.

Die bisherige Erfahrung im Zusammenhang mit AIDS zeigt jedoch, dass sich persönliche Ängste durch korrekte Informationen allein nicht immer und nicht überall auflösen lassen. Trotz besserem Wissen kehrt die Angst zurück, zum Beispiel in der Gestalt von Vorstellungen, dass wir oder unsere Kinder in ganz alltäglichen, normalen Situationen von HIV-infizierten oder aidskranken Kindern vielleicht doch angesteckt werden könnten. Informiertsein allein schützt also nicht vor der Angst. Angst haben ist keine Schande; niemand muss sich deshalb schämen. Selbst gut ausgebildete und informierte Fachleute berichten über derartige Gefühle bei ersten Begegnungen mit HIV-infizierten oder aidskranken Menschen.

Hilfreich für unseren Lernprozess im Umgang mit der Angst sind nicht nur gezielte Fragen und genaue Informationen; auch der persönliche Kontakt mit Menschen, die mit HIV-infizierten oder aidskranken Kindern und Eltern arbeiten, kann weiterführen.

Menschen, die mit betroffenen Kindern arbeiten oder zusammenleben, bestätigen, dass ihre Ängste abnahmen, je mehr sich eine persönliche Beziehung zum betroffenen Kind entwickelte. An Stelle angstbesetzter Vorstellungen ist die Wirklichkeit getreten; das Hier und Jetzt der gelebten Beziehung wird wichtig. Irrationale Ängste verlieren an Bedeutung, der Umgang normalisiert sich.

Diese Erfahrung habe ich zu Beginn meiner Arbeit mit HIV-infizierten Kindern auch gemacht. Obwohl ich über die Ansteckungsmöglichkeiten genau informiert war und wusste, dass ich mich mit dem Speichel der betroffenen Kinder nicht anstecken konnte, hatte ich dieses lähmende Gefühl, wenn mir deren Speichel über die Hände - oder gar einmal über das Gesicht lief. Ich hatte das Bedürfnis, mich sofort zu waschen, und musste klar und deutlich zu mir sagen: So steckst du dich nicht an. Je besser ich die Kinder kannte, desto mehr vergass ich - abgesehen von der medizinischen Betreuung - im normalen Umgang, dass diese Kinder HIV-infiziert oder aidskrank waren.

Anders, ganz konkret ist die Angst der HIV-infizierten Mutter um ihr Kind. Oft bereits während der Schwangerschaft, spätestens bei der Geburt fragt sich die Mutter: "Habe ich mein Kind angesteckt? - Wird mein Kind bald krank werden? - Beginnt es zu sterben, bevor es richtig gelebt hat?"

Ob ein Kind infiziert ist oder nicht, sieht man ihm nicht an. Nicht alle Kinder von HIV-infizierten Müttern sind infiziert. Nach heutigem Stand des Wissens sind bei uns in der Schweiz 15% - 25% dieser Kinder infiziert. Der grössere Teil Kinder ist also gesund. Auch wenn die Kinder mit dem HI-Virus infiziert sind, können sie über Jahre völlig gesunde und fröhliche Kinder sein.

Die Mütter und die Väter bangen. Unsere diagnostischen Möglichkeiten erlauben es uns oft erst nach Monaten zu sagen, ob ein Kind infiziert ist oder ob es gesund sein darf.

Die Eltern leiden an dieser Ungewissheit. Sie möchten es wissen und doch nicht wissen, sie möchten nur erfahren, dass ihr Kind gesund ist und leben darf.

Schuld

Immer wieder taucht im Zusammenhang mit AIDS auch das Wort "Schuld" auf: Wenn wir ein Kind für eine Blutentnahme stechen, sagt die Mutter zu ihrem Kind: "Ich bin ja schuld daran, dass sie dir weh tun müssen, wegen mir musst du jetzt leiden." Mütter fühlen sich schuldig - werden schuldig gesprochen.

Was empfindet wohl eine HIV-infizierte Mutter, wenn sie in den Medien immer wieder folgendes zu lesen bekommt (wie ich es sogar als dickgedruckten Titel gefunden habe): "Die armen unschuldigen Kinder - sie können nichts dafür". Es ist nicht böse gemeint, aber schafft erneut den kaum auflösbaren Zusammenhang von Schuldzuweisung und Krankheit. Wenn nicht das Kind, dann muss wohl jemand anders schuld sein. Naheliegenderweise die Mutter, die Drogen injiziert, oder der Vater. Als ob die Ängste um das Kind, das Auf und Ab von Hoffnung und Verzweiflung nicht ausreichten, haben sich Eltern und Pflegeeltern häufig der misstrauischen inquisitorischen Neugier ihrer Umwelt zu erwehren. In den USA hat man diese Schuldfrage aufgenommen. Bereits 1988 hiess es auf einem Plakat: "All people with AIDS are innocent". - Alle Menschen mit AIDS sind unschuldig.

Isolation

Nicht selten habe ich erlebt, dass die Sorgen, die Ängste um das Kind so gross sind, dass sie die Mütter die Ängste, die Sorgen um sich selbst - aber auch das "Sich-selber-Sorge-Tragen" - vergessen lassen. Für sich selber hat eine HIV-infizierte Mutter oft keine Zeit mehr und auch kaum die nötige Energie, um selber zum Arzt zu gehen und sich rechtzeitig kontrollieren oder behandeln zu lassen, keine Zeit mehr, um mit anderen betroffenen Müttern zusammenzukommen und offen über das sprechen zu können, was sie belastet und was sie sonst oft mit niemandem besprechen kann.

Das krampfhafte Hüten dieses Geheimnisses versetzt manche Mutter in eine Isolation. Wie schwierig muss es sein, einer "guten" Nachbarin dieses belastende Geheimnis preiszugeben. Und wie schmerzt es, wenn nicht die erhoffte Reaktion von Verständnis und Akzeptanz kommt, wenn Kinder plötzlich nicht mehr miteinander spielen dürfen und die Wohnungstüre zugeht, wenn sie selber ins Treppenhaus kommt.

Eine Mutter wollte so gerne mit den andern Müttern im Spital reden, auch erzählen können von der Krankheit ihres Kindes. Aber sie hatte nicht die Kraft zu sagen, dass es AIDS habe. Sie befürchtete, den Kreis der um ihr Geheimnis Wissenden dann nicht mehr kontrollieren zu können. Wer konnte ihr versichern, dass nicht plötzlich jemand von der Krankheit wusste, der es nicht erfahren sollte: vielleicht der Arbeitgeber, von dem sie dann eine Kündigung befürchtete? Dann doch lieber allein sein und nicht mit anderen Müttern sprechen - lieber als "komisch" angesehen werden.

Unterstützungsmöglichkeiten

Auch wenn wir oft dieses lähmende Gefühl der Hilflosigkeit haben, wenn wir HIV-infizierte Kinder und deren Familien betreuen, glaube ich, dass wir doch Möglichkeiten haben zu unterstützen. Wir wollen bei den Kindern nicht einfach Abklärungen und Behandlungen vornehmen, sondern eine medizinische und psychosoziale Betreuung anbieten. Beides ist ganz eng miteinander verbunden und kaum trennbar.

Oft braucht es viel Zeit, viele Gespräche, bis eine Vertrauensbasis geschaffen ist. Erst dann können Mütter über ihre Ängste, über ihre Sorgen - aber auch über ihre Bedürfnisse sprechen. Diese Gespräche sind meiner Meinung nach dringend nötig, um eine sinnvolle Unterstützung anbieten zu können. Eine alleinstehende Mutter wagt sehr oft nicht, jemandem zu sagen, dass sie fast keine Kraft mehr hat, ohne Unterstützung ihr Kind zu betreuen, mit ihrer eigenen AIDS-Krankheit fertig zu werden und noch für den Unterhalt zu sorgen. Die Angst, dass man ihr ihr Kind wegnehmen könnte, ist da wie ein drohendes Ungeheuer. Aus dieser Angst vermeidet manche Mutter den Kontakt mit dem Fürsorgeamt. Sie getraut sich auch nicht, von ihren Zukunftsängsten zu sprechen. Und welche Mutter macht sich nicht Sorgen, was mit ihrem Kind geschieht, wenn sie selber krank ist, ins Spital gehen muss oder stirbt?

Wenn Vertrauen da ist zwischen uns "betreuenden Fachpersonen" und den Müttern, wenn sie sich ernst genommen fühlen, können wir auch darüber miteinander sprechen. Ich habe die Erfahrung gemacht, dass Mütter sehr oft entlastet und froh sind, wenn sie ihre Zukunft und diejenige ihres Kindes planen können, ohne sich bedroht zu fühlen.

Wie kann man einer HIV-positiven Mutter helfen, die ein krankes, vielleicht ein gesundes Kind oder sogar mehrere Kinder hat?

An erster Stelle sollte das Ziel sein, Mutter und Kind oder Vater, Mutter und Kind solange wie möglich beieinander zu lassen. Dies ist aber fast nur möglich, wenn *frühzeitig geplant wird* - nicht erst dann, wenn die Mutter notfallmässig ins Spital gehen muss. Dann nämlich sind nicht selten mehrmalige Umplazierungen des Kindes unvermeidlich.

Idealerweise kann eine "Pflegefamilie" - oder besser spricht man von einer Unterstützungsfamilie - in einer ersten Phase die Mutter oder beide Eltern zu Hause unterstützen. Dies ermöglicht der ganzen Familie, vor allem auch dem Kind, nicht nur das Kennenlernen der Unterstützungsfamilie, sondern lässt es Krankheit, Leiden und Sterben, sei es das eigene oder dasjenige der Eltern, in seinem normalen Umfeld erleben. Das Kind oder die Eltern haben dadurch jemanden, der sie begleitet in Krankheit und Sterben, auch jemanden, der miterlebt und mittrauert.

Dank der sehr guten und engen Zusammenarbeit mit Frau von Arx, der Leiterin des Projekts ESPOIR (ein Projekt der Stadt Zürich), konnten einige Familien in dieser Weise unterstützt werden. Mit diesem Projekt war, für die Schweiz in dieser Art wohl erstmalig, der Versuch unternommen worden, für HIV-infizierte und AIDS-kranke Kinder eine optimale Pflege und Betreuung durch speziell dafür ausgebildete Pflegefamilien anzubieten.

Eine andere Möglichkeit der Unterstützung kann ich mir denken in Form von Grossfamilie oder "Heim", wo Mutter und Kinder oder Eltern und Kind aufgenommen und, wenn nötig, gepflegt werden. Aus meiner Erfahrung ist dies nur möglich, wenn ein solches "Heim" kinderfreundlich gestaltet werden kann: ich meine damit beispielsweise das Vorhandensein von Spielzimmern, genügend grosse Zimmer für Mutter und Kind (oder Eltern und Kind), Regelung des Rauchens, beispielsweise nur rauchen in bestimmten Zimmern, wo sich Kinder nicht aufzuhalten brauchen, daneben auch ruhige Räume für Erwachsene.

Welche Unterstützung kann ich selber als betreuende Ärztin einer Mutter oder Eltern geben, wenn ihr aidskrankes Kind stirbt?

Ob ich ein Kind mit AIDS oder einer anderen unheilbaren Krankheit in den Tod begleite, unterscheidet sich darin, dass die Mutter oder die Eltern dieses Kindes oft schon selber krank sind und ihrem Kind bald nachfolgen im Sterben. Gerade dies ist im Moment des Sterbens so gut spürbar, nicht unbedingt ausgedrückt in Angst und Verzweiflung, sondern ebenso kann darin Trost spürbar sein. Die grosse Angst vor dem *wie* stirbt mein Kind? - vor dem Leiden - vor dem Todeskampf - vor dem Ungewissen; die Angst, in diesem schweren Moment alleine zu sein, ohne Hilfe, ohne Unterstützung, ist da wie bei anderen Eltern, die ihr Kind verlieren müssen. Viele Eltern haben noch nie vorher einen Menschen sterben sehen. Dieses Unbekannte und Ungewisse macht Angst.

Aus Gesprächen mit Eltern, die ihr Kind verloren haben, wird immer wieder ersichtlich, dass wir "Spital-Fachleute" (Ärzte, Krankenschwestern) ihnen helfen können, indem wir einfach da sind, indem wir ihnen Mut machen, ihr Kind im Sterben zu halten, zu streicheln - Abschied zu nehmen von ihrem Kind; indem wir ihnen das Gefühl geben, dass wir jederzeit da oder mindestens erreichbar sind, um ihrem Kind medizinisch zu helfen, wenn es leiden sollte.

Je besser wir mit Eltern und Kind vertraut sind, je besser wir ihre Bedürfnisse und ihre Wünsche kennen, desto besser ist es uns möglich, sie in einem solchen traurigen Moment zu unterstützen. Es ist wichtig, vorher miteinander über das Sterben zu reden, nicht erst, wenn die Eltern mit dem sterbenden Kind im Spital eintreffen. Gerade bei Kindern und Eltern, die wir ja oft über Monate, vielleicht sogar Jahre betreuen und bei denen wir wissen, dass das Kind eines Tages an der Krankheit sterben wird, dies auf uns zukommen sehen, ist das Reden über das Sterben so wichtig und eine Erleichterung für die Eltern und für uns. Wir können so erfahren, welche Vorstellungen die Eltern haben, welche Behandlungen und Massnahmen sie wollen oder eben nicht mehr wollen, und darüber in Ruhe diskutieren. Es kann kaum wiedergutzumachende schlechte Gefühle gegen Ärzte und Spital geben, wenn wir Dinge, die die Eltern bei ihrem sterbenden Kind erwarten, nicht tun oder Dinge tun, die sie als unnötige Plagerei empfinden.

Zu wissen, wo ein ihnen vertrauter Arzt in diesem Moment erreichbar ist, zu wissen, ob man das Kind zu Hause oder im Spital sterben lassen möchte, ist für die Eltern eine Erleichterung und Beruhigung. Mehrere Eltern, die ihr Kind an einer chronischen Krankheit verloren hatten, berichteten, dass sie sich zu Hause, als es ihrem Kind schlecht ging und es im Sterben lag, allein gelassen fühlten. Der Hausarzt hatte das Kind oft sehr lange Zeit nicht mehr gesehen, weil alle Kontrollen im Spital durchgeführt wurden. Die dringend gebrauchten Spitalärzte sagten, dass sie keine Hausbesuche durchführen könnten. Da sie sich ohne Beistand eines vertrauten Arztes nicht zutrauten, das Kind alleine im Sterben zu begleiten, sei ihnen nichts anderes übriggeblieben, als ihr Kind ins Spital zu bringen, obwohl sie viel lieber ruhig zu Hause von ihrem Kind Abschied genommen hätten. In diesen Worten klang nicht selten Bitterkeit, die wohl verständlich ist, wenn man sich an die Stelle dieser betroffenen Eltern denkt. Diese unnötig schlechte Erfahrung kann sicherlich weitgehend vermieden werden, wenn wir eine möglichst enge Zusammenarbeit mit dem Hausarzt anstreben oder uns auch als Spitalärzte in einer für die Familie so schwierigen Situation bereithalten, die von uns durchgeführte Betreuung zu Hause weiterzuführen und das uns vertraute Kind in seinem Sterben auch begleiten.

Eltern sind uns oft dankbar, wenn sie noch nach dem Tod ihres Kindes über längere Zeit eine Begleitung in ihrer Trauer spüren und nochmals über die Krankheit, über Versäumtes, über Leiden, über Schönes, gemeinsam Erlebtes sprechen können.

(PS: Meine Erfahrung mit sterbenden aidskranken Kindern beschränkt sich auf Kinder, die im Säuglings- oder Kleinkindesalter verstarben. Aus diesem Grund bin ich nicht auf die Problematik der Betreuung von älteren Kindern und deren Sterbebegleitung eingegangen)

(*) Arbeitsgruppe, die die Broschüre "HIV-INFIZIERTE UND AIDSKRANKE KINDER in Krippe, Hort, Kindergarten und Schule" erarbeitete.

"STIRBT EIN ANTEIL DES KINDES"
KINDER UND IHRE FAMILIEN NACH SCHWEREN SCHÄDEL-HIRN-TRAUMATA

Jürg Unger-Köppel

Das Schicksal lässt sich nicht ändern. Das Ziel der Beratung ist es deshalb, den einzelnen Familien zu helfen, die für sie günstigsten Formen für die Bewältigung des Schicksalsschlages zu finden. Dies betrifft die konkreten Bereiche des Lebens wie auch die sinngebende Einordnung des Ganzen in die eigene Lebensgeschichte.

Bei einem Schädel-Hirn-Trauma eines Kindes sind vielfältige Verläufe möglich:

- Viele Kinder sind nach einigen Monaten wieder wie vor dem Unfall;
- Einige benötigen für die Heilung länger;
- Andere bleiben für den Rest ihres Lebens in irgendeiner Form behindert. Dabei kann eine Lähmung einer Gliedmasse zurückbleiben, oder das Denken und Fühlen kann stark beeinträchtigt sein, so dass Schul- und Berufsleben stark eingeschränkt sind;
- Einige wenige Kinder bleiben schwerstbehindert und sind auf dauerhafte Pflege angewiesen. Solche Patienten können meist auch ihren Willen nicht mehr ausdrücken.

In den ersten Tagen nach dem Unfall, während das Kind auf der Intensivstation liegt, ist für Ärzte und Familie meist noch unklar, wie sich das Kind entsprechend der oben beschriebenen Möglichkeiten entwickeln wird. Zuerst wird klar, dass das Kind überleben wird. Die Eltern sind aber in dieser Zeit durch die offene weitere Prognose sehr verunsichert. Sie sind in dieser Zeit auch sehr auf das verunfallte Kind konzentriert und vergessen dabei oft die Geschwister, aber auch sich selbst. Diese erste Zeit bedeutet einen grossen Rhythmuswechsel für die ganze Familie.

Der Kinderpsychiater sieht die Eltern für ein erstes Gespräch zwischen dem dritten und fünften Tag nach dem Unfall. Dabei liegt der Schwerpunkt auf den folgenden Themen:

- Bisherige Geschichte des Kindes (nur so passt der "Schlüssel Beratung" ins "Schlüsselloch Familie");
- Unfallablauf (hier soll erfasst werden, in welchem Ausmass sich die Eltern eine Schuld zumessen);
- "Innere Prognose" (haben die Eltern aufgrund ihrer spezifischen Erfahrungen eine ungünstigere Vorstellung über die mögliche Zukunft ihres Kindes, als dies der Fall ist?);
- Familie (trotz der verständlichen Konzentration auf das verunfallte Kind sollen die Eltern von allem Anfang an dazu ermutigt werden, auch etwas Zeit für die Geschwister und sich selbst einzurechnen, um mit den Kräften der ganzen Familie haushälterisch umzugehen);
- Hoffnung (Da viele Kinder eine günstigere Prognose haben, gilt es, dies den Eltern auch klar zu sagen. Früherer, erfolgreicher Umgang mit Belastungssituationen wird wieder in Erinnerung gerufen als Modell für die Bewältigung der Gegenwart).

Im weiteren Verlauf der Hospitalisation, die einige Wochen bis drei Monate dauern kann, weiss der Kinderpsychiater genau Bescheid über den Erholungsverlauf des Kindes. Seine Arbeit konzentriert sich aber weiterhin auf die Gespräche mit den Eltern. Dies aus der Sicht, dass Mutter und Vater vor dem Unfall mit ihrem Kind meist kompetent umzugehen wussten und jetzt vor allem durch die spezifischen Veränderungen des Kindes verunsichert sind. In den Gesprächen werden deshalb diese Veränderungen erklärt und Wege aufgezeigt, damit umzugehen.

Für die Geschwister wird versucht, die Geschehnisse in eine solche Sprache zu fassen, dass auch sie begreifen können, was geschieht.

Gehört das Verunfallte in jene Gruppe von Kindern, die nach dem Spital nach Hause gehen, wird die Nachbetreuung so lange fortgesetzt, bis das Kind wieder zurück auf seine Bahn gefunden hat.

Ganz anders sind Inhalt und Ablauf der Gespräche, wenn sich die ganze Familie mit einer voraussichtlich dauerhaften Behinderung auseinandersetzen muss.

Die einen Kinder können mit ihrer Behinderung trotzdem nach Hause zurückkehren, während die anderen ins Rehabilitationszentrum des Kinderspitals übertreten.

Das Dilemma des Beraters besteht darin, einerseits die Realität der Behinderung einzubringen und der Familie zu helfen, die neue Situation gut zu bewältigen. Andererseits sollen auch immer wieder Türen für neue, der Situation angepasste, hoffnungsvolle Perspektiven geöffnet werden. Dies geschieht meist in Form bildhafter Abläufe, die aus der spezifischen Erfahrungswelt der einzelnen Familien geschöpft werden. Auch die wiederholte Frage nach der individuellen Sinngebung der Ereignisse gehört in diese Zeit.

Langfristig sollte versucht werden, dem Kind seinen ihm zukommenden Platz in der Familie zu geben und es aus dem (längerfristig ungesunden) Mittelpunkt der Geschehnisse wieder zu lösen.

Das Erfassen der Behinderung mit all ihren Konsequenzen im Alltag ist ein langer Prozess. Mit der Entwicklung des Kindes und den damit zunehmenden Abweichungen von den Gleichaltrigen kann er über Jahre ausgedehnt sein. Für den Berater ist es wesentlich zu beachten, dass das Tempo dieses Prozesses von der Familie bestimmt wird und durch Gespräche neue Entwicklungen nur ausgelöst werden können, wenn die Familie dazu bereit ist.

DAS TODKRANKE KIND: STERBEN ALS PROZESS

Cornelia Bessler

Der Tod, das Sterben und erst recht das langsame Auslöschen eines Kinder-Lebens, das sind sehr heikle Themen. Auf der einen Seite wecken sie die mit einer gewissen Sensationslust geladene Neugier; gerade in letzter Zeit wurde darüber viel geschrieben und in den Massenmedien berichtet. Auf der anderen Seite fällt eine wirkliche Auseinandersetzung schwer. Als ich mich mit diesem Artikel zu beschäftigen begann, überfielen mich diffuse Gefühle wie: "Ach, ist das schwierig! Ich verstehe davon ja gar nichts. Ich habe eigentlich auch gar keine Lust, mich damit zu beschäftigen. Lassen wir's doch lieber!"

Nach einer Phase des vor mir Herschiebens nahm ich mir Zeit, diese Gefühle zu betrachten und mich damit auseinanderzusetzen. Woher kommen sie, was bedeuten sie?

Wir leben. Das Sterben, der Tod steht uns bevor. Was der Tod bedeutet, das wissen wir nicht. Tod als solcher ist nicht erlebbar. Tod beinhaltet das Ende des Lebens, und daher kennen wir ihn nicht. Unbekanntes macht Angst.

Gefühle der Angst, des "Nicht-Wissens", des eigenen Ungenügens, der Ohnmacht treten auch bei Sterbebegleitungen auf. Begleite ich einen Menschen in den Tod, so weiss ich nicht, wohin ich ihn begleite. Am Ende steht der Abschied, die Trennung. Ich kann nicht mit ihm gehen und weiss nicht, wohin er geht. Plötzlich trennen sich Welten, der direkte Kontakt wird abgebrochen. Eine unheimliche Macht wird spürbar, neben der man sich hilflos und klein fühlt. Was äusserst kränkend, schmerzhaft, unheimlich und beängstigend sein kann.

Kinder auf diesem Weg zu begleiten ist für mich oft noch viel schmerzhafter. Warum muss ein Leben, das sich erst zu entwickeln beginnt, bereits wieder zu Ende gehen? Kinder, die auf unseren Schutz, auf unsere Unterstützung und Begleitung angewiesen sind: warum kann ich ihnen nicht wirklich helfen? Sie betteln doch darum, bleiben zu können.

Solche Gefühle und viele mehr überschwemmen den Begleiter in hohem Masse, sobald er sich sterbenden Kindern und deren Familien zuwendet. Er muss seine eigenen Gefühle kennen, sie ernst nehmen und damit umgehen können.

Zuerst möchte ich kurz einige Gedanken zur gesellschaftlichen Bedeutung des Todes, des Sterbens in unserer Zeit äussern: Es ist kennzeichnend für die moderne Welt, dass der Tod und das Bewusstsein über unsere Vergänglichkeit weitgehend verdrängt sind. Die Wurzeln dafür liegen im grossen strukturellen Wandel unserer Gesellschaft in den letzten zwei Jahrhunderten. Die wissenschaftlichen Fortschritte, die Technisierung und die Industrialisierung veränderten das Leben einschneidend. Die Grossfamilie hat sich aufgelöst. Die moderne Familie ist auf die sogenannte Kleinfamilie reduziert. Dadurch änderten sich auch die gegenseitigen Beziehungen. Sie bekamen eine hohe emotionale Bedeutung, woraus sich eine vertiefte gegenseitige Abhängigkeit ergibt. Das einzelne Familienmitglied ist nahezu unersetzlich. Der Verlust eines Familienmitglieds ist durch die Verkleinerung der Familien sowie durch den medizinischen Fortschritt heute wohl seltener geworden als früher, aber der Tod zerreisst jetzt ein zentrales soziales Interaktionssystem. Der Verlust ist besonders schmerzlich, und es bleibt eine schwer zu schliessende

Lücke. Stirbt nun gar ein Kind, gilt dies sogar als widernatürlich. Früher mussten sich die Eltern aufgrund der beträchtlich höheren Kindersterblichkeit öfter mit dem Verlust eines ihrer Kinder auseinandersetzen. In der modernen Gesellschaft ist der Tod zunehmend ein Phänomen des Alters geworden. Da aber die alten Menschen sich bereits weitgehend aus der Arbeitswelt zurückgezogen haben, ihre elterlichen Pflichten erfüllt sind und gesellschaftlich am Rande stehen, ist die soziale Bedeutung eines Todesfalls im allgemeinen verhältnismässig klein. Oft wird dieser Tod teilnahmslos zur Kenntnis genommen. Vor allem der alte Mensch muss sich mit dem Tod arrangieren. Der junge hat kaum direkten Kontakt mit Sterben und Tod, es sei denn, er arbeite im Spital oder in einem Alters- oder Pflegeheim. (Vielleicht sind es die unbewussten Ängste vor dem Tod, die viele Leute beim Betreten eines Spitals, eines Alters- oder Pflegeheims verspüren und deshalb nur ungern diese Orte besuchen.)

Der Mensch unserer Gesellschaft wird aber indirekt, unpersönlich und unverbindlich durch die Massenmedien über viele verschiedene Todesarten informiert. Doch er wird davon kaum berührt; denn die Verluste betreffen ihn nicht direkt, und in der Flut von Schreckensnachrichten gehen das Sterben und der Tod des einzelnen unter. Das sind einige Aspekte des gesellschaftlichen Hintergrunds, warum uns das Sterben, der Tod so fremd geworden sind.

Wie nun jeder einzelne sich mit dem Tod und dem Sterben auseinandersetzt, ist stark geprägt von seiner individuellen Lebensgeschichte und wie oder in welcher Form er mit dem Tod, dem Sterben konfrontiert wurde. Vielleicht erlitt er selbst eine lebensgefährliche Krankheit, oder ein geliebter Mensch starb in seinem nächsten Verwandtenkreis.

Der Tod, das Sterbenmüssen und seine Bedeutung sind stets eingebettet in den jeweiligen Kontext sowie in die persönliche Lebensgeschichte. Wenn wir uns jetzt dem Thema des Sterbens von Kindern zuwenden, ist es wichtig, diese Aspekte im Kopf zu behalten. In die Auseinandersetzung mit dem Tod, mit dem Sterben bringen wir auch unsere Werte mit ein, unsere individuelle Lebensgeschichte sowie den gesellschaftlichen Hintergrund.

Ich möchte nun auf die Lebenssituation, die Gefühlslage von Kindern und Jugendlichen, welche an einer lebensgefährlichen Krankheit leiden, eingehen.

Was bedeutet der Tod für sie?
Wie setzen sie sich damit auseinander?

Vor allem für die kleinen Kinder um etwa fünf Jahre bedeutet der Tod "für immer schlafen", "nicht mehr aufwachen". So können beispielsweise Narkosen eine grosse psychische Belastung darstellen. Die kleinen Patienten befürchten, nicht mehr aufzuwachen, tot zu sein. Massive Trennungsängste tauchen auf. Sterben müssen heisst auch, von Mutter und Vater getrennt zu werden, deren Schutz und Begleitung sie doch gerade jetzt so dringend bräuchten.

Im Schulalter ist die Bewegung, das "Lebendigsein" so wichtig. Sterben müssen oder tot sein bedeutet in diesem Alter Verlust dieser wichtigen Fähigkeit. Nicht mehr gehen zu können, nicht mehr spielen zu können sind sehr schlimme Befürchtungen. Darum sind in diesem Alter oft Verstümmelungsängste nicht selten. Für immer in einem Sarg eingeschlossen zu sein ist eine unerträgliche Vorstellung. Kinder in diesem Alter werden oft auch von schweren Schuldgefühlen geplagt. Die Krankheit erleben die Kinder als Strafe. Mit allen ihnen zur Verfügung stehenden Mitteln versuchen sie das Fortschreiten der Krankheit zu beeinflussen: mit Zaubersprüchen, magischen Versprechungen und Wohlverhalten. "Ich bin eine ganz liebe, dann wird alles wieder gut. Das hat doch früher immer geholfen." Der Kummer ist gross, wenn sie spüren, dass alles nichts hilft, ihre Kräfte immer schwächer werden. Ihren daraus entstehenden Ärger, ihre Wut kreiden sie sich dann wiederum selber an und sehen darin den

Grund der fortschreitenden Krankheit. Die Kinder ziehen sich in der Folge immer mehr zurück, verlieren jegliches Interesse, verschliessen sich vor der Umwelt und sind sehr einsam. Diese Bestrafungsidee findet sich auch in unserem kulturellen Erbe. Krankheit bedeutete noch im Mittelalter Strafe Gottes, und auch heute noch gibt es in vielen Ländern die Todesstrafe.

Bei Jugendlichen tauchen bei schweren Erkrankungen konkrete Todesängste auf. Sie haben Angst, das Leben, das begonnen hat, sich vor ihnen aufzutun, wieder zu verlieren. Sie äussern oft ihre Bedrängnis: "Ich habe doch erst mit dem Leben begonnen, warum muss ich es jetzt schon beenden? Ich habe doch noch so viel vorgehabt. Es ist doch noch so viel unerledigt." Gerade für Jugendliche, die sich über die neugewonnene Autonomie freuen und Pläne haben, was sie alles in ihrem Leben erreichen, erleben wollen, ist es besonders schmerzlich, Abschied nehmen zu müssen. Auflehnung, Wutausbrüche, intensive innere Kämpfe sind die Folgen: "Warum gerade ich? Warum dürfen die anderen weiter leben?" Die Verzweiflung ist gross. Zudem stecken gerade Jugendliche wegen der pubertären Krise in einer grossen Einsamkeit. Sie haben begonnen, sich loszulösen. Die Bindung zur Herkunftsfamilie ist gelockert, neue Verbindungen konnten sie aber noch nicht eingehen. Diese tiefe Einsamkeit erschwert den Prozess des Sterbens.

Wir können etwas mehr über die Innenwelt von todkranken Kindern und Jugendlichen erfahren, wenn wir uns den von ihnen erzählten Geschichten zuwenden, ihre Zeichnungen ansehen oder mit ihnen das Gespräch suchen.

Ich zitiere jetzt eine Geschichte aus der Sammlung "Tränen im Regenbogen" [1]. Diese Geschichte wurde von Bianca verfasst, einem Mädchen, das an einer schweren Mukoviszidose (einer tödlich verlaufenden Lungenerkrankung) litt. Sie starb dreizehn Tage nach ihrem sechzehnten Geburtstag.

Es war einmal ein Mädchen, das liebte seine liebe Mutter von

ganzem Herzen. Eines Tages kam dem Mädchen die Idee, etwas ganz besonderes seiner Mutter zu schenken, um ihr ihre Liebe zu beweisen. Das Mädchen dachte nach und beschloss, der Mutter einen Krug voll Wasser zu holen, das einen unsterblich macht, und ihr auch ein Vöglein aus Gold zu schenken, das wunderbar sang. Das Mädchen ging in den Wald zur guten Fee und fragte sie nach dem Weg zum Brunnen des Ewigen Lebens und dem Weg zum goldenen Vogel. "Du musst drei Tage nach Süden laufen, dann kommst Du zu einer Höhle, in der ein Drache lebt. Dort wirst Du, wenn Du die Liebe des Drachens gewinnst, das Wasser finden, und im Wasser spiegelt sich der Ort, wo der goldene Vogel ist", erzählte die gute Fee dem Mädchen.
Das Mädchen machte sich auf den Weg, nachdem es der Mutter versichert hatte, es würde bald wiederkommen. Nach drei Tagen kam das Mädchen tatsächlich an die Höhle des Drachens. Das Mädchen rief: "Hallo, lieber Drache, bist du zu Hause?" Sie lauschte, und nach einer Weile hörte sie ein wildes Zischen. Dann kam ein grimmiges Drachengesicht zum Vorschein. Das Mädchen hatte aber ein feines Gespür, und als es in des Drachens Augen sah, sah es, dass der Drache nicht wirklich böse, sondern nur einsam und verbittert war. Das Mädchen war freundlich zu dem Drachen und erzählte ihm, wieso es zu ihm gekommen war. Der Drache hörte aufmerksam zu und war gerührt, dass das Mädchen seine Mutter so sehr liebte. "Oh, wenn mich doch auch jemand so lieb hätte", meinte der Drache, und eine Träne rollte über sein Gesicht. "Aber ich hab dich doch auch lieb, lieber Drache", rief das Mädchen und umarmte den Drachen zum Beweis. Als der Drache dies hörte, holte er einen Krug Wasser des Ewigen Lebens, und beide machten sich dann auf den Weg, um den goldenen Vogel zu holen. Nach einer Stunde kamen der Drache und das Mädchen bei einem Baum an, an dem ein Käfig hing, in dem ein goldener Vogel

sass und sang. Das Mädchen nahm den Vogel und der Drache erzählte dem Vogel die Geschichte des Mädchens, und der Vogel meinte, er würde gerne mit dem Mädchen mitkommen, da er sowieso immer allein gewesen wäre.
So machten die drei sich auf den Weg zur Mutter des Mädchens. Als sie nach drei Tagen dort ankamen und das Mädchen die Geschenke ihrer Mutter brachte, freute sich diese und sie feierten ein Fest. Die Mutter war gerührt über die Liebe ihrer Tochter, und sie schloss den Drachen und den Vogel sogleich in ihr Herz. So lebten sie alle nun glücklich und zufrieden immer und ewig.

Es ist ein Märchen, in dem sich die Trauer und der Schmerz über den nahen Tod ausdrückt sowie die Sehnsucht, doch länger bleiben zu können. Ganz deutlich zeigt sich die innere Konfliktsituation und die Suche nach einer Lösung. Es besteht ein Wissen um den nahen Tod, und dies ängstigt die Patientin. Die Vorstellung des Todes, der Auflösung des Ich, ist unerträglich, und so ist die Patientin auf der Suche nach dem ewigen Leben. In der Märchenwelt sucht sie Linderung ihrer Ängste und sie findet eine Lösung. Viele Kinder, welche so schwer krank sind, dass sie sterben müssen, haben ein latentes Wissen darum. Auch wenn ihnen die genaue Information über ihren gesundheitlichen Zustand vorenthalten wurde, spüren sie die Bedrohung genau. Massive Ängste, Verzweiflung und schliesslich Resignation überschwemmen sie. Trauer und tiefe Depression sind die Folgen. Die Kinder ziehen sich immer mehr auf sich selbst zurück. Sie sind einsam. Die Sehnsucht nach einer Lösung, nach Hoffnung und Glück ist gross. Sie spüren aber auch deutlich die Verzweiflung der Eltern oder der anderen Bezugspersonen und möchten diese trösten. Damit versuchen sie aber gleichzeitig auch gegen ihre eigene Angst anzukämpfen. Sie fürchten sich vor ihrer eigenen Angst, die sie überschwemmen könnte, gegen die sie sich aber nicht mehr wehren könnten. Auch das Mädchen in diesem Märchen, worin sich die Patientin selbst wieder findet, versucht ihre Mutter zu trösten. Das Kind spürt ihre Trauer und möchte ihr aus Liebe das Wasser des Ewigen Lebens schenken. Das Mädchen sucht einen Lösungsweg für die Mutter und damit auch für sich. Um der Mutter das Geschenk des Wassers fürs Ewige Leben machen zu können, kann es nicht umhin, für drei Tage Abschied zu nehmen. Nicht für lange, und es versichert, wiederzukommen. Doch es muss der inneren Stimme folgen und nach Süden ziehen.

Wie bei Hänsel und Gretel, bei Rotkäppchen und anderen Märchen muss das Kind hinaus, muss Erfahrungen machen, um bereichert zurückkommen zu können. In diesem Märchen ist das Kind auf der ungewöhnlichen Suche nach dem Ewigen Leben. Das heisst, das Kind setzt sich ganz direkt mit dem Tod auseinander. Doch um sterben zu können, muss es erst noch reifen. Es muss sich mit dem bösen Drachen versöhnen. Der Drachen kann als Darstellung des Todes verstanden werden. Indem sie sich nicht vor ihm fürchtet, sondern ihn um Hilfe bittet, gelingt es ihr, zum Ewigen Leben zu finden. Das kann ein Ausdruck sein, dass sie ihren nahen Tod bereits akzeptiert hat.

Der Drache stellt aber auch ihre eigene Aggressivität dar, welche versteckt in der Höhle haust. In einer wunderschönen Weise erklärt sie diesen Anteil ihrer Persönlichkeit: "...und als es in des Drachens Augen sah, sah es, dass der Drache nicht wirklich böse, sondern nur einsam und verbittert war. Das Mädchen war freundlich zu dem Drachen und erzählte ihm, wieso es zu ihm gekommen war. Der Drache hörte aufmerksam zu und war gerührt, dass das Mädchen seine Mutter so sehr liebte. 'Oh, wenn mich doch auch jemand so lieb hätte', meinte der Drache, und eine Träne rollte über sein Gesicht." In dieser verschlüsselten Form kann die Patientin ihre Gefühle zulassen und ausdrükken, dass sie innerlich eigentlich verbittert, einsam und sehr traurig ist.

Das goldene Vögelein ist auch ein Teil der Patientin selbst.

Es repräsentiert ihre Wünsche, ihre Hoffnungen, ihre Lebenspläne. Doch auch dieser Vogel ist alleine.

Alle drei Anteile (das Mädchen, der Drachen und der Vogel) gehören zum Ich, und dies schenkt die Patientin ihrer Mutter. Diese schliesst alle drei in ihr Herz. Das Mädchen schenkt sich selbst als funktionierendes Ich ihrer Mutter und wird von ihr als ganzes aufgenommen und geliebt. Damit zeigt sich der Wunsch, von der Bedrohung, der Destruktivität nicht überschwemmt zu werden und sich als Ich mit seinen verschiedenen Facetten nicht aufzulösen. Es ist der Wunsch als funktionierendes Selbst mit Es-Ich- und Über-Ich-Anteilen weiter zu existieren. In Anbetracht des Todes droht das Überschwemmtwerden von der Angst, der Zerfall der psychischen Integrität.

Die drohende Trennung von der Mutter versucht das Mädchen mit Geschenken abzuwenden. Wenn sie so lieb ist, kann sie doch nicht mit der harten Strafe der ewigen Trennung bestraft werden. Wie schon ausgeführt, wird der Tod, das Sterbenmüssen von vielen Kindern als Bestrafung empfunden. Mit überangepasstem, gefügigem Verhalten versuchen sie der Bestrafung zu entgehen. Die Enttäuschung, die Verzweiflung und der Rückzug sind gross, wenn sie innewerden, dass dies nicht der Fall ist. "Was habe ich getan, dass ich so viel erleiden muss?" Diese Frage ist oft in den traurigen Augen der schwerkranken Kinder zu finden.

Für jedes Kind und für jeden Jugendlichen, ja für jeden Menschen ist der Ausbruch einer schweren Krankheit eine enorme Bedrohung. Die daraus folgenden, der Abklärung dienenden diagnostischen Untersuchungen und die therapeutischen Massnahmen lösen oft eine Krise aus. Das heisst, dass der Mensch mit den ihm zur Verfügung stehenden Mitteln die Störung nicht mehr bewältigen kann. Das psychische Gleichgewicht kommt ins Schwanken. Massive Ängste breiten sich aus. Die Bewältigung dieser Ängste ist eine eigentliche Überforderung des Kindes. In Anlehnung an frühere Überforderungssituationen versucht nun das Kind damit umzugehen. Es sucht sich Unterstützung bei Autoritätspersonen wie den Eltern oder jetzt auch den Ärzten, den Krankenschwestern und sonstigen Betreuungspersonen. Diese werden in den Phantasien der Kinder idealisiert. Sie erhoffen sich von ihnen Heilung ihrer Krankheit, Linderung ihrer Beschwerden. Mit angepasstem "vernünftigem" Verhalten erdulden sie die nötigen Eingriffe. Sie hoffen. Auflehnung und Protest werden anfänglich möglichst vermieden. Das Ausmass der Angst, das Bedrohungsgefühl vor dem Unfassbaren zwingt sie dazu. Zeigt sich dann eine Besserung, sehen sich die Kinder ihrer Taktik bestätigt.

In den Phasen, in denen es den Kindern besser geht, ist das psychische Gleichgewicht wieder hergestellt. Die latente Angst bleibt aber. Die Kinder versuchen so zu tun, als sei alles in Ordnung. Sie drängen darauf, wieder in die Schule zu gehen wie alle andern. Es bleibt aber eine gewisse Sonderstellung, so z.B. wenn sie nicht turnen dürfen oder wenn bei den Mitschülern taktvolle Rücksicht gefordert wird. So erinnern auch die weiteren Kontrolluntersuchungen das Kind stets an seine Krankheit. Auch in der Familie hat das Kind eine Sonderstellung. Einige Eltern sind ängstlich besorgt und verwöhnend, andere betont unbekümmert.

Beinahe alle Kinder ahnen den lebensbedrohenden Charakter ihrer Krankheit, ob ihnen das nun mitgeteilt wurde oder nicht. Fühlt sich ein Kind stark genug, über seine Krankheit und den eventuellen Tod zu sprechen, so bedarf es der unmittelbaren und taktvollen Offenheit des Arztes oder der entsprechenden Bezugsperson, die über die Plötzlichkeit und Radikalität solcher Fragen nicht verunsichert werden dürfen. Schreitet die Krankheit dann weiter voran, wiederholt sich der Schock wie beim Ausbruch der Krankheit. Das Kind ist aber merklich geschwächt. Es reagiert hochgradig überempfindlich auf Umweltereignisse. Die Enttäuschung und Verzweiflung lösen heftige aggressive Impulse aus, die selten gegen den Arzt, häufiger gegen die Eltern oder einzelne Krankenschwestern und oft gegen die eigene Person gerichtet sind. Feilschen um die Erfüllung kleiner Wünsche ist die letzte Massnahme, um sich einer nicht vollständigen Machtlosigkeit zu ergeben.

Je weniger das Wissen um das eigene Sterben aus dem Bewusstsein ferngehalten werden kann, desto intensiver wird das Kind zur Trauerarbeit genötigt. Diese ist nötig, um den Verlust des Selbst und den Verlust der Bezugspersonen zu akzeptieren. Bietet jetzt nicht eine intensive zwischenmenschliche Beziehung den notwendigen Schutz, so bleibt dem Kind nur noch der totale Rückzug. Um der drohenden Verlassenheit zuvorzukommen, isoliert es sich selbst in emotional kaum erträglicher Weise. Nur noch während heftigster Angstzustände oder zur Befriedigung von Minimalbedürfnissen wird der Kontakt aufrechterhalten.

Nachfolgender Bericht, von Biancas Therapeutin verfasst, soll meine Überlegungen unterstützen:

> ...Noch nie ging es Bianca so schlecht. Das sagt Bianca auch selbst. Nein, nicht körperlich. "In meinem Kopf geht alles durcheinander", sagt sie. Und: "Ich bin so gefangen in mir." Ich frage sie: "Bist du traurig? Oder mehr ohne Gefühl, gleichgültig?" - "Nein, ich habe Angst."
>
> Auch ich habe Angst. Aber ich kann nicht unterscheiden, welche. Ist es meine Angst, dass meine "Lieblingsschülerin", die da vor mir im Bett kauert, vornübergebeugt, damit sie besser abhusten kann, mit Infusionen am Arm und Sauerstoffmaske im Gesicht, vielleicht schon bald sterben muss? Ist es meine Angst vor meinem eigenen Sterben, das ich immer wieder in eine ferne Zukunft schiebe, welches mich aber doch täglich, zum Beispiel durch einen Unfall, ereilen kann? Oder spüre ich Biancas Angst, die hier in diesem kleinen Zimmer so übermächtig gross geworden war, dass sie den ganzen Raum ausfüllt und auch mich ergreift? Warum kann ich die

Angst nicht bei ihr lassen? Bianca und ich haben ja schon einige Male über ihre Ängste gesprochen. In den vielen Jahren ihrer Krankheit zunächst nicht direkt. Aber wenn sie wieder einmal gehört hatte, dass eine Bekannte, eine Freundin oder ein Freund an der gleichen Krankheit, die auch sie hat, gestorben war, spürte ich, dass die Fragen über die Verstorbenen ihre eigenen Fragen waren.
Wie auch andere Kinder mit Mukoviszidose hatte sie Angst, eines Tages ersticken zu müssen. Ich erinnere mich noch genau, wie es sie trotz all ihrer Trauer beruhigte, als ich ihr vor mehr als drei Jahren sagte, dass ihr Freund Lutz an Herzversagen gestorben war. Dann vor gut zwei Jahren war Bianca selbst nicht mehr bei Bewusstsein, musste beatmet werden, und wir rechneten alle damit, dass sie diese Zeit nicht überleben wird. Doch es gelang den Ärzten und Schwestern noch einmal, sie ins Leben zurückzuholen. Einige Monate danach, in denen sie wieder daheim sein konnte, sagte sie: "Jetzt habe ich keine Angst mehr vor dem Sterben, denn ich habe gemerkt, dass ich nichts mehr gespürt habe; wenn ich gestorben wäre, hätte ich gar nichts gemerkt."
Aber eine andere Angst äusserte sie dann: "Ich habe Angst, danach allein zu sein." Vor allem die Vorstellung ängstigte sie sehr, von ihrer Mutter getrennt zu sein. Erreichte ich sie damals mit meinen Vorstellungen von dem Leben nach dem Tod, dass es in diesem "anderen Leben" keine Einsamkeit gibt, kein Raum- und kein Zeitempfinden, auch wenn unser menschliches Gehirn dies nicht wirklich denken und erfassen kann?
Sie liess sich immer wieder auf ihre Ängste ein - und auch auf die tiefe Traurigkeit, wenn sie an ihre Freunde und Freundinnen dachte, die an der gleichen Krankheit gestorben waren. Und dennoch (oder vielleicht gerade deshalb?) fand Bianca immer wieder aus Angst und Traurigkeit heraus: Verbreitete Fröhlichkeit und Heiterkeit, machte Witze, führte

Sketche vor und steckte uns mit ihrer frohen Lebensart an.
Und dann immer wieder die Traurigkeit: "Alle meine besten Freunde und Freundinnen sind gestorben." Das war in der Tat das Bitterste für sie in ihrem Leben...
Lange Zeit malte sie Regenbogen - und das war sie auch immer wieder für mich: Wie ein wunderschöner Regenbogen, der Sonne und Regen, Lachen und Weinen zu den schönsten Farben vereinigt.
Doch nun geht es ihr so schlecht wie nie. "Ich habe Angst", sagt sie, "und am meisten habe ich Angst vor meiner Angst." "Wie meinst du das?" frage ich nach. "Ich habe Angst, dass ich nicht mehr rauskomme, wenn ich immer daran denke..." Und: "Ich kann gar nicht mehr fröhlich sein, sonst war ich auch oft traurig, aber dann konnte ich auch immer wieder fröhlich sein und Witze machen."
Einige Tage nach diesem Gespräch erzählte sie, dass sie in einem Buch über das Leben nach dem Tod lese. Sie sagte dazu: "Ich glaube ganz fest daran - aber manchmal hab ich auch Zweifel, ob das alles so stimmt."...
Besonders freute sie sich auf ihren Geburtstag am 29. März. Sie durfte nach Hause. Gesundheitlich ging es ihr weiter schlecht, aber sie wollte nicht mehr im Krankenhaus bleiben - und die Klinikärzte konnten ihr wohl auch nicht besser helfen als der Hausarzt.
An ihrem Geburtstag konnten wir noch schöne Stunden miteinander verbringen...
Bianca starb dreizehn Tage nach ihrer Geburtstagsfeier. Zu Hause, wie sie es sich gewünscht hatte. Von uns allen befürchtet, aber angesichts ihrer Lebensfreude, ihres Lebenswillens und der vielen Pläne kam ihr Tod viel zu früh..."

Sterben als Prozess bedeutet ein Voranschreiten, und gerade Kinder verstehen den Tod als solches. Ihr Umgang und ihre Auseinandersetzung mit dem Sterben betrifft uns tief. Wir machen dabei die Erkenntnis, dass kindliche Welten nicht einfach so unreife Vorstadien unseres Weltverständnisses sind. Im Gegenteil, wenn wir bereit sind, zuzuhören und uns mit ihnen auseinandersetzen, werden uns wertvolle Schätze offenbar. In der Auseinandersetzung mit sterbenden Kindern werden uns neue Anteile in uns selbst eröffnet. Wir gehen mit ihnen ein Stück Weg ins Unbekannte.

In Anbetracht des nahenden Abschieds gewinnt das Leben eine nie dagewesene Intensität. Die Gegenwart wird plötzlich wichtig, weil es keine Zukunft mehr gibt. In der Gegenwart zu leben, das wahrzunehmen, was gerade ist, das zu geniessen, ist für uns moderne, leistungsorientierte Menschen schwer geworden. Unser Denken und Streben ist darauf ausgerichtet, was wir erreichen wollen, und danach richtet sich der Selbstwert, unser Gefühl nach dem Sinn des Lebens. Das sterbende Kind führt uns zu neuen Dimensionen. Begleitung von todkranken Kindern auf ihrem Weg bedeutet intensivstes Leben in allen Farben, in jedem Augenblick. Freude und Trauer sind da nah beieinander.

[1] Tränen im Regenbogen; Phantastisches und Wirkliches - aufgeschrieben von Mädchen und Jungen der Kinderklinik Tübingen, Attempo Verlag, Tübingen, 6. Auflage 1991

TOD DURCH UNFALL

Felix Walz

Kinder im Strassenverkehr

Kinderunfälle ereignen sich vor allem in den späten Morgen- und in den Nachmittagsstunden (10-12 Uhr und 15-17 Uhr). Der Strassenverkehr ist die hauptsächliche unfallmässige Lebensgefahr für Kinder; ungefähr die Hälfte aller tödlichen Unfälle ereignet sich im Strassenverkehr (etwa 45 pro Jahr). Gegenüber dem Jahr 1970, als 190 Kinder getötet wurden, davon 126 als Fussgänger, ist 1991 immerhin eine Reduktion auf ein Viertel eingetreten. Die Ursachen für diese Abnahme zu ergründen ist schwierig; beigetragen haben sicher der verbesserte Verkehrsunterricht für Kinder, die Schulwegsicherungen und Tempolimiten innerorts. Die veränderten Siedlungsstrukturen (weniger Kinder in verkehrlich hochbelasteten Städten) und die verbesserte Rettung und Behandlung nach Verletzungen dürften wahrscheinlich auch einen (nicht genau zu beziffernden) positiven Effekt gehabt haben.

Knaben sind weit mehr betroffen als Mädchen, vermutlich nicht nur, weil sie eher auf der Strasse spielen als zuhause, sondern vor allem aufgrund ihrer weniger vorsichtigen und impulsiveren Art. Der grösste Teil der Unfälle mit verletzten und getöteten Kindern ereignet sich innerorts.

Kinder haben vor allem in jüngeren Lebensjahren grosse Schwierigkeiten, eine Verkehrssituation richtig einzuschätzen und die Gefahren zu erkennnen. Auch haben sie infolge ihrer geringen Körpergrösse keinen guten Überblick über das Verkehrsgeschehen. Der statistische Vergleich mit Nachbarländern sieht für die Schweiz nicht sehr gut aus: Insgesamt werden von einer Million in der Schweiz wohnhaften Kindern im Strassenverkehr pro Jahr 52 getötet; nur in Belgien und Deutschland ist die Situation noch schlimmer, wo es 56 bzw. 53 Kinder sind. Statistische Vergleiche in verschiedenen Ländern müssen zwar mit Vorsicht interpretiert werden, doch dürften die Unterschiede bei der Methodik in Europa heute nicht mehr gross sein. Italien, Schweden und Holland zum Beispiel weisen wesentlich tiefere Werte aus: 27, 31 bzw. 36 getötete Kinder auf 1 Million.

Kinder als Fussgänger

Täglich werden in der Schweiz drei Kinder als Fussgänger verletzt, also etwa 900 pro Jahr; 25 davon tödlich. Es ist heute fast unvorstellbar, dass in den siebziger Jahren eine Zahl von über 120 getöteten Kindern offenbar weitgehend hingenommen wurde! 80% der Kollisionen mit Verletzten ereignen sich innerorts. An Orten, wo vermehrt Kinder unterwegs sind, ist Tempo 50 zu schnell. Die Verletzungsschwere ist stark von der Kollisionsgeschwindigkeit des Autos abhängig.

Im Bereich von 30-35 km/h Kollisionsgeschwindigkeit steigt die Verletzungsschwere beim angefahrenen Fussgänger sehr stark an. Aber auch Kollisionsgeschwindigkeiten von 20 oder 30 km/h sind für die am häufigsten betroffenen Gruppen der Fussgänger (Personen über 60 Jahre und Kinder von 5-9 Jahren) keineswegs harmlos.

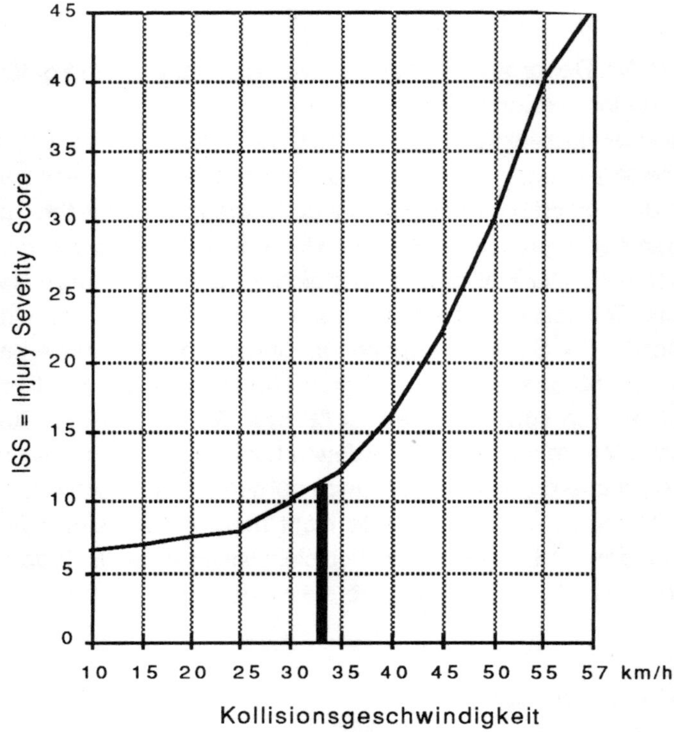

Grafik 1: Ab 30-35 km/h Kollisionsgeschwindigkeit steigt die Verletzungsschwere beim angefahrenen Fussgänger stark an.

Unsere Untersuchungen in Zürich zeigten folgenden Zusammenhang zwischen Kollisionsgeschwindigkeit und Verletzungsart:

Becken- und Beinbrüche: ab 5 km/h möglich
ab 20 km/h sehr wahrscheinlich

Tödliche Verletzungen: ab 25 km/h möglich
ab 45 km/h sehr wahrscheinlich

Ein repräsentatives Beispiel einer Verletzung eines Kindes: Ein 4jähriges Kind springt über die Strasse und wird von einem

Personenwagen angefahren, der aus einer Fahrgeschwindigkeit von 30-35 km/h auf ca. 20-25 km/h Kollisionsgeschwindigkeit abbremsen konnte. Das Kind erleidet neben Prellungen am rechten Bein und am Becken einen Oberschenkelbruch links, der einen Spitalaufenthalt von 98 Tagen nötig macht. Der PW zeigt nur ganz geringe Eindellungen.

Eine relativ geringe Reduktion der Fahrgeschwindigkeit wirkt sich aufgrund des nichtlinearen Einflusses der Geschwindigkeit auf die Anhaltestrecke in einer sehr bedeutenden Reduktion der Kollisionsgeschwindigkeit aus. An der Stelle, wo ein mit vorher 30km/h fahrendes Auto gerade zum Stillstand gekommen ist, erfasst ein Auto mit vorher 50km/h Fahrgeschwindigkeit einen Fussgänger mit immer noch 50km/h Kollisionsgeschwindigkeit, da es den Fussgänger noch innerhalb der Reaktionsstrecke ohne Verminderung der ursprünglichen Geschwindigkeit trifft! Dies wird verständlicher, wenn man sich vergegenwärtigt, dass ein Fahrzeug mit Tempo 50 in einer Sekunde 13,9 Meter zurücklegt. Während der "Schrecksekunde" fährt das Fahrzeug nach Erkennen der Gefahr also noch fast 14 Meter, ohne dass das Fahrzeug bereits hätte verlangsamt werden können.

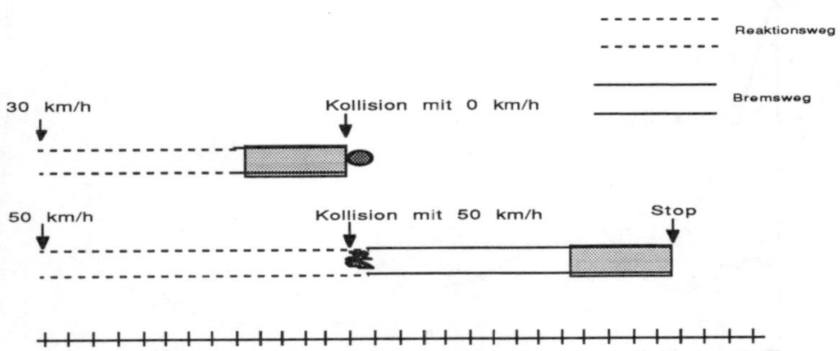

Grafik 2: Fahrgeschwindigkeit 30 bzw. 50 km/h und entsprechende Anhaltestrecke.

In den USA und in Deutschland sind in stark überbauten Gebieten flächendeckende Tempolimiten von 30km/h immer häufiger anzutreffen. Die verbesserte Sicherheit ist nicht nur eine Theorie; die Anzahl der Kollisionen mit Verletzten sank gegenüber Tempo 50 deutlich. Die Unfallkosten sanken dabei in Buxtehude von 6,3 auf 4,7 Mio DM pro je 20 Monate (=25% Reduktion). Es ist bedenklich, dass in der Schweiz die Errichtung solcher Zonen überall mit Rekursen torpediert wird, um so mehr, als die Richtlinien des Eidgenössischen Justiz- und Polizeidepartements bereits sehr restriktiv sind und solche Zonen nur mit vielem 'Wenn und Aber' zulassen.

Kinder als Velofahrer

Pro Jahr wurden 1991 in der Schweiz 700 Velofahrer/-innen bis zum Alter von 14 Jahren verletzt; 18 wurden getötet. Bei den Verletzten muss die sehr grosse Dunkelziffer berücksichtigt werden, da lediglich 10 bis 20% der tatsächlichen Velounfälle mit Körperverletzung der Polizei gemeldet werden.

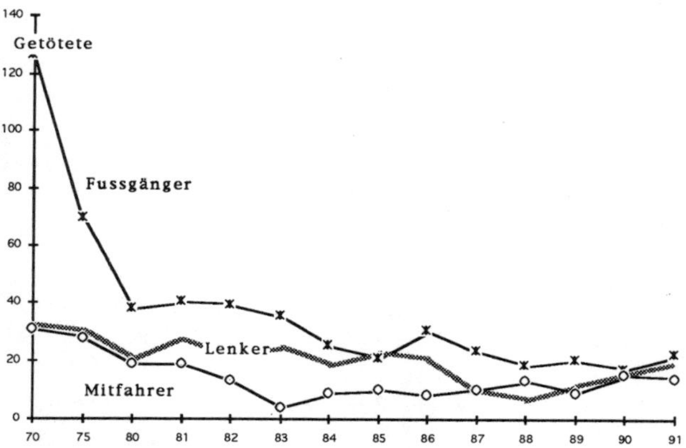

Grafik 3: Im Strassenverkehr getötete Kinder in der Schweiz 1970 bis 1991.

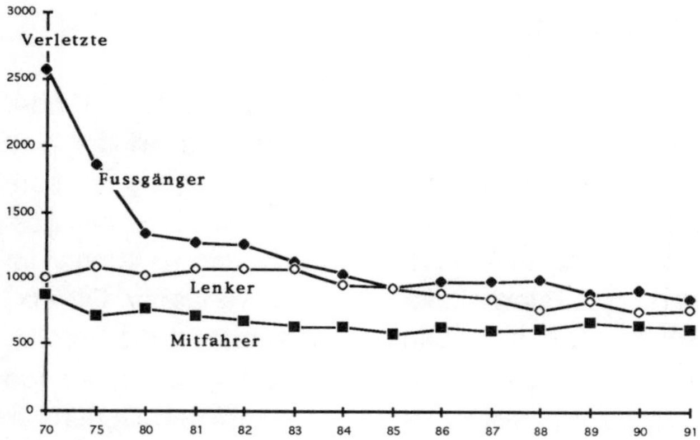

Grafik 4: Im Strassenverkehr verletzte Kinder in der Schweiz 1970 bis 1991.

Die meisten Todesfälle bei Velofahrern werden durch Kopfverletzungen verursacht. Insbesondere die Altersgruppe der 10-14-jährigen ist betroffen. Seit längerer Zeit setzen sich Kreise aus der Unfallmedizin für Velohelme ein. Leider haben die entsprechenden publizierten Forschungsresultate in der Schweiz bei den verantwortlichen Behörden und bei den Benützern lange Zeit nicht genügende Beachtung gefunden. Erfreulich sind die Aktionen der SUVA (Schweizerische Unfall-Versicherungs-Anstalt), die erstmals im Sommer 1988 um dreissig Franken verbilligte Velohelme ermöglichte.

Wenn man das Tragen eines Helmes bei Motorradlenkern als selbstverständlich und bei Mofalenkern als sinnvoll ansieht, sollte man bedenken, dass Velofahrer in vergleichbarer Weise im Kopfbereich gefährdet sind und sich das Tragen eines speziellen Velohelmes ebenso (auf freiwilliger Basis) aufdrängt. Die in Australien und in den USA gesammelten Erfahrungen mit Velohelmen sind sehr positiv. Eine Tragpflicht sollte nicht zur Diskussion stehen, doch wäre eine Art internes "Familienobligatorium" (Kinder *und* Eltern!) für Velohelme sicher sinnvoll.

Kinder als Autoinsassen

Nach einer deutlichen Abnahme der Zahl der getöteten Kinder seit dem Jahre 1970 bis zum Jahr 1988 ist leider wieder eine steigende Tendenz sichtbar, nicht bei den Fussgängern, sondern bei den Mitfahrern (Auto). Das hängt sicher mit der gesteigerten Mobilität zusammen. Im Prinzip wären für Kinder im Auto sehr wirksame Rückhaltevorrichtungen verfügbar. Oft werden aber solche eben nicht benützt. Auch hier ist die Vorbildfunktion der Eltern wichtig. Ein Problem sind fremdsprachige Personen als Fahrzeuglenker, die mit Sicherheitskampagnen nur schwer oder überhaupt nicht erreicht werden können.

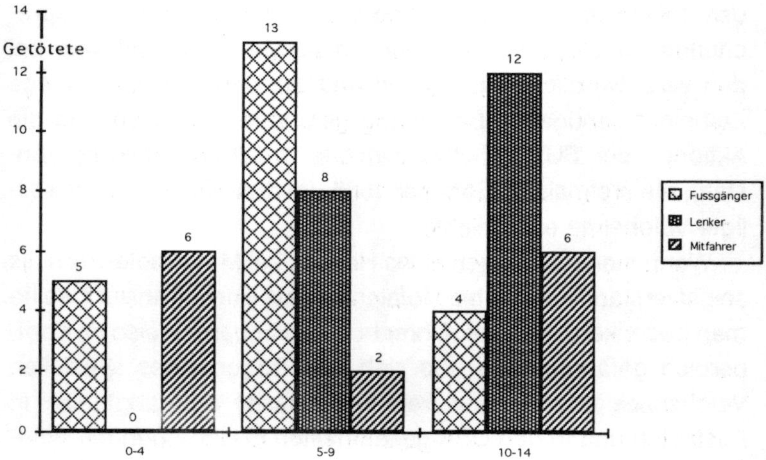

Grafik 5: Im Strassenverkehr getötete Kinder als Fussgänger, Lenker (meist Velo) und Mitfahrer (meist Auto) in der Schweiz 1991.

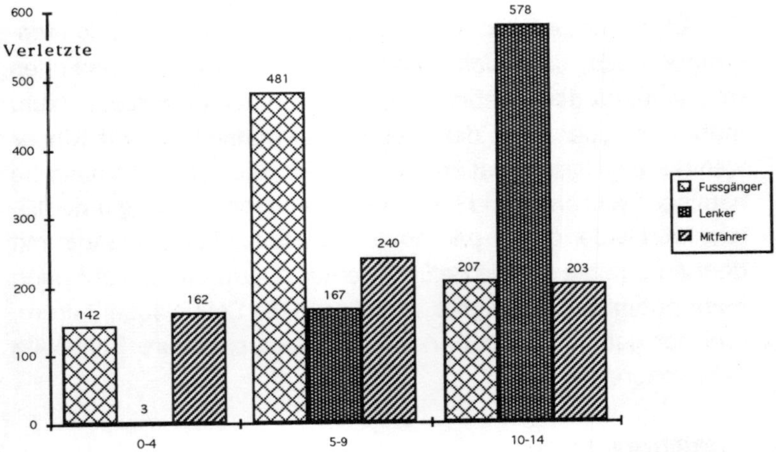

Grafik 6: Im Strassenverkehr verletzte Kinder als Fussgänger, Lenker (meist Velos) und Mitfahrer (meist Auto) in der Schweiz 1991.

Die durch unabhängige Institute regelmässig durchgeführten Tests von Kinderrückhaltevorrichtungen führen langfristig zu verbesserten Systemen, da es sich die Hersteller nicht mehr leisten können, mangelhafte Vorrichtungen zu verkaufen. Kurzfristig allerdings können solche, meist medienmässig gross aufgemachte Versuchsberichte die Eltern im allgemeinen bezüglich der Schutzwirkung verunsichern, so dass fälschlicherweise allenfalls der Schluss gezogen wird: "Die Kindersitze sind nicht gut". Immerhin kann etwas verallgemeinernd doch festgehalten werden, dass auch ein nicht optimaler Kindersitz besser ist als gar keiner. Viele Modelle bieten einen sehr guten Schutz. Dabei ist der Grundsatz der Unfallforschung aber wiederum entscheidend, nämlich dass die vorsichtige und gemässigte Fahrweise der Lenkerin/des Lenkers des Fahrzeugs in erster Linie wichtig ist.

Die Angst vor dem Unfall

Die Angst vor Unfällen führt vor allem in städtischen Wohngegenden dazu, dass sich Kinder vermehrt zu Hause aufhalten (müssen), da der "Erlebnis- und Erfahrungsraum Strasse" nicht mehr benützbar ist; in den Wohnungen können sich die Kinder weniger entfalten (Isolation, Störung der Nachbarn), so dass sie häufiger Fernsehen und Videos konsumieren. Die Angst der Eltern führt leider oft zur paradoxen Reaktion, dass die Kinder mit dem Auto in die Schule geführt werden. Dadurch entsteht noch mehr potentiell gefährlicher Verkehr um die Schulhäuser herum, und der gemeinsam mit anderen Kindern erlebbare Schulweg geht verloren.

Zusammenfassung

5% aller Getöteten im Strassenverkehr sind Kinder bis 14 Jahre (ca. 45 pro Jahr in der Schweiz); bei den getöteten Fussgängern und Velofahrern sind es 10%, wobei u.a. infolge der höheren Verkehrsbeteiligung ältere Kinder und Knaben stärker beteiligt sind. Gleichviele oder noch mehr Kinder sterben aber unfallmässig ausserhalb des Strassenverkehrs, vor allem in Haus und Garten, insbesondere infolge Ertrinkens (ca. 20), Stürzens (ca. 10) oder anderer nicht näher bezeichneter Unfälle. Todesfälle durch elektrischen Strom und Vergiftungen haben in den letzten Jahren aufgrund der ergriffenen Vorsichtsmassnahmen stark abgenommen (0-1 pro Jahr).

Die Statistik ist Grundlage zur Prävention; oft ist erkennbar, dass die Todesfälle nicht einfach durch ein unabänderliches Schicksal, sondern durch mangelnde Vorsicht oder das Fehlen von einfachen Sicherungsmassnahmen hervorgerufen werden. Insbesondere im Strassenverkehr sind neben den von den Behörden zu ergreifenden Massnahmen (Tempolimite, Schulwegsicherungen etc.) passive Schutzmassnahmen notwendig. Weil

Kinder noch nicht selbständig über Gefahren und zu treffende Gegenmassnahmen entscheiden können, liegt es meistens an den *Eltern*, ihre Kinder vor Schaden zu bewahren (z.B. Kindersitz im Auto, Velohelm etc.).

Obwohl die Zahl der getöteten Kinder in den letzten 20 Jahren stark abgenommen hat, herrscht bei vielen Eltern Angst, wenn sich ihre Kinder im Verkehr aufhalten. Nur schon deshalb sind von den Behörden Massnahmen zu treffen, welche die Gefahren im Verkehr entschärfen. Schulwegsicherung durch bauliche Massnahmen und Tempo 30 sind erfolgreiche Schutzmassnahmen.

Broschüren zur Unfallverhütung sind erhältlich z.B. bei:

- Stadtpolizei Zürich, Abteilung für Verkehr, Mühlegasse 18/22, CH-8025 Zürich;
- Beratungsstelle für Unfallverhütung (bfu), Postfach 8236, CH-3001 Bern;
- Verkehrs- und Automobilclubs der Schweiz, Deutschlands und Österreichs;
- beim nächsten Polizeiposten.

WENN UNSER KIND DURCH SUIZID STIRBT

Eric Rutgers

Das Schlimmste ist passiert: Der Suizid unseres geliebten Sohnes Pascal

Unser Pascal hat sich vor ziemlich genau zehn Jahren am 30. Oktober 1982 vom Zug um 18.12 Uhr in der Nähe von Baden überfahren lassen. Ein klarer Samstagabend, bei Mondaufgang, fast Vollmond. Pascal war 18 1/2 Jahre alt. Er hinterliess keinen Abschiedsbrief, nur eine geheimnisvolle Balkenkonstruktion auf dem Weg zum Hauseingang, wie ein Zeichen...

An diesem Tag schien Pascal wieder in guter Verfassung zu sein. Ich sage "wieder", weil wir Eltern uns seit ein paar Wochen Sorgen um ihn machten. Jacqueline, meine Frau, hatte gespürt, dass er in Gefahr war; deshalb hatten wir gemeinsam und im Gespräch mit Pascal therapeutische Hilfe organisiert.

An diesem Samstag spielten Pascal und ich von 15.00 - 16.00 Uhr noch eine Tennispartie. Zurück zu Hause habe ich mich ans Klavier gesetzt - während Pascal sich das Leben nahm... Seitdem habe ich Mühe mit dem Klavier...

Für 20.00 Uhr hatte Pascal seinen Freund Rolf ins Theater eingeladen. "Le Diable et le Bon Dieu" von Jean-Paul Sartre, hiess das Stück. Da Pascal nirgends zu finden war, obwohl er bisher immer verlässlich gewesen war, ging Rolf allein.

Um 21.00 Uhr läutete das Telefon, die Polizei: "Gibt es einen Pascal bei Ihnen?... Wir haben ihn gefunden. Er ist tot..." Mir wurde schwindlig, die Beine wie Watte, es war, als ob der Boden unter meinen Füssen nachgebe...

Erst später kann ich mich wieder erinnern, dass wir zu viert bei uns in der Stube sassen, Jacqueline, unsere Tochter Anne, damals 14 Jahre alt, Rolf und ich. Hand in Hand im Kreis, eine Kerze in der Mitte. Lange haben wir geweint, weil wir ihn so sehr liebten.

Wer war Pascal?

- Liebenswürdig und friedlich; gefühlsam, aufmerksam und hilfsbereit;
- Voller Zukunft und Projekte;
- Seine Leidenschaft waren Modell-Segelfliegen und Chemie;
- Seine berufliche Zukunft sah er als Materialingenieur oder als Pilot;
- Kreativ, humorvoll und intelligent; wir sprachen französisch zu Hause; schulische Schwierigkeiten hatte er nie gehabt, weder in Amerika, wo wir drei Jahre wohnten, noch in Baden.
- Körperlich gross, schön, gesund und erfolgreich in verschiedenen Sportarten; einmal wurde er bester Schwimmer unter den Junioren des Kantons Aargau, ganz ohne Vorbereitung, nur zum Plausch, weil er akzeptiert hatte, einmal mitzuschwimmen;
- Für uns Eltern war er als Kind unser ganz blonder Sonnenstrahl, unser Sonnenkind; ein Osterkind war er auch, Pascal bedeutet ja "von Ostern"; er war gläubig;
- Für seine vier Jahre jüngere Schwester Anne war er der grosse Schutzengel;
- Für mich ein toller Partner für Sport und allerlei Tätigkeiten und Gespräche, wie Modellfliegen und Astronomie.

Alle, die Pascal kannten, schätzten ihn sehr. Wir, seine Familie, liebten ihn ganz besonders, er wusste es und war glücklich darüber. Wenigstens daran fehlte es nicht.

Liebe und Verständnis allein genügen nicht...

Was uns Eltern fehlte, war die Kompetenz, um mit Pascals Suizidalität richtig umzugehen. Genauso wie Liebe und Verständnis nicht verhindern können, dass ein geliebter Mitmensch an Krebs stirbt, können sie den Suizid nicht verhindern. Mit allen Kenntnissen über den Jugendsuizid, die wir seither erworben haben, wären unsere Chancen, erfolgreich zu helfen, heute sicher besser. Aber damals genügten sogar Jacquelines Ausbildung und Erfahrung als Psychologin und Psychotherapeutin nicht. Einfach weil sie vorher nie mit der Realität des Suizids konfrontiert worden war. Im übrigen ist es bekannt, dass man innerhalb der eigenen Familie nicht die Rolle des Therapeuten übernehmen kann.

Schweigen oder darüber sprechen?

Ich habe mich entschlossen, offen darüber zu sprechen, auch wenn der Schmerz dabei jedesmal wieder hochkommt, und zwar aus folgenden Gründen:

- Vor allem bin ich überzeugt, dass es für Gleichbetroffene hilfreich ist zu erfahren, dass sie nicht allein sind in ihrer Situation;
- Dann gibt es sonderbare Reaktionen auf einen Tod durch Suizid in unserer Gesellschaft: Schuldzuweisungen, Ängste, Tabu und Schweigen.

Früher hatte das zu tun mit der strengen Verurteilung durch die junge christliche Kirche, die unter dem Einfluss des heiligen Augustin im 4. Jh. den Suizid als Sünde erklärte. Damit hoffte man zu verhindern, dass Christen sich das Leben nahmen.

Aber natürlich funktionierte es nicht. Später im 13. Jahrhundert wurde diese Beurteilung unter dem Einfluss von Thomas von Aquin noch verschärft, mit schlimmen Folgen für die Überlebenden der Suizidanten.

So hat heute noch für viele Leute der Suizid fälschlicherweise mit dem freien Willen (man spricht von Freitod) und der Moral zu tun, anstatt mit Gesundheitsstörungen, die man mit ärztlichen und psychotherapeutischen Mitteln bekämpft. Das Schweigen bekräftigt nur das Tabu und die mit dem Suizid verbundenen Ängste. Es verhindert, dass man lernt, mit der Suizidalität von Mitmenschen auf eine helfende Art umzugehen.

Um diesem Tabu entgegenzuwirken, gibt es nur eines: Offen über die Realität des Suizids sprechen, das grosse Leid aufzeigen, das er mit sich bringt, und bekanntmachen, was man vorbeugend dagegen tun kann.

Ist der Werther-Effekt nicht eine ernst zu nehmende Gefahr?

Als möglicher Auslöser von Imitationssuiziden ist der sogenannte Werther-Effekt eine ernst zu nehmende Realität. Nachdem Goethe vor rund 200 Jahren seine berühmte romantische Novelle "Das Leiden des jungen Werthers" publizierte, hat man tatsächlich in Europa eine Reihe von Suiziden nach diesem Vorbild festgestellt. Möglicherweise ist sogar Pascal durch Imitation ein Opfer der Fernsehserie "Tod eines Schülers" im ZDF geworden. Die Ausstrahlung dieser Serie begann nämlich kurz vor Pascals Tod. Sie zeigte zu Beginn jeder Episode, wie der 19jährige Claus Wagner, eine erfundene Schülergestalt, sich vor den Zug wirft. Eine glaubwürdige, wissenschaftliche Untersuchung zeigte nachträglich eine signifikante Erhöhung der auf dieselbe Art begangenen Suizide junger Menschen im deutschsprachigen Raum. Das Problem mit den erfundenen Geschichten, in denen der Held sich womöglich auf eine romantische Art das Leben nimmt, besteht in der Gefahr, dass *suizidale* Menschen sich mit dem Helden so stark identifizieren, dass sie ihn nachahmen.

Wenn der Suizid aber richtig und realistisch als Resultat einer pathologischen Entwicklung und schmerzhaften Krise beschrieben und dazu noch das grosse Leid, das er bei den Überlebenden auslöst, geschildert wird, besteht diese Gefahr kaum.

Wie überlebt man nach einer solchen Tragödie?

Verschiedene Autoren haben die Phase des Trauerprozesses beschrieben. Dabei gibt es natürlich Unterschiede, je nach der Beziehung zum Verstorbenen und nach der Todesursache. Mein Trauerweg führte mich auf und ab durch eine komplexe Landschaft von Gefühlen mit Etappen wie:

- Der betäubende *Schock*, so charakteristisch bei einem gewaltsamen Tod mit seinem Chaos von Gefühlen zwischen akutem Schmerz und gar keinen Gefühlen mehr.
- Mein hilfloser Schrei *"Warum?"* mit der krampfhaften Suche nach einer Erklärung, die mich dazu führte, meine Trauer unter Hunderten von Büchern und Artikeln über den Jugendsuizid zu vergraben und auf der ganzen Erde Suizidfachleute aufzusuchen, um mit ihnen über Pascals Tod zu sprechen.
- Die *Wut* und der *Zorn* gegen alle, bei denen ich eine Mitverantwortung für Pascals inneren Absturz spürte: der Lehrer, der Pfarrer, der Hausbesitzer, die fliegerische Vorschule und schliesslich auch Gott, der das alles stillschweigend zugelassen hatte.
- Geholfen hat mir zu verstehen, dass die externen Faktoren höchstens eine auslösende Rolle gespielt und die Krise vielleicht zugespitzt haben. Die eigentliche Ursache eines Suizids ist in einer Erkrankung des Gehirns, meistens einer Depression, zu suchen.
- Die *Schuldgefühle*, das heisst die Wut gegen mich selbst, die sowieso auch bei einer anderen Art von Trauer einmal aufge-

taucht wären, die aber, da es sich um einen Suizid handelte, dramatisch stark waren. Da spielt eben das schon erwähnte Tabu der Gesellschaft und der Kirche noch eine Rolle, wie übrigens auch eine gewisse Interpretation des psychoanalytischen Modells, das in einem derartigen Fall den grössten Schuldanteil den Eltern zuschiebt.

Mein Zustand verbesserte sich, als es mir gelang, deutlicher zu unterscheiden zwischen den subjektiven Schuldgefühlen und meiner objektiven, kausalen Verantwortung. Die Erkenntnis, dass der Suizid die Folge einer pathologischen Krise sei, war auch hilfreich.

- Andere Gefühle meiner Trauerlandschaft waren *Unsicherheit*, *Wertlosigkeit*, *Einsamkeit* und, als Wut, Zorn und Schuldgefühle endlich etwas nachliessen, das Hochkommen einer unendlichen *Traurigkeit*. Entscheidend geholfen haben mir das Verständnis, die Zuwendung, Freundschaft und Solidarität naher Freunde, Familienangehöriger und Gruppenmitglieder unserer Regenbogengruppe "Suizid".

Am Anfang scheint es unmöglich, aber man kann es schaffen!

Zum zehnten Todestag Pascals haben Anne, Jacqueline und ich in Lausanne Freunde und Familienangehörige, die uns in unserem Leid am nächsten zur Seite standen, zu einer kleinen Gedenkfeier eingeladen. Die Absicht war, ihnen unsere Dankbarkeit auszudrücken: "Dank eurer Unterstützung - konnten wir ihnen sagen - haben wir jetzt das Schwierigste hinter uns. Am Anfang ging es uns um nichts anderes als zu überleben. Wir haben auch überlebt, aber eigentlich nur, weil uns gar nichts anderes übrigblieb. Heute sieht es anders aus. Wir haben neue Aufgaben wie den Regenbogen und die Jugendsuizidprophylaxe. Unser Leben hat einen neuen Sinn. Dies ist eine Gabe unseres Pascal." Am gleichen Abend wurde am Westschweizer Fernsehen eine gute Sendung über "Arc-en-ciel" ausgestrahlt.

Die Gaben der Trauer: gute Einrichtungen wie der "Regenbogen" und die "Prävention des Jugendsuizids"

Der Tod eines Kindes ist für Eltern und Geschwister ein harter Schlag, von dem man sich nie mehr zu erholen glaubt. Aus der Erkenntnis heraus, dass es Erleichterung bringt, wenn das harte Schicksal gemeinsam getragen wird, und in Anlehnung an die "Compassionate Friends" in England, gründete ein Elternpaar in der Schweiz 1982 unter dem Namen *REGENBOGEN* die Selbsthilfegruppe von Eltern, die ein Kind verloren haben. Überall in unserem Land entstanden weitere Gruppen derselben Art. Im Juni 1989 wurde in Zürich - als Dach - der *Verein "REGENBOGEN Schweiz - Selbsthilfevereinigung von Eltern, die um ein verstorbenes Kind trauern" gegründet.*

Jacqueline und ich haben uns besonders für die Entwicklung und Betreuung der Westschweizergruppen und der Spezialgruppen "Suizid" eingesetzt sowie für unsere Beziehungen mit den gleichgesinnten ausländischen Organisationen (Compassionate Friends).

Im Januar 1991 wurde der Nutzen des "Regenbogen" auch durch unsere Bundesbehörden anerkannt, indem das Departement des Innern dem Regenbogen seine Unterstützung in Form einer finanziellen Starthilfe zusprach.

Wie wurde die Selbsthilfe verwirklicht?

Die Treffen der einzelnen Selbsthilfegruppen finden regelmässig, meist einmal pro Monat, statt. Manchmal wickeln sie sich um ein gemeinsam ausgewähltes Thema ab. Uns trauernden Eltern bieten sie die Möglichkeit, uns echt mitzuteilen, indem unsere Gefühle mit tiefem Verständnis entgegengenommen werden. Dadurch entsteht *Hoffnung*. Und dadurch soll jedem geholfen werden, seine Einsamkeit in der Trauer zu überwinden und sich mit der Zeit von seinem Schmerz zu erholen.

Auch die Einzelkontakte ausserhalb der Gruppentreffen sind wichtig, besonders an Fest-, Geburts- oder Todestagen.

Das Leitbild der Gruppe "Suizid Zürich" lautet:

> *"Wir kommen zusammen, um uns gegenseitig Liebe, Verständnis und Hoffnung zu schenken. Jeder von uns steht irgendwo anders in seiner Trauer:*
> *- Die einen sind frisch betroffen, die anderen seit Jahren;*
> *- Die einen können sich fest am Glauben halten, die andern nicht;*
> *- Die einen bringen ihre Wut und Schuldgefühle mit, die andern ein Stück inneren Frieden;*
> *- Die einen kämpfen mit tiefster Trauer und Depression, die andern strahlen Hoffnung und Zuversicht aus;*
> *aber wo wir auch stehen, möchten wir diese Gefühle teilen, wie auch unsere Liebe zu unseren Kindern.*
> *Wir versuchen alle, unser Leben wieder aufzubauen, und wir möchten das so weit wie möglich gemeinsam tun, indem wir uns helfen, zu trauern und zu hoffen.*
> *Jeder von uns kommt mit seinen Erwartungen:*
> *auf Zeit zum Sprechen,*
> *auf einen sicheren Platz zum Weinen,*
> *um seinen Gefühlen nachzugehen,*
> *sie mitzuteilen.*
> *Lassen wir jedem von uns diese Zeit, respektieren wir auch sein Schweigen.*
> *Unterbrechen wir nicht mit Ratschlägen oder Bewertungen.*
> *Versuchen wir vor allem zuzuhören und zu verstehen, was jeder von uns braucht.*
> *Alles, was hier gesagt wird, bleibt unter uns."*

Das Vorhaben "Prävention des Jugendsuizids"

Dieses Vorhaben haben wir vor kurzem an einem anderen Ort präsentiert [1]. Es würde den Rahmen dieses Berichts sprengen, in die Details zu gehen. Es sei hier nur erwähnt, dass es aus Aktionen mit den drei folgenden Zielrichtungen besteht:

- Information und Ausbildung in Fragen des Jugendsuizids durch Tätigkeiten wie Publikationen [2]. (Wir werden zum Beispiel nächstens eine Übersetzung des Buches von Adina Wrobleski: "Sucide Why" [3] herausgeben); Seminare, Unterricht und Führen einer Bibliothek und Videothek, die pädagogische Informationsmittel über den Jugendsuizid anbieten.
- Einführung von Suizidpräventionsprogrammen in Schulen.
- Betreuung von Lizenziatsarbeiten und Förderung der Forschung zu Fragen des Jugendsuizids.

[1] Jacqueline et Eric Rutgers, "Réflexions sur la prévention au milieu scolaire à partir de l'expérience de parants touchés", Fortbildungstagung der Schweizerischen Gesellschaft für Krisenintervention und Suizidprophylaxe, Bern, (22. Oktober 1992)

[2] Jacqueline Rutgers, Série d'articles: "Menace de Suicide. Comment réagir?", "La crise suicidaire" et "Témoignage" dans la Revue de Pédagogic et d'Education "Educateur" No. 6, (September 1990)

[3] Adina Wrobleski, "Suicide Why? 85 Questions and Answers Abont Suicide", Publisher: A. Wrobleski, AFTERWORDS, 5124 Grove Street, Minneapolis, MN 55436, USA

DROGENSUCHT, ADOLESZENZ UND TOD

Christine Gäumann

Als Familientherapeutin in der Beratungsstelle für Jugendliche in Winterthur habe ich seit mehreren Jahren täglich Kontakt mit Eltern und ihren drogenabhängigen "Kindern". In den vergangenen Jahren ist es immer schwieriger geworden, die ganze Drogenproblematik transparent zu machen. Hinter der Drogenabhängigkeit, die leider einigen jungen Menschen jährlich das Leben kostet, sei es durch eine Überdosierung oder im Zusammenhang mit Aids etc., zeigen sich unterschiedliche Grundprobleme. Zum Beispiel greift der junge Mensch zu Drogen, weil er mit seinen vielfältigen Lebensproblemen in eine Sackgasse geraten ist, sei es im Schul- und Berufsbereich, sei es in der Auseinandersetzung mit seiner Familie. Auch der Kontakt mit dem andern Geschlecht, die aufkeimende Sexualität lösen neue, ungewohnte Spannungen und Ängste aus. Die eigene Identität ist erst bruchstückhaft entwickelt und oft geprägt von Allmachtsgefühlen, die in tiefe Selbstunsicherheit umschlagen können. Bei der Bewältigung dieser Probleme erweisen sich Drogen als "nützliche Spannungslöser". Wenn zu den Schwierigkeiten mit sich selber nun noch zusätzliche Erschwernisse, wie familiäre Krisen, Krankheit etc. hinzukommen, leiden solche Jugendliche an inneren und äusseren Überforderungen, die sie nicht selten mittels Drogen zu meistern versuchen. Anfänglich erweisen sich leider Drogen auch als nützliche "Tröster". Das ist mit ein Grund, weshalb Drogenmissbraucher/-innen in den Anfangsphasen der Süchtigkeit nur selten den Weg in eine Beratungsstelle wählen. Kaum jemand kann unter diesen Umständen die "rasch wirkende, auf breiter Gefühlsbasis einschlagende wirkungsvolle Hilfe" anbieten. Das Gift und seine Potenz wird für jedermann zum "Konkurrenten".

Erst wenn die Folgen des Suchtverlaufs für die Drogenabhängigen zunehmend zum Problem werden, wird allenfalls Hilfe gesucht und auch schrittweise angenommen. Nicht selten aber resignieren dabei junge Menschen, weil die Intensität und die Fülle der Probleme sie mutlos machen und weil sie auch unter den Folgen der gesellschaftlichen Ächtung so zu leiden haben, dass sie unter Umständen den Tod dem Leben vorziehen.

Als Therapeutin bin ich immer wieder sehr beeindruckt, welche Beziehung Drogenabhängige zum Tode haben. Diese Verbundenheit, die in uns oft auch grosse Angst auslöst, ist gleichzeitig eine Stärke der Drogenabhängigen, nämlich im Sinne einer transzendentalen Bewusstseinsfähigkeit. Wer Drogen konsumiert, der liebäugelt täglich mit dem Tod, sei es nun in mehr oder weniger bewusster oder unbewusster Form.

Was ist nun unter Adoleszenz zu verstehen?

Wir sprechen von Adoleszenz, wenn wir die Lebensspanne eines Menschen zwischen der Pubertät und dem Erwachsenenalter meinen, also die Lebensjahre zwischen etwa 15-25 Jahren. Grenzen nach unten wie nach oben sind selbstverständlich fliessend, denn kein Mensch entspricht irgendeiner Schablone. Übrigens ganz allgemein: Psychologische Begriffe, Einteilungen möchte ich ohnehin nur als Hilfsmittel oder "Landkarten" verstanden wissen, um unserer nicht strukturierten Realität ein Gerüst als Orientierungshilfe zugrunde legen zu können. Aber vergessen wir nicht: Die Landkarte ist nie das Gelände.

Die Adoleszenz ist eine sehr bewegte Lebensphase. Wohl in keiner andern werden wir als ganzheitliche Wesen so intensiv herausgefordert, uns mit vielfältigen inneren und äusseren Wandlungen auseinanderzusetzen, wie in dieser Wachstumszeit.

Ich möchte hier einen anderen psychologischen Begriff für das Wort "wachsen" verwenden, jenen der *Individuation*. In diesem Wort sind sowohl das Substantiv "Individuum" wie auch das Verb "werden" enthalten. Individuum heisst Einzelwesen, Einzelexemplar. Im Wort "werden" ist das Prinzip des Lebens enthalten, denn Leben bedeutet doch unter anderem: erwachen, wahrnehmen, beobachten, fühlen, sich stark fühlen, sich gut fühlen, schmecken, helfen, hören, denken, sich interessieren, gehen, sich anlehnen, fordern, geniessen, leisten, sich spüren etc., andererseits aber auch: kämpfen, ertragen, aushalten, sich überfordert fühlen, sich begrenzt fühlen, sich klein fühlen, leiden, sich ängstigen, sich ärgern, sich machtlos und wehrlos fühlen etc.

Diesen Spannungsbogen, diese Hin- und Hergerissenheit zwischen positiven und negativen Befindlichkeiten aushalten zu lernen ist ständige Lebensaufgabe eines jeden Menschen. Uns allen fällt es dabei oft schwer, damit zurechtzukommen. Je älter und erfahrener wir werden, um so eher besteht die Chance, dass wir uns auf diesen Erfahrungsschatz berufen können, so dass die Spannungen leichter auszuhalten und zu bewältigen sind als in den vorangegangenen Lebensabschnitten.

Je verletzlicher, je sensibler wir von unserer Art her sind, um so intensiver wird uns dieser Spannungsbogen zwischen Freud und Leid zeitlebens zu schaffen machen. Vor allem dann, wenn viel Schmerz, viel Ungewissheit, viel Angst, viel Unverlässliches in jenen Jahren vorgeherrscht haben, in denen unser Instrumentarium noch nicht dermassen entwickelt war, um diese Verletzungen und den damit verbundenen Stress aufzufangen.

Trotz dieser deutlichen Formulierungen möchte ich uns alle daran erinnern, dass die vielfältigen Überforderungssituationen, denen ein Kind, ein Jugendlicher ausgesetzt sein kann, viele

Ursachen hat. Individuelle, familiäre und vor allem auch gesellschaftliche.

Nur allzugern schieben wir dabei die Schuld einseitig den Eltern, vor allem den Müttern zu. Sie haben entweder das Kind zu wenig lange gestillt, zu wenig gestreichelt, zu wenig in den Arm genommen, oder eben zu sehr verwöhnt, zu sehr an sich gebunden, zu sehr begluckert, zu sehr eingeengt.

Abgesehen davon, dass besonders den Frauen, aber auch den Eltern allzugern die volle Verantwortungsschuld am Versagen oder an einem Entwicklungsstillstand eines Jugendlichen zugeschrieben wird, bietet das Leben, bietet unsere Gesellschaft nicht allen Menschen die gleichen Ausgangs- und Umweltbedingungen an, um ihre Aufgaben als Einzelwesen, als Eltern und Mitglieder dieser Gesellschaft erfüllen zu können.

Eine alleinerziehende Mutter erhält zum Beispiel noch heute von der Gesellschaft sehr wenig tatkräftige Unterstützung und Entlastung, um all ihre Aufgaben unter einen Hut bringen zu können.

Oder denken wir an die veränderten gesellschaftlichen Bedingungen, die unsere Entwicklung prägen und wesentlich mitbeeinflussen. Was geschieht etwa innerlich mit all den Kindern, die zur Zeit in Jugoslawien diesem schrecklichen und alltäglichen Morden und Kriegen ausgesetzt sind! Welche Verletzungen werden ihnen zugefügt und zugemutet, die sie ein Leben lang mit sich herumtragen, ohne sie je bewältigen zu können!

Ich habe anfangs den Begriff der Individuation eingeführt und möchte mich noch etwas darüber auslassen, denn *Drogensucht und Individuation in der Adoleszenz* stehen in einer wichtigen *Wechselbeziehung* zueinander. Unter Individuation ist im wesentlichen folgendes zu verstehen:

1. Die Fähigkeit und Bereitschaft, differenzierende innere und äussere Grenzen zu bilden; bezogen auf innere Grenzen betrifft das:

- meine Wahrnehmung;
- meine Wünsche;
- meine Phantasien;
- meine Rechte;
- meine Pflichten.

Bei den beiden letzteren insbesondere auch solche, die sich auf meinen Körper und dessen Bedürfnisse beziehen.
Bezogen auf äussere Grenzen ist gemeint:

- Wahrnehmungen;
- Wünsche;
- Phantasien;
- Rechte und Pflichten,

die ich als mein eigen, mein Eigentum wahrnehme und anerkenne, um sie von den Wahrnehmungen, Wünschen etc. anderer unterscheiden und dadurch auch abgrenzen zu können.

2. Unter Individuation ist sodann die *Fähigkeit und Bereitschaft* gemeint, dass ein Individuum eigene Ziele definieren und durchsetzen kann und diese auch von denjenigen zu unterscheiden vermag, welche die Umgebung vorgibt.
3. Zur Individuation gehört auch die Fähigkeit und Bereitschaft, sich eine weite Spanne von widersprüchlichen, zum Teil schmerzhaften Aspekten seiner selbst (seines "Schattens") zu eigen zu machen und die Spannung des Hin- und Hergerissenseins zu ertragen.
4. Individuation ist auch eng verbunden mit der Fähigkeit und Bereitschaft, für das eigene Verhalten Verantwortung zu übernehmen.

Wir müssen uns jedoch bewusst sein, dass ein Jugendlicher nicht nur als Einzelindividuum betrachtet werden sollte, sondern auch als abhängiges Mitglied seiner Familie. Deshalb möchte ich das Blickfeld in einem nächsten Schritt darauf richten.

Obwohl in unserem hiesigen Kulturkreis die Individuationsaufgaben in erster Linie den Kindern und Heranwachsenden zugeschrieben werden, dass sie sich zum Beispiel mit zunehmendem Alter verselbständigen, sich mehr oder weniger von der Familie lösen, neue Bindungen, neue Formen und Beziehung mit Partnern ausserhalb der Ursprungsfamilie eingehen und zu entwikkeln beginnen. Doch bleibt der Individuationsvorgang nicht nur auf den jungen Menschen bezogen, sondern gilt für alle Mitglieder einer Familie, also für Eltern wie für Kinder. Dabei zeigt sich uns die Familie als ein Gefüge, das sich immer wieder verändern muss, um als Verband Bestand zu haben. Das heisst, nicht nur der Jugendliche muss sich fortschreitend individuieren, sondern die Familie als Ganzes. Die Familienmitglieder werden nicht nur eigenständiger, sondern müssen auch in der Lage sein, ihre Beziehungen zu Personen innerhalb und ausserhalb der Familie in immer neuer und in der Regel komplexerer Weise zu gestalten. In diesen individuellen und familialen Individuationsvorgängen, im besonderen in der Ablösungsphase, entstehen unvermeidlich Konflikte zwischen den Beteiligten. Wichtig ist dabei, dass diese sowohl benannt als auch ausgetragen und beigelegt werden können. Das verlangt, dass die Beziehungspartner einerseits die Möglichkeit haben, unterschiedliche Ziele, Interessen, Sichten und Werte zu formulieren und soweit wie möglich auch durchzusetzen. Andererseits dürfen gegensätzliche Ziele, Interessen, Sichten und Werte nicht dazu führen, dass der zwischenmenschliche familiale Dialog scheitert, sei es in Form von gewalttätigen Auseinandersetzungen oder gar, dass das familiäre Gefüge auseinanderbricht.

Damit dieser Dialog in der Familie gelingt, müssen die Dialogpartner, in unserem Falle Eltern und Heranwachsende, es immer wieder versuchen, ob sich nicht zumindest ein Grundkonsens herstellen lässt und dass sie sich immer wieder auf eine verbindliche Beziehungsübereinkunft zu einigen vermögen.

Gelingt es den Beziehungspartnern in einer Familie, eine von allen Beteiligten akzeptierte Übereinkunft auszuhandeln und sich daran zu halten, kann man eher erwarten, dass sich Konflikte und Ablösungsbewegungen, als ein "liebevoller Kampf", als ein partnerschaftliches Ringen um Festhalten und Loslassen, zum Ausdruck bringen. Doch lässt sich von einem solchen liebevollen Kampf nur dann sprechen, wenn sich mit dem Wunsch nach Selbstbehauptung und dem Recht zur Selbstbehauptung auf beiden Seiten der Wunsch und die Fähigkeit verbinden, sich auf die Sicht und Interessen des Partners einzustimmen und sich so kompromiss- und wandlungsbereit zu zeigen.

Diesen liebevollen Kampf mit zu ermöglichen verlangt gerade von heutigen Eltern viel - nämlich eine immer wieder wechselnde, der Entwicklung des Kindes angepasste Mischung aus Standhaftigkeit auf der einen, Flexibilität und Kompromissbereitschaft auf der anderen Seite.

Meine therapeutische Arbeit zeigt mir immer wieder, dass der erstrebte Konsens, also das Aushandeln einer tragfähigen Beziehungsübereinkunft, die sowohl Voraussetzung als auch Ausdruck einer erfolgreich fortschreitenden Individuation ist, im Rahmen bestimmter Szenarien auch scheitern kann. Ein solches Szenarium wird uns auf der Beratungsstelle für Jugendliche von den Familien Drogenabhängiger häufig geboten.

WAS STERBENDE KINDER DENKEN

Madeleine Leuenberger

Das Begleiten von Langzeitpatienten während ihrer Krankheit und ihres eventuellen Sterbens ist nur ein Teil meiner Arbeit an der Kinderklinik Winterthur.

Ich kann nicht erzählen, wie ich das Begleiten gestalte; denn es gibt kein allgemein gültiges Muster dafür. Die Schwierigkeit ist, dass jeder Patient seine Krankheit individuell erlebt und deshalb einer auf ihn zugeschnittenen Hilfe bedarf. Jede Beziehung beim Begleiten bedeutet eine neue, einmalige und einzigartige Situation, und jede begleitende Person muss dafür ihren eigenen, persönlichen Weg finden. Meine wesentlichsten Erfahrungen verdanke ich unseren Patienten und ihren Eltern, die mir durch ihr Vertrauen Einblick gewährten in ihre Freuden, Hoffnungen, Erwartungen, Ängste und Sorgen.

Die Langzeitpatienten lerne ich in der Regel nach Ausbruch ihrer Krankheit in der Klinik kennen, besuche sie in Umkehrisolation, im Zimmer, oder sie kommen zu mir ins Büro. Später versuchen wir die ambulanten Kontrollen und Behandlungen mit einem stütztherapeutischen Besuch bei mir zu koordinieren, was leider nicht immer möglich ist.

Ich möchte die Geschichte zweier Kinder, die an einer Leukämie erkrankten und die ich während ihrer ganzen Krankheitszeit begleitete, anhand ihrer Zeichnungen und Spielgeschichten nochmals aufrollen. Die Betreuung dieser beiden Kinder und weiterer Patienten liegen alle, aus verschiedenen Gründen, um Jahre zurück.

1. Die Geschichte von Helene

Helene lernte ich als vierjähriges Mädchen kennen, kurz nach ihrer Erkrankung an einer Leukämie; sie starb mit sieben Jahren. Es ging ihr über längere Zeit recht gut, erst nach dem ersten Rezidive erholte sie sich nie mehr ganz. Helene war ein fröhliches, harmonisches und herzliches Kind. Sie war eher wortkarg, konnte sich aber sehr gut im Spielen und Zeichnen ausdrücken.

1.1 Zeichnung: Die schwarz gekleidete Mutter.

Helene zeichnete ihre Familie. Die Mutter wird in einem schwarzen Kleid dargestellt. (Trauerkleidung? Ist die Mutter traurig über den Ausbruch der Krankheit? Oder erstes Zeichen des späteren traurigen Ausgangs?)

1.2 Zeichnung: Gut - böse.

Eine Spezialität von Helene waren Bilder und Geschichten mit Gegensätzen: gut-böse, oben-unten etc.
Unten: *Die Erde*; ein böser Fisch, der ganze Boote verschluckt/ein lieber Goldfisch, eine böse Schlange/ein lieber Vogel, ein böses Krokodil/ein Regenbogen.
Oben: *Der Himmel*; ein Engel und ein böser schwarzer Mann. Weil der Engel so gern Tiere habe (Helene war sehr tierliebend), steigen die Tiere manchmal über die Strickleiter in den Himmel hinauf, um mit dem Engel zu spielen. (Ambivalenzen?)

1.3 Die Geschichte von Krankheit als Strafe und Inaktivität.

Spiel mit dem Sceno-Material: Das kleine Mädchen ist unartig, "böse", macht alles, was verboten ist: leert Milch aus, stupft alle andern von hinten, leert den Nachttopf aus etc. Zur Strafe muss es ins Spital zum Doktor, leidet an einer Blutkrankheit. Es ist auch im Spital "böse". Veranstaltet einen richtigen Sturm, alles fliegt durcheinander, randaliert regelrecht. Plötzlich, ohne Übergang ein Umschwung: Das Mädchen mit Blutvergiftung wird aufs Pelzli gebettet. Alle andern Figuren werden ebenfalls hingelegt, die Menschen in einer Reihe, schliesslich liegen alle, Menschen, Tiere, Pflanzen, alle schlafen. Der Engel wartet am Fenster, um rechtzeitig zu merken, wann der Donner kommt. Am Schluss wirkt alles inaktiv, lahmgelegt. (Krankheit als Strafe)

1.4 Zeichnung: Huhn und Fuchs.

Es ist Nacht, der Fuchs ist auf der Lauer, er will ein Huhn stehlen. Das kleine Huhn ist nicht im Stall. Es kann trotz Flügeln nicht auf den Baum flüchten, weil der Zauberfuchs macht, dass es immer wieder hinunterfällt. Der Bauer wird traurig sein am Morgen; denn es ist sein Lieblingshuhn. Das Huhn schreit, der Bauer hört nichts, er schläft, weil er müde ist von der vielen Arbeit. Er erwacht endlich doch, rennt im langen, weissen Nachthemd hinaus (Arzt?). Er versucht mit einer Rute auf den Fuchs loszugehen. Der Fuchs wird wohl vertrieben, aber nicht besiegt, er zieht sich zurück in seine Höhle und wartet auf eine bessere Gelegenheit. (Gefahr lauert, Diskrepanz zwischen unseren schwachen medizinischen Mitteln, der Rute und der Macht der Krankheit, dem wuchtigen Fuchs.)

1.5 Zeichnung: Der Riese.

Links das Haus des Riesen, in der Mitte der Riese mit Blumen in der Hand, rechts das Bauernhaus. Der Bauer schläft wiederum, weil er müde ist von der vielen Arbeit. Das kleine Huhn ist diesmal im Hühnerhaus, es hat nämlich den Riesen kommen sehen und hat sich rasch verkrochen. Der Riese hat alle Blumen auf der Wiese ausgerissen, nun ist dort alles wüst und kahl. Vielleicht wird er geschimpft werden?

1.6 Die Geschichte der Entenfamilie.

Diese Geschichte spielte Helene mit Sandfiguren auf dem Tisch, unmittelbar vor ihrem ersten Rezidive: Die Entenkinder werden von Füchsen bedroht. Jäger, Soldaten und Polizisten werden aufgeboten und eilen zu Hilfe (Ärzte, Spitalpersonal?). Sie blasen zum Sturmangriff, ziehen aus mit Trompeten und Gewehren und erlegen die Füchse. Sie kehren von der Jagd zurück und legen sich beruhigt schlafen. Es gibt aber keine Ruhe, sie haben nämlich die lauernden Bären übersehen. Zum Glück hören die Soldaten und Jäger im Schlaf die Bären brummen, erwachen und ziehen erneut mit grossem Getöse aus, diesmal auf Bärenjagd, und sie erlegen die Bären.

Helene bettet nun die Entlein auf ein Pelzli, errichtet rundum einen Schutzwall aus Bäumen, Sträuchern und Büschen. Währenddessen schlafen die Jäger und Soldaten am Lagerfeuer beruhigt ein und merken nicht, dass sich die Gefahr noch gesteigert hat; denn nun sind es Tiger und Leoparden, die sich leise anschleichen. Der Schutzwall öffnet sich ganz langsam und leise, wie von selbst, einfach so. Die wilden Tiere fressen die Entlein auf (sich steigernde Gefahr, Schutzwall als Natur, eigene Kraft und Abwehr, die schwindet?).

1.7 Zeichnung: Die schwarze Blume.

Helene malt vergnügt mit Wasserfarben. Es entstehen auf rotem Grund viele Blumen, teils als Blumenkinder mit lachenden Gesichtern. Die Zeichnung liegt fertig auf dem Tisch, wir sind beide am Lavabo beim Waschen der Pinsel und Farbtöpfe. Unvermittelt nimmt Helene einen der gewaschenen Pinsel, geht zurück an den Tisch und malt rasch eine grosse, schwarze Blume aufs Blatt; wortlos kehrt sie zurück ans Lavabo und wäscht weiter Töpfe aus.

1.8 Zeichnung: Die brennende Kirche.

Eine grosse Kirche brennt, also etwas Zentrales im Leben steht in Flammen. Sie wurde von einem bösen Räuber angezündet. Das grosse Problem ist, ob das Kind, das auf der Wiese neben der Kirche Blumen sucht, auch verbrennen wird (wir wussten damals beide keine Antwort).

1.9 Zeichnung: Festvorbereitung im Himmel.

Helene teilt ihr Blatt in oben und unten:

Unten: Ein Kind auf einer Wiese, Blumen pflückend.

Oben: Helene zeichnet schweigend hohe Kerzenleuchter, eine Vase mit Blumen, Päckchen, Spielzeug, einen grossen und einen kleinen gedeckten Tisch.

Auf meine Frage, was das wohl sei, meint Helene ganz erstaunt: "He, siehst du denn nicht, im Himmel bereiten sie doch ein Fest vor, die Kerzen brennen, es hat Blumen und Päckli." Zu meiner Frage, für wen denn, erwidert Helene: "He, dänk für dich und für das Mädchen. Der grosse Tisch mit dem Kaffee in der Tasse ist für dich, der kleine mit der heissen Schockolade für das Mädchen!" (Die wunderschöne Vorstellung vom Himmel als Abschiedsgeschenk an mich?)

Helene und ich nahmen später Abschied voneinander ohne Worte, herzlich und beide im Wissen, dass wir uns nicht mehr sehen würden. Helene starb daheim, im Kreise ihrer Familie.

2. Die Geschichte von Peter

Es war Herbst, als ich den fünfeinhalbjährigen Peter kennenlernte, der an einer akuten myeloischen Leukämie erkrankt war. Er war ein aufgewecktes, sehr lebhaftes Kind. Er wehrte sich mit aller Kraft gegen die Krankheit, mit totaler Rebellion. Er überspielte seine Ängste durch Abwehr, Aggression und Überstelligkeit. Gleichzeitig regredierte er, indem er zur Babysprache zurückkehrte.

Anfangs war er prinzipiell gegen alles, was ich ihm zum Spielen in die Umkehrisolation brachte, so dass ich begann, Märchen zu erzählen, "so für mich", und Peter hörte ebenfalls "so nebenbei" zu.

Im Hinblick auf seinen Austritt nach Hause machten wir uns alle, Eltern und Klinikteam, Sorgen der nun beginnenden ambulanten Behandlung wegen. Ich probierte mit Puppenhauselementen - hier daheim/hier Klinik -, die Gänge zu uns und die Behandlungen durchzuspielen. Zuerst schaute Peter nur zu, nach und nach griff er ein, erst durch Zwischenrufe, dann kam es allmählich zu einem Rollenspiel, er ein Patient - ich die Klinik. Während Tagen spielte er aufs heftigste seine Wut, Rebellion und Angst aus. Die Patientenpuppe rebellierte, riss bei Nacht aus, demolierte Wohnung und Klinik, schlich sich nachts zur Klinik, stieg zum Fenster ein und stahl die verhassten Doktorbücher, in denen steht, welche Behandlung man machen muss, stahl die Instrumente, die man dazu benötigte.

Nach seinem Austritt koordinierten wir die Spitalkontrollen und Behandlungen mit Spielstunden bei mir. Nach Weihnachten erzählte er vom Fest und seinen Geschenken. Erstmals ging er auf meine Anregung zum Zeichnen ein.

2.1 Zeichnung: Vom Weihnachtsfest.

Weihnachtstanne mit zwei Päckchen darunter, blauer Himmel, die Sonne scheint. Beginnt dann am rechten Rand mit schwarzer Farbe den Himmel zu übermalen, stoppt vor der Sonne und fragt, ob die Wolken wohl die Sonne auch zudecken. Gebe ihm die Frage zurück, malt darauf die Sonne und den Rest des Himmels zu. Sage, nun werde man die Lichter am Baum besser sehen. Geht sofort darauf ein, malt auf jede Kerze ein Flämmchen. Sagt zu den beiden Päckli, die gehörten ihm, in einem sei eine Dampflokomotive, im andern ein Teufel. Nun werde er mir eine Überraschung bereiten, nämlich ein Päckli für mich und eines für den Doktor. In allen Päckli sei ein Teufel, in seinem ein Teufel-Kind, in meinem eine Teufel-Mami, in demjenigen des Doktors sitze der alte Teufel.

2.2 Zeichnung: Der grosse Teufel.

Sagt beim nächsten Besuch schon unter der Türe, er wolle sofort wieder einen Teufel zeichnen, aber diesmal einen ganz grossen, den ich an die Wand hängen könne. Sagt zu seinem Bild, das sei der alte Teufel, der schaue lieb drein, wolle mich täuschen, damit ich glaube, er sei ungefährlich.

Peter lebte weiterhin in Rebellion. Während der Stunden bei mir war er aber ruhiger, wollte Märchen hören, vor allem Frau Holle und Dornröschen. Er war dabei relativ ruhig und friedlich, hie und da in seiner ruppigen Art sogar so etwas wie zärtlich. Mitten in dieser Phase wollte er Wasserfarben, um ein Bild zu malen.

2.3 Zeichnung vom Regenbogen.

Peter ging erst unsicher ans Zeichnen, viele Fragen, wie man "das da am Himmel" so mit vielen Farben male und wie es komme, wenn es regne und gleichzeitig die Sonne scheine, welche Farbe zu nehmen sei etc. Schliesslich entsteht ein prächtiger Regenbogen übers ganze Blatt hin, dazu rechts die Sonne und rundum Regentropfen.

Für mich war es damals ein erstes Zeichen eines sich anbahnenden Friedens mit sich und der Welt.

Es folgte noch eine schwierige Zeit mit Aufruhr und schmerzlicher Auflehnung. Ganz zuletzt - Peter starb daheim bei seinen Eltern - wurde er ruhig, liess sich noch von den Eltern liebkosen und zeichnete zuallerletzt folgende zwei Blätter, die mir die Mutter brachte und die seinen Reifungsprozess versinnbildlichen.

2.4 Zeichnung: Apfelernte im April.

Rechts steht ein Haus, aus dem Kamin steigt dicker, schwarzer Rauch. Das Haus scheint leer zu sein, ebenso die Fenster. Daneben, auf der linken Blattseite, steht auf der Wiese - mit wesentlich stärkerem Strich gezeichnet - ein Apfelbaum, behangen mit vielen reifen Äpfeln. Der Baum wird auf der einen Seite gestützt, auf der andern steht die Leiter an ihn gelehnt. Alles ist bereit zur Ernte.

2.5 Zeichnung: Der wartende Gott in den Wolken.

In der Blattmitte steht das Haus mit den leeren Fenstern und dem schwarzen Rauch, an welchem ein Kaminfeger hängt, der weint und dessen Tränen bis auf den Boden tropfen. Links ist ein grüner Bagger, der nun gleich das Haus abreissen werde. In der oberen linken Ecke ist ein Gewirr von Wolken, hinter denen Gott wohne.

3. Die Geschichte von Päuli

Päuli, ein siebenjähriger Bub, war an akuter myeloischer Leukämie erkrankt. Er war ein lieber, stiller, wortkarger, ängstlicher aber zutraulicher Bub. Wir haben oft zusammen Märchen erzählt, seine Favoriten wurden "Dornröschen" und "Frau Holle". Päuli brachte mir bei seinem letzten Spitaleintritt zwei Blätter mit, eines eine Zeichnung von seinem Geburtstag und ein Blatt, auf das er bunte Herbstblätter geklebt hatte. Er legte beide Blätter auf sein Nachttischchen und wartete ab, bis er wieder etwas bei Kräften war für ein feierliches Übergabezeremoniell. Wir wussten beide, ohne Worte, dass es sich um seine Abschiedsgeschenke handelte.

Päuli wollte bis ganz zuletzt sein Geschichtenritual beibehalten, ich musste an seinem Bett sitzen, mit dem gleichen Märchenbuch in Händen wie immer und "Frau Holle" erzählen. Mit abnehmenden Kräften wurde das Märchen immer kürzer, die allerletzten Tage wollte er nur immer wieder das für ihn Wesentliche hören: "Goldmarie steigt in den dunklen Brunnen und erwacht im Sonnenschein auf einer wunderschönen Blumenwiese."

Rituale, die tröstlich sein können
und Kinder bis in den Tod begleiten.

VOM ANDERN UMGANG MIT DEM TOTEN KIND UND SEINEN ELTERN

Iris Ludwig/Madeleine Lehmann-Buri

Als Pflegepädagogin und als betroffene Mutter haben wir uns zusammengetan, um diesen Aufsatz zu erarbeiten. Wir haben bereits etliche Seminare zu diesem Thema geleitet und glauben, dass wir uns mit unseren jeweiligen, je unterschiedlichen Erfahrungen in ganz wichtiger Hinsicht ergänzen.

Theorie versus Praxis (Iris Ludwig)

Anfänglich hatten wir die Idee, viele neuere Erkenntnisse zum Thema weiterzuvermitteln. So haben wir uns in unserer lange währenden, gemeinsamen Arbeit ebenso mit den "objektiven" Daten, also mit Statistiken und Forschungsergebnissen, als auch mit transkulturellen Aspekten auseinandergesetzt. Unter anderem widmen wir diesen Themen im Klinikum Steglitz in Berlin jedes Jahr ein Seminar für Pflegende und Ärzte. Es wurde uns allerdings bald klar, dass es bedeutsam wäre, die Fülle des Gehörten und Erlebten methodisch zu verarbeiten. Wir sehen *vier* Aspekte:

1. Die Unsicherheit von Berufsangehörigen und Eltern darüber, was genau mit dem toten Körper passiert;
2. Die Unwissenheit darüber, was mit der Muttermilch zu geschehen hat;
3. Die Angst der Eltern, das tote Kind nochmals zu berühren;
4. Die interdisziplinäre Zusammenarbeit in der Kinderklinik Winterthur beim Sterben eines Kindes und im Umgang mit dem toten Kind.

Ausgangspunkt unserer Gedanken stellen zwei kurze Ausschnitte aus dem Film "Ein Kind stirbt" dar. Die erste Sequenz zeigt eine Pflegende, die einen behutsamen und liebevollen Umgang mit einem toten Baby pflegt - ganz, als sei es noch lebendig.

Eine erste Diskussionsrunde gilt der Frage, wie Angehörige und Pflegende diesen Vorgang in ihrem Alltag erleben. Vielerorts schien es dort, wo es sich um Babies handelte, einfacher zu sein, mit dem Tod liebevoll umzugehen. Viele Pflegende machen aber auch ihr Unvermögen deutlich, sich längere Zeit mit einem toten Kind zu beschäftigen. Einige von ihnen haben mit ihm gar nichts mehr zu tun.

Die zweite kurze Sequenz des Filmes zeigt einen eindrücklichen Kontakt der Geschwister mit dem verstorbenen Kind und der Mutter. Begleitet sind sie in dieser Szene von einem Kinderarzt und einer Pflegenden. Hier wird mit Cosmo, dem toten Kind, gesprochen. Die Geschwister stellen Fragen, zeigen Trauer und Wut und halten das Kind in ihren Armen. Unsere Frage lautet, ob ein solcher Umgang mit den Angehörigen eines toten Kindes in der eigenen Arbeitssituation vorstellbar ist.

Ich erlebte zwei Mütter, die ihren jugendlichen Sohn verloren hatten. Das Spital war der Ort des endgültigen Abschieds. Beide Mütter beklagten ihr Unvermögen und ihre damalige Unsicherheit, mit dem toten Jungen nochmals zu kommunizieren, ihn zu streicheln, ihm Liebes zu sagen. Ganz entschieden vermissten sie dabei jemanden, der sie dazu aufgefordert und dabei begleitet hätte. Im Austausch mit Pflegenden konnte viel Verständnis für die jeweilige Situation gezeigt werden. Beide Mütter hätten für ihre Trauerarbeit diesen letzten Kontakt mit ihrem Kind aber dringend nötig gehabt. Die Pflegenden erwähnten nebst dem Zeitfaktor vor allem die mangelnde Ausbildung für eine solche begleitende Arbeit.

Für meine künftige Tätigkeit in der pflegerischen Fort- und Weiterbildung hatte ich einmal mehr einen wichtigen Auftrag entgegennehmen können, wobei mir klar ist, wie anspruchsvoll die Erweiterung unserer Pflegetätigkeit auf eine solche Betreuungsfunktion ist und wie sehr sie vom Vermögen abhängt, sich mit der eigenen Endlichkeit auseinanderzusetzen. Pflege hat sich jahrzehntelang vor allem mit Verrichtungen und Techniken auseinandergesetzt; mir will scheinen, dass mit den neuen Ausbildungsbestimmungen des SRK (Schweizerischen Roten Kreuzes) eine Weiche gestellt wurde, die solche Pflegeinhalte wie die Begleitung und Unterstützung von Angehörigen, aber auch den pfleglichen Umgang mit Toten legitimiert - ja sogar deutlich fordert.

Mein Erleben mit Joachim: Ich erinnere mich
(Madeleine Lehmann-Buri)

Eben hatte ich ein Gespräch mit dem Arzt unseres vier Tage alten Sohnes. Es geht ihm nicht gut. Wenn sich sein Zustand nicht bessert, wird er es nicht schaffen. Ich höre dieses "Wenn". Beinhaltet dieses "Wenn" nicht auch die Möglichkeit, dass er es doch noch schaffen könnte?

Mein Kopf denkt, mein Herz weiss...
Ich suche jemanden, der mich zu meinem Kind bringen kann. Mein Mann ist bereits auf dem Weg zu ihm. Kurze Zeit später sein Anruf: "Er konnte nicht mehr, er war zu müde... Es ist zu Ende, ich bin allein." - "Ich komme..." sage ich. Meine Freundin

holt mich ab, bringt mich in die Kinderklinik. Thomas, mein Mann, wartet auf mich, auch er ist allein. Endlos dünkt ihn die Zeit, bis ich da bin. Meine Freundin lässt uns allein. Wir waschen uns die Hände, ziehen Überschürzen an, genau wie die Vorschriften lauten, wenn man die Neonatologie betreten will. Mein Mann weiss, wo Joachim liegt. In einem leeren Raum - ist es ein Büro, eine Abstellkammer? Eine Isolette steht da und darin unser Joachim. Neben ihm ein kleiner Blumenstrauss. Ich bin der unbekannten Person dankbar, welche die Blumen zu Joachim gelegt hat. Ich schaue, tränenleer. Mein Mann öffnet die Isolette, legt mir Joachim in die Arme. Zum ersten Mal halte ich unser Kind...

Allein hätte ich es nicht gewagt, den Kasten zu öffnen, mein Kind herauszuheben. Ich bin froh, dass Thomas, der Arzt ist, das einfach so selbstverständlich tun kann. Lange sitzen wir, weinen, sprechen mit dem winzigen Jungen. Der Arzt schaut herein, nur kurz. Wir legen unser Kind zurück in seinen Kasten, mein Mann gibt ihm die Blumen in die kleinen Hände. Er erklärt mir, dass wir, wenn wir die Einwilligung zu einer Obduktion gäben, auf Grab und Asche zu verzichten hätten. Joachim würde dann vom Spital "beerdigt". Wie und wo? - Ich weiss es bis heute nicht...

Ich sage "Ja", wage nicht zu fragen, glaube froh zu sein, keine Beerdigung durchhalten, nicht neugierigen Blicken ausgesetzt sein zu müssen. Wir verlassen die Abteilung. Unten in der Halle hasten Menschen vorbei - niemand weiss, dass heute mein Kind gestorben ist. Ich bin unsäglich allein. Ich warte auf meinen Mann, der etwas unterschreiben muss. Jemand sagt, ich solle mich doch setzen.

Allein!
Endgültig!
Nie mehr - kann ich Joachim sehen!
Vorbei!

Wir fahren zu unseren grossen lebendigen Buben und dann zurück in meine Klinik, wo man sich schon Sorgen macht über meinen Verbleib.

Erinnerungen!

Ich *war* einfach damals, ich wusste es nicht anders. Ich wusste nicht, ob Thomas mit Joachim hätte zu mir kommen dürfen. Ich wusste nicht, was nachher mit Joachim geschah und ob ich ihn vielleicht doch noch einmal hätte sehen können. Ich wusste nicht, dass es mir gutgetan hätte, wenn jemand mit uns gekommen wäre, zum toten Joachim. Wenn wir so mit jemandem hätten gemeinsame Erinnerungen austauschen können. Ich wusste nicht, dass eine Beerdigung ein wichtiges, heilsames Ritual ist und dass mir das Grab fehlen würde. Von meinem Arzt bekam ich ein Rezept für ein Abstillmedikament - ich habe es noch heute, unbenutzt... Das langsame natürliche Abstillen war für mich eine wichtige Trauerarbeit. Ich tat sie alleine - wie gerne hätte ich mit jemandem darüber gesprochen!

Dies ist jetzt viele Jahre her.

Ich weiss jetzt, dass es auch hätte anders sein können. Und ich weiss, wie wichtig das Sprechen über diese Dinge ist. Ich muss weitersagen, was mir gutgetan hätte. Für die Menschen rund um trauernde Eltern herum braucht es Mut, sich anders zu verhalten. Sie müssen hören und spüren, dass es richtig ist, Begegnungen zu wagen, auch wenn diese Begegnungen weh tun, auf beiden Seiten!

- Gehen Sie auf trauernde Eltern zu, seien Sie da!
- Lassen Sie sie nicht allein.
- Helfen Sie ihnen, Erinnerungen an das Kind zu finden.
- Sagen Sie den Eltern, dass sie ihrem Kind eigene Kleider anziehen dürfen - auch für das Neugeborene liegen eigene Kleidchen bereit.

- Lassen Sie den Eltern viel Zeit mit ihrem Kind; sagen Sie ihnen, dass das wichtig ist.
- Ermöglichen Sie ihnen wiederzukommen.
- Lassen Sie die Eltern erzählen.
- Hören Sie ihnen zu.
- Sprechen Sie mit den Eltern von ihrem Kind und davon, was mit ihm geschehen wird.
- Zeigen Sie ihnen aber auch, wie es Ihnen geht dabei.
- Lassen Sie soviel Nähe zu, wie für Sie im Moment drinliegt. Nehmen Sie sich Zeit zu spüren, ob Sie Nähe zulassen können oder ob Sie Distanz brauchen - aber laufen Sie nicht davon.
- Versuchen Sie in Ihrem Arbeitsteam gemeinsame Gespräche oder Weiterbildungen zu diesem Thema anzuregen. Hören Sie sich gegenseitig zu. Erarbeiten Sie eine Wegleitung.

Sie werden erleben, wieviel gegenseitiges Tragen in schwierigen Situationen dadurch möglich sein wird.

Wenn all das möglich ist, dann ist auch ein anderer Umgang mit dem toten Kind und seinen Eltern möglich!

DER UNVERMEIDLICHE TOD FORDERT SEIN GASTRECHT IM HAUS

Josef Duss-von Werdt

Einleitend möchte ich ein paar eher philosophische Gedanken aussprechen, die noch nicht direkt zum Sterben und Tod von Kindern führen, sondern eher deren äussern Rahmen bilden.

Ich zitiere aus der Deutschen Kinderchronik von Katharina Rutschky:

> "Meine Mutter ward nach meinem Bruder Gotthard noch einmal von einem toten Sohn entbunden. Beschäftigt mit der Kranken, hatte man den kleinen Toten (es tat mir damals sehr leid, dass er so ohne Vornamen geblieben war, und ich hätte ihm gern einen von den meinigen abgegeben) in meine Stube gelegt und erst abends wieder an ihn gedacht, wo man ihn wegnehmen wollte, um mich nicht im Schlafe zu beunruhigen; allein, man fand mich nicht nur sehr ruhig bei ihm stehen, sondern ich bat auch, ihn diese Nacht dazulassen. Ich wüsste nicht, sagte ich, ob es mir nicht über ein Kleines, meine zwei Vornamen ungeachtet, ebenso ginge; ich wolle bei der Leiche einige Sterbensbetrachtungen anstellen und sodann ein Totenfest feiern, nämlich schlafen gehn. Hierauf hielt ich dem kleinen Toten auf eigne Hand eine Standrede, erbaute mich und feierte seinen Tod durch

einen sanften Schlaf. Diese Umstände fielen meinem Vater und dem ganzen Haus ausserordentlich auf, obgleich ich es auf dies Ausserordentliche nicht im mindesten angelegt hatte, sondern alles bei mir die liebe Natur war, die oft besonders bei nicht gemeinen Kindern etwas hervorbringt, was ausserordentlich scheint, und worüber sich Alte kreuzen und segnen." [1]

Das Ausserordentliche an diesem Text für uns Heutige ist die wirklich naive Selbstverständlichkeit, mit der hier ein Kind mit dem "Anlass einer Kinderleiche", wie es im Text heisst, umgeht. Der Tod gehört zu seiner Familie und zur Verwandtschaft, wie Brüder, Onkeln und Tanten. Zu der Zeit hiess er denn auch "Gevatter Tod". In seinem Büchlein "Wanderung" nannte ihn Hermann Hesse viel später ebenfalls noch vertraulich "Bruder" und gar "Geliebter". Täten das heute viele so, würden sie als nekrophil und "tötelig" gelten. Das Spiel mit dem Leben ist zwar zum Volkssport geworden, aber sterben tun ohnehin immer nur die andern.

Die von ihren Wurzeln abgeschnittene Familie

Heute haben Sterben und Tod nicht mehr den gleichen Platz in unseren Familien wie für den Autor aus Gerdauen. Es wird in der Familie in der Regel weder gestorben noch geboren, obwohl sie grundsätzlich immer noch als Ort gilt und dieser Ort auch ist, an dem die Gesellschaft sich regeneriert, fortpflanzt, wie in die Sprache der Botanik verkleidet gesagt wird. Dem geltenden Leitbild entsprechend, hat die Familie neues Leben zu vermitteln, aber auch erloschenes zu verabschieden. Viele Beerdigungen finden "im engsten Familienkreise" statt. Die Sterbewirklichkeit jedoch ereignet sich nur in den seltensten Ausnahmen im Kreise der Familie. Die Grundvorgänge des Werdens und Vergehens des Menschen werden in den Familien nicht mehr anschaulich gemacht und erlebbar. Geburt und Sterben sind ausgelagert und an Spezial-Institutionen delegiert. Zur Welt gekommene Kinder holt man in der Regel im Spital ab, auf den Tod zugehende Menschen bringt man dorthin. Von den ersten weiss mindestens ein Kind nicht so recht, woher sie kommen. Bei den zweiten fragen sich mehr oder weniger alle, wohin sie gehen. Die Familie ist wie von den eigenen Wurzeln abgeschnitten und hängt zwischen zwei Enden gleichsam in der Luft. Viele von uns werden ziemlich alt, bis sie das erste Mal einen Menschen sterben sehen. Bei der langen Lebenserwartung kann man bereits im Ruhestand sein und seine Eltern auf den Tod hin pflegen, und erst dann erstmals mit dem Ereignis Tod direkt konfrontiert sein. Die ausserhalb der Familie verwalteten Vorgänge von Geburt und Tod schneiden die Anfänge und Enden ihres Lebenszyklus ab. Familien entwickeln deshalb auch keine aus Erfahrung erworbene Kompetenz, wie sie mit dem zwar nicht Selbstverständlichen, aber trotzdem Allgemeinen umgehen könnten, dass wir ausnahmslos sterblich sind. Wie für alles, gibt es auch für das Sterben Experten. Das Sterben wird zu einer Spezialität mit einer eigenen Sprache und besonderen Methoden. Man redet z.B. von "Thanatologie", eher böswillig auch von "Thanatokratie", ebenso wie im Zusammenhang mit dem werdenden Leben von "Fortpflanzungstechnologie". Zugegeben, es gibt medizinische, hygienische, prophylaktische Gründe für all das, die ein Gewinn sind. Aber der damit verbundene Verlust an Lebens- und Todesnähe sollte nicht übersehen werden.

Todesferne als Ergebnis kollektiver Todesverdrängung ist eine Kennmarke gegenwärtiger Zivilisation. Zwar wird wieder mehr über Tod und Sterben geredet, geschrieben und gesagt. Es gibt Theorien darüber, wie man "richtig" stirbt und in der rechten Reihenfolge der Phasen trauert, also fachgemässe "Trauerarbeit" leistet, ein Ausdruck aus dem Vokabular einer spezialisierten arbeits- und leistungsorientierten Gesellschaft. Das damit Gemeinte hat sein Gutes, mindestens insofern, als es der Verdrängung des Todes entgegenwirken kann. Trotzdem kann es einen nachdenklich machen darüber, wieso es Spezialisten braucht für etwas, das ohne Unterschiede alle trifft.

Leben und Sterben sind nicht ein und dasselbe, aber eines

Im schwierigen Umgang mit Tod und Sterben kommt zum Ausdruck, dass die innere Verbindung von Leben und Sterben zu einer Ganzheit nicht selbstverständlich ist, dass wir im Rhythmus von Werden und Vergehen aus dem Takt gefallen sind und Todesferne paradoxerweise auch *Lebensferne* bedeuten kann. Denn wie lässt Khalil Gibran seinen "Propheten" sagen?

> "Ihr möchtet wissen um das Geheimnis des Todes. Doch wie solltet ihr es entdecken, so ihr nicht danach forschet im Herzen des Lebens?... Denn Leben und Tod sind eins, so wie Fluss und Meer eins sind."

Eine oder keine Zeit zum Sterben?

Zur Zeit, als der eingangs zitierte Text geschrieben wurde, war der Tod in allen Lebensaltern gegenwärtig. Dass Kinder jeden Alters ebenso starben wie Alte, daran waren alle gewöhnt. Tödliche Epidemien, Kriege und Hungersnöte gingen um. Das kommt auch in einem etwas späteren Text zum Vorschein, den ich der gleichen Kinderchronik entnehme. Ein Magdeburger erinnert sich 1812 an kindliche Erlebnisse:

> "An Leichen und Särge waren wir Kinder gewöhnt, denn in einer solchen Vorstadt nimmt man an allen Vorkommnissen in den Familien des Gemeinwesens regen Anteil. Die Leichen wurden mit Gepränge ausgestellt, besonders die von Kindern und Jungfrauen. Wenn wir irgend konnten, liefen wir hin, die 'schöne Leiche' zu sehen. Jedes Leichenbegräbnis

war für uns ein Fest, das uns sehr fröhlich stimmte, weil es dabei oft viel zu schauen und zu hören gab. Eines Mittwochs früh, als ich in der Schule eben meinen Spruch aufsagen sollte, klopfte es an der Schulstubentür. Der Schulmeister ward herausgerufen, kam aber sogleich wieder herein und rief mich und meine Schwester, dass wir nach Hause kommen sollten, weil soeben der Grossvater gestorben war. Wir eilten hinüber und kamen dazu, wie man ihm ein weisses Tuch um den Kopf band, die Kinnladen zu schliessen... Die Mutter war vor Schmerz ausser sich. Wir Kinder weinten auch, jedoch mischte sich in unser Gefühl mehr Aufregung von dem Ausserordentlichen unseres nunmehrigen häuslichen Zustands. Wir hatten nun selbst eine Leiche im Hause. Es war bei uns etwas 'los'. Bei dem Begräbnis blieb die sehr gebeugte Mutter mit meiner Schwester zuhause, und nur ich wurde in einer Kutsche mitgenommen." [2]

In früheren Zeiten war die Säuglingssterblichkeit, also der Tod im ersten Lebensjahr, sehr hoch. Sie betrug in gewissen Gegenden bis zu 50%. Die Familien waren nicht, wie eine verbreitete Legende es haben möchte, kinderreicher, sondern geburtenreicher. Aber auch in anderen Lebensaltern schien der Tod allgegenwärtig, und die Lebenserwartung war allgemein geringer. In besonders schlimmen Zeiten galt Sterben mehr als Leben. So schrieb mitten im Dreissigjährigen Krieg der Hofjunker und Arzt Paul Fleming sein Gedicht "Über eine Leiche", worin er angesichts der unsäglichen Qualen des Lebens den Tod von Jugendlichen preist:

"Wer jung stirbt, der stirbt wol.
Wen Gott zu lieben pflegt, der wird in seiner Blüt' in frischen Sand gelegt.
Der Tod hält gleiches Recht.

Wer hunderjährig stirbet, verweset ja sobald,
als der, so jung verdirbet,
und besser stirbt als er." [3]

Zur Zeit leben wir sicherer und länger. Mindestens sind wir sicherer vor Pest und Seuchen und vor Krieg. Das kann sich wieder ändern. Andere Unsicherheiten kennen wir zuhauf: in den Städten, im Verkehr, wirtschaftlich, und einige von ihnen sind auch lebensbedrohend, für Kinder und Erwachsene. Trotzdem: Die Zeit zum Sterben, wenn es denn schon mehr übel als wohl sein muss, wird im allgemeinen Bewusstsein mit dem hohen Alter verbunden. Da gehört er zur Hinfälligkeit des Alters. Jeder frühere Tod hingegen ist ein vorzeitiger, das heisst unzeitiger. Wenig lebensbedrohende Nöte des Hungers, des Krieges, seuchenhafter Krankheiten, mehr und bessere Ernährung, Gesundheitsvorsorge und Krankenpflege sind wirkliche Wohltaten, die einer Mehrheit ein längeres Leben ermöglichen. Schon deswegen liegt die Todesferne uns näher als die Todesnähe. Gar sinnlos erscheint der Tod jener, welche das Leben erst vor sich haben, wobei mit Selbstverständlichkeit vorausgesetzt wird, dass nur ein langes Leben ein erfülltes sein kann. Der Tod darf gar nicht zu jeder Zeit seine Zeit haben. Es passt nicht zu unseren Vorstellungen des Lebens.

Der Tod passt auch nicht zu unserer Einstellung zum Kind

Wenn ein Kind stirbt, hängen Art und Intensität des elterlichen Verlusterlebnisse von vielen Dingen ab: von Alter, Geschlecht, Kinderzahl, Kinderwunsch, Einstellungen zum Kind, Bedeutung des Kindes. Als die Kindersterblichkeit ganz allgemein hoch war, hatte der Tod eines Kindes nichts Aussergewöhnliches an sich. Wie wir aus verschiedenen Chroniken wissen, wurden die Kinder, wie es in der Unter- und Mittelschicht vielfach die Regel war, auswärts von Ammen versorgt und starben dort. Zuhause wurde das oft eher nebenbei zur Kenntnis genommen. Der Kindertod war so verbreitet, dass er etwas Gewöhnliches an sich hatte. Noch vor rund 120 Jahren starben in der Schweiz von 100 Lebendgeborenen durchschnittlich 25 im ersten Lebensjahr. Heute stirbt in der gleichen Zeit noch knapp eines auf 100. Wir können also damit rechnen, dass die Zahl der lebendgeborenen und der weiterlebenden Kinder beinahe identisch ist. Es werden zwar weniger geboren als in früheren Generationen, dafür überleben praktisch alle mindestens die ersten Jahre. Mit der grossen Kindersterblichkeit haben sich die Menschen natürlich auch auseinandergesetzt. Das kommt zum Beispiel in Sätzen zum Ausdruck wie: "Der Herr hat's gegeben, der Herr hat's genommen. Der Name des Herrn sei gepriesen".

Daraus spricht eine Ergebenheit in einen Höheren Willen, gegen den man nicht revoltiert und nicht mit Gott und der Welt hadert. So gehört es eben zum Gang der Welt, dass Kinder kommen und Kinder gehen, nicht erst Erwachsene. Auch der Tod hat etwas von einem Naturereignis, in das der Mensch nicht eingreift, ja nicht eingreifen darf. [4]

Die Bedeutung des Kindes und die Einstellungen zu ihm haben sich im Verlauf des Jahrhunderts gewandelt. Das Kind bekam zunehmend einen Wert für sich, und Kindheit wurde zu einer in sich gültigen Lebensphase. Das hängt auch damit zusammen, dass durch die Industrialisierung die Familie zu einer Intimgruppe schmolz, die sie früher nicht war. Es kommt nun die Rede auf vom "Familiensinn", von "Kindesliebe" und "Mutterliebe". Mit den neuen und sicheren Möglichkeiten der Geburtenkontrolle kam es schliesslich nach dem blossen Kinderkriegen zum Kindermachen. Der Weg führte vom Zufall zum Kalkül. [5]

Kinder können geplant werden, auch wenn dabei die Natur oft überlistet werden muss. Unfruchtbarkeit gilt als Krankheit und nicht einfach als gegebene Abweichung. Es werden mehr Rechte auf ein Kind postuliert als Rechte des Kindes beachtet. Es gibt erwünschte und unerwünschte Kinder. Wer sich das Verdienst zuschreibt, sein Kind selber "gemacht" zu haben, wertet es auch anders, als wär's ein Stück von ihm. Sie und er werden wahrscheinlich dessen Tod dann auch anders beurteilen und erleben, als wenn er oder sie oder beide von seiner Ankunft überrascht wurden. Es tut stärker weh, wenn ein erwünschtes und "selbstgemachtes" Kind wieder aus dem Leben scheidet. Statt Ergebung ist dann Auflehnung naheliegender.

Es kränkt aber auch mehr. Man ist persönlich verletzt, vielleicht sogar beleidigt. Kinder sind für uns Heutige im allgemeinen keine Altersversorgung mehr, auch setzen wir sie nicht zum vornherein in Ämter und Pflichten ein, um etwa den Familienbetrieb zu erhalten, unser Werk oder den Namen fortzuführen. Die Beziehung zum Kind ist weniger funktional und persönlicher, personalisierter geworden. Das heisst aber nicht, dass wir vom Kind für uns persönlich nichts mehr erwarten, und sei es auch nur, es müsse es einmal besser haben als wir. Stirbt es, verlieren wir es zweimal: einmal in seinem Sein und ein andermal als Träger unserer Wünsche, Pläne, Sehnsüchte. Psychologen und Soziologen (vgl. Jean Kellerhals: "Mariage au quotidien") sprechen von einer "narzisstischen Besetzung der Kinder durch ihre Eltern", was im Klartext heisst, Kinder seien auch heute noch in starkem Masse für die Eltern da und nicht immer umgekehrt. Wenn und wo das so ist, muss der Tod des Kindes entweder die Wut der Eltern auf sich ziehen oder sie in Abgründe stürzen, weil er sie kränkt und in ihrem Selbstwert verletzt. Sicher ist das nicht die einzige Komponente, die ihren Schmerz auslöst oder gar erklärt, aber doch ein Faktor, der nicht einfach übersehen werden sollte. Einstellungen zum Kind sind sozialpsychologische Gegebenheiten und Beziehungsrealitäten mit einer sehr grossen Vielfalt. Sie können mehr oder weniger rational ausgemacht werden. Was aber mit dem Verlust eines Kindes sonst noch ausgelöst werden kann, ist verstandesmässig nicht fassbar. Es hat körperliche, seelisch-emotionale und geistige Dimensionen, die beim konkreten Ereignis zutiefst erlebt werden, aber oft genug der Sprache entzogen bleiben und deshalb die Betroffenen so einsam sein lassen. Deswegen ist es mir klar, dass das hier Gesagte nicht unbedingt die Erfahrung nach sich zieht, verstanden zu werden und zu sein.

Etwas Kränkendes hat und hatte der Tod allemal. Er konfrontiert uns unausweichlich mit der eigenen Endlichkeit, die mit unserer Geburtlichkeit gegeben ist. Günter Anders meint in seinem Werk "Der antiquierte Mensch", nichts sei für uns so unverdaulich wie die Tatsache, geboren zu sein.

Wenn technokratische Sinngebungen auch auf Zeugung und Geburt übertragen werden, entpuppt sich darin eine bestimmte Einstellung zum Leben, und diese kann nicht ohne Folgen bleiben für die Einstellung zum Ausgang des Lebens, zum Tod. Der Ausdruck vom Kindermachen verrät eine beliebige Macher-Mentalität, welche die Grundrealität der Lebens-Weitergabe zudeckt und verleugnet. Denn genau besehen, beginnt Leben nicht mit der Zeugung. Diese schafft nicht aus dem Nichts. Weil das Leben immer schon da ist, wird es durch die Zeugung in einer neuen menschlichen Individualität verdichtet. Das Leben selber macht uns und nicht wir das Leben. Zeugen heisst, sich dem Leben zur Verfügung stellen, ohne von Grund auf darüber verfügen zu können.

Solche Gedanken mögen meinetwegen antiquiert erscheinen angesichts dessen, was uns als Fortpflanzungstechnologie und diesbezüglicher Fortschritt angeboten wird. Aber der Tod stellt uns vor Grundtatsachen des Lebens und ist eine je sich neu ergebende Einladung, sich auf diese zu besinnen.

Die Einstellung zum Kind und erst recht jene zu seinem Tod führen uns auf die tieferliegende Frage nach unserer Einstellung zum Leben. Diese läuft aber auf die Frage nach Sterben und Tod hinaus. Sie erinnern sich an die Worte aus dem "Propheten" von Khalil Gibran.

Lassen Sie es mich noch einmal pointierter formulieren: Die

eigentliche Todesursache ist die Geburt. Mit ihr nimmt die Endlichkeit eines irdischen Wegstückes seinen Anfang, und jeder Anfang bedingt ein Ende. Es ist ein relativer Anfang innerhalb eines umfassenden Ganzen, das immer schon da ist. Ein absoluter Anfang entzieht sich unserem sicheren Wissen. Beide, Geburt und Tod, kosten das Leben: Beide sind mit dem Leben zu bezahlen. Sie sind der Preis des Lebens. Und ihr Preis ist wieder das Leben. Nochmals Gibran: "So ihr wahrhaftig den Geist des Todes erschauen wollet, öffnet weit euer Herz dem Leibe des Lebens".

Der Kindertod in der Vertikale der Generationen

Nochmals zurück zum Erleben eines kindlichen Todes. Er wird - wir können es mindestens ahnen - vom Kind anders erlebt als von Erwachsenen. Wie, wissen wir nicht genau.

Es macht für Angehörige in der Regel viel aus, ob der Tod in der vertikalen oder der horizontalen Generationenachse eintritt. Mit vertikal, die Generationenkette auf- und absteigend, meine ich, ob es um das Sterben von Eltern oder Kindern geht. Mit horizontal, ob innerhalb der gleichen Generation zum Beispiel Geschwister oder Partner sterben.

Jetzt habe ich es mit der vertikalen Generationenabfolge zu tun. Stirbt ein Kind, so ist es für uns, als ob die richtige Reihenfolge nicht eingehalten worden wäre. "Wieso unsere Tochter und nicht ich?" Mit solch einer Frage tauchen vielleicht andere auf, wie jene nach der Gerechtigkeit, verbunden mit Zuteilung von Verantwortung und Schuld. "Wieso trifft es mich?" "Ist es denn gerecht, dass Jüngere gehen müssen, Ältere, denen es vielleicht sehr schlecht geht, bleiben können?" "Wer hat etwas falsch gemacht? Ich? Wir? Die Ärzte?" "Hätten wir, sie oder auch einfach nur 'man' es anders machen können?" "Wurde wirklich alles getan?"

Sind mehrere Kinder da, wirkt sich der Tod eines von ihnen

auf die Beziehungen aller untereinander aus. Das ganze Beziehungsnetz muss sich neu ordnen, das Rollengefüge neu konstruieren, die Loyalitäten sind anders zu verteilen. Vielleicht war das verstorbene Kind lange krank und forderte die Zuwendung der ganzen Familie, die sich gleichsam um seine Krankheit herum organisierte. Das hielt sie vielleicht sogar zusammen. Mit dem Tod entfällt nun der Grund dieses Zusammenhalts. Bisher gebundene zentrifugale Kräfte werden freigesetzt, Sprengkraft kommt auf, was die Beziehungen untereinander ebenso strapazieren wie die Familie als Ganzes gefährden kann. Eifersüchte, unerfüllte Bedürfnisse, angestaute Aggressivität und Rivalität, liegengelassene Konflikte können aufbrechen.

Im Nachgang zum Tod wird vielleicht ein anderes Kind gleichsam in die Fussstapfen des verstorbenen gestellt. Die Veränderung der Familie soll aufgehalten oder vermieden werden. Die Eltern entschliessen sich deshalb unter Umständen dazu, nochmals ein Kind zu haben, welches die entstandene Lücke schliessen, sozusagen die Lücke "büssen" soll. Dann werden die Startbedingungen für das neue Kind wahrscheinlich ziemlich schwierig. Kann es *sich* sein oder muss es nur ein anderes ersetzen, darf und kann also nicht sich sein? Mit welchen Erwartungen, die bereits in das verstorbene Geschwister gesetzt worden waren, wird es jetzt besetzt? Sind noch andere Kinder da, wird das bisher jüngste Kind von einem Neuankömmling aus dieser Position verdrängt, was den beiden vielleicht lange sehr zu schaffen machen kann. Was immer auch jetzt geschieht, es ist in irgendeiner Form eine Auseinandersetzung mit dem Tod, aber nicht unbedingt mit der Trauer.

Bevor ich auf Trauerprozesse in der Familie zu sprechen komme, sei kurz noch etwas gesagt über dem Tod vorausgehende familiäre Sterbeprozesse.

Familiäre Sterbeprozesse

Die Unterscheidung zwischen Sterben und Tod scheint banal, ist aber wichtig. Sterben ist eine Art zu leben, der Tod ist das Ende, auf diese Art zu leben.

Das Sterben eines Kindes kann kurz und plötzlich, unerwartet oder erwartet, lang, friedlich oder qualvoll und schrecklich sein. Jedesmal ist es für die Angehörigen etwas anderes. Auch ein erwarteter Tod kann uns unvorbereitet treffen, wenn er dann schliesslich eintritt. In der Sterbephase widerstreiten sich Loslassen und Festhalten, Verzweiflung und Hoffnung, Widerstand und Ergebung. Hat ein Kind schon loslassen können, während die Seinen noch mit allen Fasern festhalten? Hat das Kind schon einen lichtvollen Ausblick, während seine Angehörigen immer noch im aussichtslosen Tunnel ihrer selbst gefangen sind? Gibt es für das Kind die feste Überzeugung, nur eine Schwelle zu überschreiten, weigern sich diesseits die Menschen, ein solches Jenseits gelten zu lassen? Selber habe ich nie den Tod eines Kindes in der eigenen Familie oder der näheren Umgebung erlebt. In der eigenen Familie starben zwar vor meiner Geburt zwei Mädchen, eines während und das andere gleich nach der Geburt. Aus den Erzählungen meiner Mutter entnahm ich noch lange, fast bis zur Zeit, in der sie sich auf ihr eigenes Sterben ganz aktiv einstellte, die Spannung von Auflehnung und Ergebung wie von zwei Seiten des Gleichen. Aus Erfahrungen mit sterbenden Erwachsenen hingegen ist es mir vertraut, dass es so etwas wie ein Mitsterben gibt, ein Gehenlassen, ein Einschwingen in die Richtung des sterbenden Lebens. Damit beginnt die Trauer bereits vor dem eingetretenen Tod. Ich könnte von einem koevolutiven Prozess des Sterbens innerhalb der Familie reden. Oder vom Sterben als einer bestimmten Form der Interaktion innerhalb der Familie, die mit Abgrenzung, Loslassen, Geltenlassen zu tun hat.

Es gibt viele Gründe gegen die Hausgeburt, allgemein und

im einzelnen. Aber es gibt auch Gründe dafür, die nicht einfach in die Esoterik führen oder als Marotte von Alternativen des New Age abgetan werden können. Prä- und perinatale Psychologie weiss darum, dass es keineswegs belanglos ist, in welchem Umfeld sich Schwangerschaft und Geburt ereignen. Wenn ein Spital der Ort ist für die Pflege und Gesundung von Kranken, gehören Schwangere und Neugeborene ohnehin nur in Ausnahmefällen dorthin. Denn Schwangerschaft und Geburt sind schliesslich keine Krankheiten.

Im Zusammenhang mit dem Sterben kann man sich parallele Gedanken machen und den Haustod gegen den Spitaltod abwägen. Sicher kommt es praktisch nicht vor, dass ein Kind im Spital allein stirbt. Neben Ärzten und Pflegepersonal sind wohl immer auch Eltern und vielleicht Geschwister anwesend. Gründe für das Sterben zuhause sind kaum praktisch, denn es ist wohl tatsächlich "praktischer", im Spital zu sterben. Aber das Haus und die Wohnung der Familie sind für die Ökologie des Sterbens dennoch zentraler und konzentrischer als ein Krankenhaus, weil sich dort in der Regel die Erlebnismitte des Kindes befindet. Und es dürfte etwas anderes sein, aus dieser Mitte heraus als irgendwo an der Peripherie zu sterben.

Gedanken zum Trauerprozess in der Familie

Wenn eine Familie trauern kann, erhält der Tod in ihr das ihm zustehende Gastrecht. Die Familie muss sich nach erfolgtem Tod eines Mitgliedes so oder so damit auseinandersetzen. Nicht jede Auseinandersetzung ist aber Trauer. Einiges wurde schon angedeutet. Ist eine Begleitung des Sterbens im Rahmen der Familie als Mitsterben möglich gewesen, dürfte auch das Trauern leichter gehen und weniger blockiert werden.

Kann eine Familie als ganze trauern, oder muss das jeder einzelne für sich einsam und allein tun? Ich meine sowohl als auch, indem das eine das andere bedingt. Aber was heisst überhaupt "gemeinsam und allein in der Familie trauern"? Es gibt Literatur und Handbücher dafür. Es werden Phasen unterschieden und Zeiten festgelegt. Das erinnert an früher allgemeiner beobachtete Rituale und Zeiten, welche sich in ländlichen Gegenden teilweise noch erhalten haben.

Für einzelne und Familien ist die Trauer vor allem eine Auseinandersetzung mit sich selber, mit den Bezügen, die jede und jeden vom Verstorbenen trennten und mit ihm verbanden, mit den Veränderungen, welche sein Weggang in der Familie mit sich bringt, und so fort. Das alles ist in jeder Familie anders, weshalb nichts nach einem Schema abläuft.

Ich erinnere mich an Gespräche mit einer Familie, bei welchen folgendes ans Licht kam: Der mittlere von drei Söhnen aus erster Ehe des Vaters durchlebte zwischen dem zehnten und zwölften Lebensjahr eine depressive Krise, welche zuerst der Lehrerin auffiel, zuhause jedoch aus Gründen "übersehen" wurde, die nachher deutlich werden. Auf Anraten der Lehrerin kam es im Verlauf der Schwierigkeiten des Jungen zu Familiengesprächen. Diese ergaben unter anderem folgende Einblicke in die Familiengeschichte. Das erste der Kinder wurde tot geboren. Die Mutter vernahm es damals von der Spitalsekretärin, welche von ihr wissen wollte, ob sie eine Erd- oder eine Feuerbestattung wünsche. Der Vater war zu der Zeit landesabwesend. Man empfahl bald darauf den Eltern, möglichst rasch wieder ein Kind zu haben und, um das schmerzvolle Erlebnis zu vergessen, vom Ort wegzuziehen. Zwischen Vater und Mutter war der Tod des Kindes kaum je ein Thema. Kurz hintereinander wurden drei gut gedeihende Söhne geboren, obwohl die Mutter sich gesundheitlich nie ganz erholte und nach der Geburt des letzten Buben immer kranker wurde. Sie starb schliesslich an einer ganz gewöhnlichen Lungenentzündung. Einige Zeit später heiratete der Vater wieder, und zwar eine Frau, die er zu Lebzeiten seiner verstorbenen Gattin noch nicht gekannt hatte. Sie bekamen gemeinsam ein Kind, wieder einen Jungen. Einige Zeit danach begann die depressive Krise des Zweitältesten. In einem der Familiengespräche bemerkte der Vater beiläufig, nur dieser zweite Sohn hätte anlässlich der Beerdigung der Mutter geweint, während er und die anderen Söhne "Männer" gewesen seien. Es stellte sich auch heraus, dass die überlebenden Kinder nicht wussten, dass vor ihnen schon ein Geschwister tot zur Welt gekommen war. Die Beziehung des Vaters zu seiner ersten Frau wurde durch die langen Krankheiten der letzten Jahre immer schwieriger und distanzierter. Um so mehr hat dann der Mann seine zweite Frau später idealisiert, was bei ihr allerdings eine depressive Entwicklung nicht verhindern konnte.

In dieser Familie wurden weder das erste Kind noch die Mutter betrauert, sondern mehr oder weniger willentlich "vergessen". Nur vergisst einen ein Verlust durch Tod nie. Die Depression des zweiten Sohnes hat wieder daran erinnert. Zwei verstorbene Menschen wollten ihr Gastrecht im Haus. Verstorbene gehören dazu und bleiben Angehörige. Je mehr die Zeit verstrich, desto mehr war die Familie sprachlos im wörtlichen Sinn geworden. Es kam ein Thema, das jeder allein mit sich trug, nicht zur Sprache, so dass schliesslich allen die Sprache dafür fehlte.

In anderen Situationen begegnete mir die Tatsache, dass der Tod eines Kindes auch nach aussen verschwiegen und oft erst dann fast wie eine Untat "gestanden" wurde, als die Schwierigkeiten eines Kindes mit dem Tod eines andern in Verbindung gebracht wurden.

Wer das Leben lebt, lebt jetzt und nicht gestern oder morgen. Deshalb verabschiedet er sich immer von etwas oder jemandem, ohne ihn auszustossen oder zu vergessen. Loslassen, an etwas nicht hängen bleiben, das ihn am Leben hindert, geschieht dann nicht, wenn nicht getrauert wird. Die Depression meines Beispiels hinderte den Sohn zunehmend am Leben. Lebenszeit ist Sterbenszeit. Trauer ist ein Lebensbegleiter nicht nur in bezug auf Menschen, sondern auch in bezug auf abgeschlossene Lebensphasen und -inhalte. Sie werden nicht weggesteckt, sondern gehören zum Bestand des Lebens, sind nun aber integriert und nicht verleugnet oder verdrängt.

Ich bündle meine Gedanken nochmals mit einem Auszug aus dem Text des "Propheten" von Khalil Gibran. Er ist sicher vielen bekannt und handelt von den "Kindern".

"Eure Kinder sind nicht *eure* Kinder.
Es sind die Söhne und Töchter von des Lebens Verlangen nach sich selber.
Sie kommen durch euch, doch nicht *von* euch.
Und sind sie auch bei euch, so gehören sie euch doch nicht.
Ihr dürft ihnen eure Liebe geben, doch nicht eure Gedanken.
Denn sie haben ihre eigenen Gedanken.
Ihr dürft ihren Leib behausen, doch nicht ihre Seele.
Denn ihre Seele wohnt im Hause von morgen, das ihr nicht zu betreten vermöget, selbst nicht in euren Träumen.
Ihr dürft euch bestreben, ihnen gleich zu werden, doch suchet nicht, sie euch gleich zu machen.
Denn das Leben läuft nicht rückwärts, noch verweilet es beim gestern."

Soweit der Text von Gibran. Auch im Tod eines Kindes läuft das Leben vorwärts.

[1] Aus Anlass einer Kinderleiche in: Th.G. Hippel: Selbstbiographie. Gotha 1801; die Begebenheit trug sich um 1750 zu.

[2] dito.

[3] Zitiert in: Peter Borscheid: "Geschichten des Alters, vom Spätmittelalter zum 18. Jahrh.", München 1989, S 34f.

[4] Vgl. Lloyd de Mause: "Hört ihr die Kinder weinen?"; Philippe Ariès: "Geschichte der Kindheit" und "Geschichte des Todes"

[5] Vgl. Duss-von Werdt: Familie als Zufall und als Kalkül oder vom Kinderkriegen zum Kindermachen. Vortrag am 10jährigen Jubiläum des Instituts für Ehe- und Familientherapie der Stadt Wien, gehalten am 23.10.1986 (veröffenlicht im Mitteilungsblatt des Sozialamtes Wien).

STERBEN UND TOD EINES GESCHWISTERS

Gabriela Maria Harder

In der Schweiz verlieren jährlich über tausend [1] Kinder und Jugendliche einen Bruder oder eine Schwester im Alter von 0-19 Jahren. Diese Geschwister sterben an Krankheiten, an Unfällen, am Tod durch die eigene Hand. Ihr Tod kann sich - im Falle einer lebensbedrohenden Krankheit - ankündigen, ihm können Phasen der Hoffnung (bei einer Remission) oder der Verzweiflung (bei einem Rezidiv) vorangehen, oder er kann - im Falle eines Unfalltodes oder Selbstmordes - abrupt, unerwartet, willkürlich erfolgen. Immer aber ist der Tod eines Kindes oder Jugendlichen ein "zu früher Tod", und immer trifft der Tod eines Menschen, der sein Leben noch kaum verwirklicht hat, die Überlebenden unvermittelter, hilfloser, verletzender.

Verstorbene Kinder und Jugendliche lassen trauernde Eltern und trauernde Geschwister zurück. Ziel der nachfolgenden Ausführungen ist es, die durch die Verlusterfahrung ausgelöste Hilflosigkeit, Verletzlichkeit, auch Bedrohung von seiten der überlebenden Geschwister aufzuzeigen, Einblick zu gewähren in ihr Ringen um das Verständnis und die Verarbeitung des Todes beziehungsweise dieses Todes. [2]

Charakteristika des Geschwisterverlustes für die überlebenden Geschwister

In der Auseinandersetzung mit der Problematik des Verlustes eines Geschwisters (im Gegensatz zu demjenigen eines Elternteils) und der Erfahrung dieses Verlustes im Kindes- und Jugendalter (im Gegensatz zur Konfrontation mit dem Tod im Erwachsenenalter) treten vier Schwerpunkte in den Vordergrund:

- Das Wissen um den Tod ist einem Kind nicht angeboren, sondern wird von ihm im Laufe seiner ontogenetischen, kognitiv-emotionalen Entwicklung erworben.

  Bausteine bei der Ausformung dieses Todeskonzeptes bilden im ersten Lebensjahr Schlaf-Wachphänomene, im Kleinkindalter erste Abschieds- und Trennungserlebnisse, auch Naturbeobachtungen. Der eigentliche Umbruch in bezug auf das Todeskonzept vollzieht sich im 8./9. Lebensjahr. Dann wird ein Kind als fähig erachtet, den Tod in seiner ganzen Tragweite zu verstehen; zu verstehen, dass er ein jedes Lebewesen betreffendes, unentrinnbares und endgültiges Schicksal ist.
  Das Wissen um die kindliche Entwicklung des Konzeptes "Tod" wie auch die Bereitschaft zur Auseinandersetzung mit eigenen Erfahrungen und Konzeptualisierungen bezüglich Sterben, Tod und Trauer sind für Menschen, die von Verlusterfahrungen betroffene Kinder und Jugendliche begleiten, unabdingbar (vgl. Anhang: Die Entstehung des Konzeptes "Tod"). Es ist für die Menschen ebenfalls unabdingbar, sich der Verdrängung beziehungsweise der Tabuisierung des Todes - und damit der Einsamkeit Trauernder - bewusst zu sein.

- Mit dem Geschwister verlieren überlebende Kinder immer auch ihre (früheren) Eltern.

  Der Tod eines Kindes lässt auch die Eltern hilflos und verzweifelt zurück. Sie lassen sich in ihrem Schmerz und ihrer Trauer abkapseln und verändern sich dabei. Genau dann, wenn die überlebenden Geschwister der elterlichen Liebe und Zuwendung, Einfühlung und Konstanz am dringendsten bedürfen, können die Eltern sie ihnen nicht geben.
  In der Fachliteratur wird dieser Sachverhalt als Doppelverlust bezeichnet [3].
  Dieser wird von Aussenstehenden kaum als solcher erkannt, da vom Geschwistertod betroffene Familien zwar als "reduziert", immer jedoch noch als "intakt" wahrgenommen werden.

- Gefühle von Rivalität und Schuld, Mechanismen von Identifizierung und Ersatz.

  Zusätzlich zu Gefühlen wie Unbegreifbarkeit, Hilflosigkeit, Schmerz, auch Angst und Zorn ist der spezifische Verlust eines Geschwisters stark mit Schuldgefühlen belastet - unter anderem aufgrund einer vor dem Tod bestehenden Geschwisterrivalität. Es treten des weiteren die Mechanismen der Identifizierung und des Ersatzes auf: das eine bedeutet den Wunsch des überlebenden Geschwisters, gewisse Eigenschaften und Fähigkeiten des Verstorbenen in die eigene Persönlichkeit zu integrieren, es gleichsam so in sich zu bewahren; das andere entspricht dem Wunsch, an die Stelle des Verstorbenen zu treten, die von ihm hinterlassene Lücke auszufüllen.

- Abhängigkeit der Kinder und Jugendlichen von Erwachsenen auch bezüglich der Trauermöglichkeiten.

  Kindsein bedeutet immer Abhängig-Sein von Erwachsenen. Auf diese Thematik umgesetzt, bedeutet Abhängigkeit: Wie geht eine betroffene Familie mit der Grenzerfahrung "Tod" um? Wie sehr dürfen Trauerreaktionen zugelassen werden - innerhalb, ausserhalb der Familie? Wie wird das Begräbnis, das Grab gestaltet?
  Es sind in der Regel auch die Erwachsenen, die darüber entscheiden, ob während des Trauerprozesses weitere Bezugspersonen - z.B. auch eine Fachperson - hinzugezogen werden dürfen oder nicht.

Innerhalb dieses Rahmens kristallisieren sich folgende *Hauptschwierigkeiten* bzw. *Ansätze für Hilfestellungen* heraus:

1. Als grundlegendes und erschütterndstes Fazit dieser Thematik ist die *Einsamkeit und Verlassenheit* zu betrachten, in der überlebende Kinder und Jugendliche den Geschwisterverlust zu bewältigen haben.

Diese Einsamkeit setzt an und manifestiert sich in unterschiedlichen Abläufen:

- Bei lebensbedrohenden Erkrankungen oder Verletzungen Heranwachsender werden deren Geschwister von Eltern oder Fachpersonen selten klar, behutsam und rechtzeitig auf einen bevorstehenden Tod vorbereitet. Diese oft auf Vorsorge der Erwachsenen beruhende Handlungsweise schliesst das gesunde Kind vom Kreis der "Wissenden" aus, verwehrt ihm zudem ein bewusstes Abschiednehmen und somit eine Vorwegnahme der Trauer.
- Einem möglichen individuellen Abschied folgt eine kirchliche Begräbnisfeier, die dadurch, dass sie in der Gemeinschaft und unter Einhaltung spezifischer Rituale vollzogen wird, für

den Trauernden eine realitätsvermittelnde, stützende und tröstende Funktion hat. Betroffene Kinder und Jugendliche erfahren jedoch, dass sie, sofern sie nicht ebenfalls "vorsorglich" von diesem Trauerritual ausgeschlossen werden, ihre Trauer ebensowenig bewältigen können wie im zukünftigen Alltag. Aspekte der Repräsentation und der Formalität dominieren zu ungunsten der eigenen Erlebniswelt. Raum wird allenfalls der mütterlichen, seltener aber der geschwisterlichen (oder väterlichen) Trauer gewährt.

- Die Grenzerfahrung von Sterben und Tod in der Familie bewirkt immer eine Veränderung aller Beziehungsstrukturen. Sie bedeutet immer eine grundlegende Erschütterung des breiten psychosozialen Umfeldes, das bisher den Betroffenen Sicherheit und Stabilität verliehen hat.

Auf die Abkapselung der Eltern in den tiefsten Phasen der Trauer und die sich daraus ergebende Einsamkeit überlebender Geschwister wurde vorgängig mit dem Begriff "Doppelverlust" hingewiesen. Diese Abkapselung der Eltern in der Trauer soll nicht suggerieren, dass beide Elternteile gemeinsam trauern und auf dieselbe Art zu trauern vermögen. Während die Mütter ihre Trauer in Worten, im Verhalten, auch in der Kleidung nach aussen mitteilen, reagieren die Väter mit Ohnmacht, Stummheit, oft auch mit körperlichen Symptomen.

Zusammenfassend kann gesagt werden, dass durch eine gemeinsam erlebte Grenzerfahrung in der Familie individuelle Eigenarten oder allfällige vor dem Tod vorhandene familiäre Diskrepanzen nicht überbrückt, sondern verstärkt werden. Aus diesem Grund können sich auch Geschwister untereinander nur selten Hilfe und Trost bedeuten.

- Zusätzlich zur nachvollziehbaren schweigenden Betroffenheit innerhalb der Familie begegnen Kinder dieser Schweigsamkeit auch ausserhalb der Familie. Die Haltung der heutigen Gesellschaft gegenüber dem Phänomen Tod ist mit einer Verdrängung des Todes gleichzusetzen. Hilfesuchende Kinder werden mit Worten wie "stark für die Eltern zu sein" oder "am besten über dieses Geschehnis zu schweigen" abgetan; sie fühlen sich nach solchen Erfahrungen verletzt, missverstanden, einsamer.

Um dieser Einsamkeit entgegenzuwirken, muss die Selbsthilfe in der Familie von Aussenstehenden - die eben nicht aussen stehenbleiben - verstärkt und mitgetragen werden. Voraussetzung dazu ist vorerst die Wahrnehmung, dass eine vom Kindestod betroffene Familie überhaupt der Unterstützung bedarf; mit anderen Worten, dass der Tod eines Kindes nicht nur die Beendigung eines Lebens, sondern auch ein Zerreissen der familiären Gemeinschaft bedeutet; des weiteren, dass die Trauer an sich (und dies gilt auch für Menschen mit Erziehungsfunktionen) Zuwendungsfähigkeit ausschliesst.

Gelingt nun einem Aussenstehenden der Zugang zur Trauerfamilie oder zu einem einzelnen Mitglied der Trauerfamilie, so liegt seine wichtigste Aufgabe in der Bestätigung der (von den Betroffenen verdrängten) Realität des Todes. Sodann ist wichtig, einen Trauernden in seiner Eigenart zu unterstützen, aber auch in bezug auf die Familie immer wieder darauf hinzuweisen, dass "Anders-Trauern" nicht "Nicht-Trauern" bedeutet.

2. Das Miterleben des Sterbens und Todes eines nahestehenden Menschen setzt bewusste und unbewusste, die Gegenwart bedrängende, vergangenheits- oder zukunftsorientierte *Ängste* frei. Als angstauslösende Faktoren in bezug auf den Geschwisterverlust zeigen sich:

- Ängste, die das Phänomen Tod als solches betreffen (die Unbegreifbarkeit, die Absolutheit, die Endgültigkeit des Todes).
- Ängste im Zusammenhang mit der Todesstunde ("Wie erlebte das verstorbene Geschwister die Todesstunde? Wie erlebte oder erlebt es das 'Danach'? Habe ich Schuld am Tod?").

- Ängste im Zusammenhang mit der Familie ("Wie wird sich unsere Familie nach diesem Tod verändern?").
- Ängste vor der Wiederholung einer Verlusterfahrung. Die Konfrontation mit dem Tod in jungen Jahren ist gleichzusetzen mit einer "Erschütterung des Weltbildes", mit einer "Zerstörung der Illusion des ewigen Lebens" [4]. Das Leben jedes vom Geschwistertod betroffenen Kindes und Jugendlichen wird fortan vom schmerzlichen und bedrohenden Wissen geprägt sein, wie schnell ein Menschenleben beendet sein kann; auch das der Eltern, das eigene.

Um Trauerarbeit leisten zu können oder um zu verhindern, dass eine Existenzangst alle kindlichen Energien aufzehrt, müssen sich Kinder ihrer verbliebenen Beziehungen sicher sein, müssen ihre Ängste angehört, ihre Fragen beantwortet werden.

Ängste, die das Menschsein als solches betreffen, die die letzten Dinge des Lebens angehen, bedürfen - wie auch bei nichtbetroffenen Menschen - einer eigenen lebenslangen Auseinandersetzung, bedürfen Fragen, die immer wieder neu gestellt werden.

Ängste können durch Gespräche nicht ausgetilgt, aber sichtbarer, begreifbarer und somit angehbarer gemacht werden. Wichtig in diesem Zusammenhang ist das verbalisierte Zugeständnis Erwachsener, dass auch sie einer solchen Grenzerfahrung ohnmächtig, angsterfüllt und mit nur begrenztem Wissen gegenüberstehen.

3. Mit *Schuldgefühlen*, die manche Autoren als integrierten Bestandteil des Trauerzustandes definieren [5], werden vom Geschwistertod betroffene Kinder und Jugendliche stark konfrontiert. Verursachende Faktoren sind:

- Vor dem Tod bestehende Rivalitätsgefühle;
- Mit dem Tod zeitlich oder örtlich zusammenfallende und als Ursache interpretierte (magische) Gedanken und Handlungen;

- Schuldgefühle aufgrund des Gedankens: "Ich lebe; mein Bruder/meine Schwester ist tot";
- Schuldgefühle im Sinne einer handlungsorientierten Mitverantwortlichkeit am Tod (z.B. die Unfallsituation mitherbeigeführt zu haben; unzureichende Erste-Hilfe-Leistung).

Als grundlegend bei der Reduzierung von Schuldgefühlen ist eine unverzögerte und wahrheitsgetreue Aufklärung zu betrachten, die sich auf alle im Zusammenhang mit dem Todesfall stehenden Ereignisse bezieht; diese Aufklärung ist besonders bei Kindern, die noch dem magischen Denken [6] verhaftet sind - bis ca. 5./7. Lebensjahr -, unabdingbar.

4. Mechanismen von *Identifizierung und Ersatz*. Der Verlust eines geliebten Menschen bedeutet immer auch den Verlust eines Teils des Selbst - desjenigen Teils der eigenen Identität, der aus der Identifizierung mit dem anderen erwuchs. Der einer gesunden Entwicklung förderliche und notwendige Mechanismus der Identifizierung tritt dann im Trauerprozess ein, wenn das überlebende Geschwister solche Eigenschaften oder Fähigkeiten des verstorbenen Geschwisters übernimmt, die zum Aufbau seines eigenen Ichs und zur Bereicherung seiner Persönlichkeit beitragen.

Eine vollumfängliche Identifizierung, eine Gleichsetzung mit dem verstorbenen Geschwister bedeutet, inskünftig als Ersatzkind für jenes zu leben. Diesem (von seiten der Eltern bewusst oder unbewusst aufgenötigten) Wunsch gerecht zu werden heisst, in Zukunft ein ichfremdes, ein uneigentliches Leben führen zu werden.

Im Sinne einer Hilfestellung müssen Kinder (und Eltern) angeleitet werden, wie sie von falschen Trauerlösungen, den die eigene Entwicklung verzerrenden Identifizierungen oder der Übernahme von Ersatzfunktionen absehen können. Überlebende Geschwister müssen zudem vor dem Bestreben behütet werden, Eltern vor erfahrenem und zukünftigem Leid schützen zu wollen;

in der Fachliteratur wird letzteres mit dem Begriff "Wiedergutmachungswunsch" umschrieben [7].

5. *Veränderungen in der Familie.* Die Problematik, wie sehr der Tod eines Kindes alle Beziehungsstrukturen in der Familie verändert und wie wenig möglich eine gemeinsame Trauer zu sein scheint, wurde vorgängig erörtert.

An bestimmten Tagen des Jahres können Veränderungen in der Familie sichtbar hervortreten. Solche Tage sind Feiertage (z.B. Weihnachten), Jahrestage (der Geburts- und Todestag des Verstorbenen) oder auch Ferien. Nach dem Todesfall wird der Ablauf dieser Tage bewusst gleich oder bewusst anders gestaltet als in den Jahren zuvor. Oft treten an solchen Tagen pathogene Reaktionen verstärkt hervor, und die unterschiedliche Art der Auseinandersetzung mit demselben Geschehnis wird den Familienmitgliedern erneut schmerzlich bewusst. Für einzelne Trauernde gewinnen solche Tage dadurch an Bedeutung, dass sie mittels Ritualen - die über Jahre vollzogen werden können - sich selbst den Abschied in einer zeitlich wiederkehrenden und für sie akzeptierbaren Form ermöglichen.

6. *Erbstücke* stellen einen wichtigen Bestandteil des Trauerprozesses dar; indem sie einerseits die Realität des Todes bestätigen und andererseits die Erinnerungen an den Verstorbenen aufrechterhalten, ermöglichen sie eine schrittweise Ablösung und Neuintegrierung des Verstorbenen.

Wichtig und hilfreich für überlebende Geschwister ist, wenn Eltern bezüglich Erbfragen auf Extremhaltungen verzichten können. Solche Extremhaltungen stellen einerseits die unmittelbare Entfernung aller Erbstücke dar - aus Angst vor einer schmerzlichen Konfrontation - oder, im Gegensatz dazu, ihre in alle Zukunft mystifizierende und für die Geschwister unantastbare Aufbewahrung.

7. Der *Selbstmord als Todesursache* erschwert die Akzeptanz des Todes und gestaltet den Prozess des Trauerns komplizierter. Beobachtbare Faktoren sind:

- Zunahme von Angstgefühlen ("Kommt das verstorbene Geschwister in den Himmel? Wie werde ich/wird die Familie mit diesem Tod umgehen?").
- Zunahme von Schuldgefühlen ("Hätte ich es nicht merken müssen? Hätte ich meinem Geschwister doch noch dieses gesagt, jenes zuliebe getan!").
- Oft tritt eine starke Identifizierung mit der Todesursache beziehungsweise eine erhöhte Tendenz der Konkretisierung eigener suizidaler Gedanken ein (Wegfall einer inneren Barriere; "Wenn mein Geschwister dieses Schrittes fähig war, bin ich es auch").
- Die Tatsache, dass dieser Tod als Tod mit zusätzlichen Tabus behaftet ist, trägt zur Einsamkeit im Trauerprozess bei. Eine unbedingte Forderung an erwachsene Menschen diesbezüglich liegt darin, Kindern - auch kleinen Kindern - die Todesursache klar und offen zu erklären, sich religiös-magischen Deutungen sowie einer Mitverantwortlichkeit zu stellen; gleichzeitig jedoch auf die Grenzen hinzuweisen, die dem Menschen als Mitmenschen (dies gilt auch für Geschwister und Eltern) gesetzt sind.

8. *Psychische Krankheit und Behandlungsbedürftigkeit.* [8] Es ist sicher so, dass eine Verlusterfahrung wie der Tod eines Geschwisters nicht notwendigerweise zu einer langfristigen pathogenen Reaktion führen muss. Psychische Krankheiten sind, auch wenn sie erstmals nach einer Verlusterfahrung auftreten, immer multikausal bedingt, das heisst, durch mehrere Faktoren, die auf der psychischen, körperlichen, persönlichen und familiär-sozialen Ebene liegen, mitverursacht.

Psychische Krankheiten, die nach dem Geschwistertod bei Kindern und Jugendlichen auftreten können, sind:

- Affektive Störungen (Ängste, depressive Reaktionen, Suizidalität);
- Kognitive Störungen (Lern- und Arbeitsstörungen, Teilleistungsschwächen);
- Psychosomatische Störungen (Ess-, Schlafstörungen).

Eine fachliche Hilfe ist dann angezeigt - und das gilt nicht nur für die Trauer -, wenn ein psychischer Prozess blockiert, nicht mehr in Bewegung ist.

Da sich in der Trauerfamilie die Grenze zwischen "Normalität" und "Auffälligkeit" (bzgl. Gefühlen und Verhalten) verwischen, besitzen oft Aussenstehende (z.B. Lehrer, befreundete Familien) ein untrüglicheres Auge dafür, wann trauernde Heranwachsende durch geistig-seelische Spannungen zu sehr und zu lange in ihrem Denken, Fühlen und Handeln beeinträchtigt sind, wann sie Hilfe auf nichtfachlicher oder fachlicher Ebene benötigen.

Trauernde Kinder und Jugendliche bedürfen der Hilfe Erwachsener

Das Sterben und der Tod eines Geschwisters ist eine menschliche Grenzerfahrung, der Heranwachsende ohne "inneres Modell" gegenüberstehen, was sie unsicher, hilflos und für eine ungünstige (Weiter-) Entwicklung anfälliger macht.

Hilfestellungen sind notwendig. Sie dienen dazu, einer möglichen Traumatisierung entgegenzuwirken oder sie besser verarbeiten zu helfen. Die erörterten Schwierigkeiten, die bei Kindern und Jugendlichen in ihrer Auseinandersetzung mit dem Sterben und Tod eines Geschwisters (resp. dem Phänomen Tod im weitesten Sinn) auftreten, sind zugleich als vorsorgliche Orientierungshilfe zu betrachten. Als unabdingbar bei der Begleitung betroffener Heranwachsender vor, während oder nach dem Sterbevorgang ist folgendes zu erachten:

- Vermittlung eines realen Todeskonzeptes [9];
- Akzeptanz der Realität des Todes [10];

- Zulassen und Aushalten von Trauerreaktionen;
- Reduzierung von Angst- und Schuldgefühlen;
- Stabilisierung des Ich;
- Förderung der Weiterentwicklung;
- Vermeidung familiärer bzw. sozialer Desintegration.

Diese aus fachlicher Sicht erforderlichen Hilfestellungen werden dank selbstformulierter Wünsche betroffener Kinder und Jugendlicher an ihre erwachsenen Bezugspersonen folgendermassen verdeutlicht:

- Fragen zum Thema Tod differenziert, klar und offen beantworten;
- Selber auch Gefühle zeigen;
- Den Tod "zum Alltag werden lassen".

Im Sinne einer *Schlussbetrachtung* seien noch folgende Nachgedanken angefügt:

Das dieser Arbeit zugrunde liegende, als Geschwistertod bezeichnete und als ein "Mir-entrissen-Werden" empfundene Geschehnis bedeutet den Abbruch der eigenen Kindheit, verunmöglicht ein zukünftiges und unbeschwertes "Sich-in-die-Welt-Entwerfen" und stellt die Frage nach dem Sinn des eigenen Lebens.

Als Menschen können wir unsere Kinder und Jugendlichen weder vor Krankheit noch vor Unfall und Tod bewahren und auch überlebenden Geschwistern die Trauer nicht abnehmen, sie nicht stellvertretend für sie leben. Als Erwachsene jedoch können/müssen wir uns mit der kindlichen Trauer mitsamt ihrem Erscheinungsbild und ihrer ursächlichen und reaktiven Wirkungsweise auseinandersetzen, müssen über sie lernen.

Eine "erfolgreiche" Trauerarbeit bedeutet nicht, nie mehr zu zweifeln, nie mehr "warum" zu fragen, nie mehr Gefühle der Angst, der Wut und der Hilflosigkeit - in Erinnerung an die Verlusterfahrung - zu verspüren; den Tod des anderen anzunehmen bedeutet vielmehr, sich auf ein Leben ohne ihn einzustellen, aber auch die Akzeptanz des Wissens darüber, "für immer auf

seinen Blick, seine Stimme und Zärtlichkeit zu verzichten, für phantasierte gemeinsame Vorhaben keine Zukunft mehr zu haben usw." (RAIMBAULT, 1981, 151)
Sie bedeutet auch, sich - trotz dieser Verletzung - zuzutrauen, jeden Tag dem Leben neu zu begegnen.

Anhang
Die Entstehung des Konzeptes "Tod" - skizzenhafter Überblick

Erstes Lebensjahr
Dem Prozess der Geburt, also der Umstellung des Kindes vom mütterlichen Kreislauf auf die selbständige Atmung, weisen manche Entwicklungspsychologen traumatische Aspekte zu und definieren dieses Geschehnis als Kernbereich jeglicher Vernichtungsvorstellung und -angst.
Den Polaritäten Leben und Tod begegnet der Säugling auch während seiner Weiterentwicklung im somatischen Bereich (Analogiephänomene, wie Schlaf-Wachzustände), im emotional-sozialen wie auch sensomotorisch-intelligenten Bereich (Dialog mit Bezugspersonen [11]; Dialog mit unbelebten Objekten). Mit Ende des ersten Lebensjahres ist die Unterscheidungsfähigkeit zwischen Belebtem und Unbelebtem erworben.

Kleinkindalter (1.-6. Jahr)
Die sich entwickelnde Autonomie des Kindes - wichtige Bestandteile sind Beherrschung des aufrechten Ganges sowie Fortschritte in Sprach- und Denkvermögen - bieten dem Kind zunehmend mehr Möglichkeiten, sich in der Welt zu orientieren.
Zu einem Todeskonzept beitragende Elemente sind erste Abschieds- und Trennungserlebnisse, Naturbeobachtungen, auch Kindermärchen und -literatur; das kindliche Denken dieser Zeit ist magisch-omnipotent und dem Wunschprinzip verhaftet. [12]
- Totsein ist nichts Irreversibles.
- Totsein ist etwas Graduelles.

- Für unangenehme Gefühle ist vorwiegend die Parallelisierung von Tod und Trennung verantwortlich.
- Das Zeiterleben des Kleinkindes ist persönlich und subjektiv. [13]
- Sterben und Tod wird assoziiert mit Alter, mit Krankheit, oft auch mit Gewaltanwendung von aussen.

Latenzalter (6.-12. Jahr)

Dieses Alter ist gekennzeichnet durch eine Weiterentwicklung der Persönlichkeitsstruktur, der Differenzierung und Stabilisierung der Beziehung zur Realität und Sozietät. In bezug auf die kognitive Entwicklung wird das zuvor vorherrschende kleinkindliche magisch-omnipotente Denken vom abstrakt-formalen, konkret-operationalen Denken abgelöst (u.a. Erwerb des Zeitbegriffs).

- Während des 5./6. - 8./9. Lebensjahres wird der Tod in dem Sinne akzeptiert, als dass Menschen sterben. Der Tod wird oft personifiziert. Es werden kulturell-symbolische Aspekte ausgearbeitet (Sarg, Grab, Begräbnis). Die Endgültigkeit (Irreversibilität) des Todes wird akzeptiert, der Tod jedoch noch immer als ein Prozess gesehen, der ausserhalb von einem selbst liegt und dem man sich unter gewissen Umständen (Jugend, List, Stärke) entziehen kann.
- Nach dem 8./9. Lebensjahr beginnt das Kind den Tod als unentrinnbaren, biologischen Prozess anzusehen; der Tod tritt ein, wenn lebenswichtige Funktionen dauernd versagen (Inevitabilität). Alle Menschen, es selbst inbegriffen, sind sterblich (Universalität). Gedanken, was nach dem Tod eintritt, beschäftigen das Kind. Der Gedanke, dass die Seele weiterlebt, kann in Erscheinung treten und sehr tröstlich wirken.

Jugendalter (12.-20. Jahr)

Die Widersprüchlichkeit und Gegensätzlichkeit der Welt wird schmerzhaft erlebt. Der Jugendliche ist vor allem mit der Findung der eigenen Identität beschäftigt.

- Die kognitiven Vorstellungen des Jugendlichen vom Tod unterscheiden sich kaum von denen Erwachsener, insbesondere was die Aspekte Irreversibilität, Inevitabilität und Universalität angehen. Die Vorgänge der Verwesung, die zum Tod führenden Krankheiten, reale Gefahren, all das ist bekannt.
- Je nach ihrer psychischen Struktur und Abwehrorganisation begegnen die einen Jugendlichen dem Phänomen Tod mit Sachlichkeit - er liegt so weit in der Zukunft, dass er sie nicht zu berühren scheint -, andere verbergen ihre Angst mit Zynismus oder Rauheit, und wieder andere gelangen über eine Weltschmerzstimmung zu einer Art Todessehnsucht.
- Im Zusammenhang mit dem eigenen Tod nimmt der Tod durch die eigene Hand, der Selbstmord, eine zentrale Rolle ein.

Erwachsenenalter

In der heutigen "Erwachsenengesellschaft" ist eine Verdrängung des Todes zu beobachten. Folgen davon sind veränderte Begräbnis- und Trauerriten, veränderte Sterbeorte (Krankenhaus versus zu Hause) und veränderte Sterbeumstände ("unnatürlicher" versus "natürlicher" Tod). Die bewusste Auseinandersetzung mit dem eigenen Schicksal erfährt eine Verlagerung vom (eigenen) Tod auf das (eigene) Sterben.

Drei Themenkreise beschäftigen diesbezüglich den erwachsenen Menschen:

- Der unbestimmte Zeitpunkt des Todes
- Das Alleinsein während des Sterbens
- Die Frage nach dem "danach".

[1] In einer 1988 selbsterrechneten Schätzung zeigte sich, dass jährlich in der Schweiz knapp 1100 Kinder und Jugendliche ein (oder mehrere) Geschwister verlieren. In Relation zur altersentsprechenden lebenden Bevölkerung sind dies 0.06% aller 0-19jährigen.

[2] Das Basismaterial der Originalarbeit wird von Gesprächsprotokollen erwachsener Betroffener gebildet, die in ihrem Kindes- oder Jugendalter ein Geschwister verloren haben.

[3] ROSEN, H. & COHEN, H.L. Children's Reactions to Sibling Loss. Clinical Social Work Journal, 1981, 9, 211-219.

[4] LEIST, M. Kinder begegnen dem Tod. Gütersloher Verlagshaus: G. Mohn, 1982, 39.

[5] Vgl. SPIEGEL (1973), FURMAN (1977), RAIMBAULT (1981) und SPIECKER-VERSCHAREN (1982).

[6] Nach PIAGET zeichnet sich das magische Kausalverständnis dadurch aus, dass eine vom Kind beliebige Aktivität eine gewünschte Wirkung hervorruft, ohne dass ein tatsächlicher Kausalzusammenhang vorliegt.

[7] RAIMBAULT, G. Kinder sprechen vom Tod. Frankfurt: Suhrkamp Taschenbuch Wissenschaft, 1981.

[8] Vgl. HERZKA, H.S. Kinderpsychopathologie, 1981, 17: "Von psychischer Krankheit kann man erst sprechen, wenn seelisch-geistige Spannungen so heftig werden, dass sie unser Denken, Fühlen und Handeln während längerer Zeit beeinträchtigen, oder anders gesagt: Wenn unsere emotionale und kognitive Selbstregulierung auf längere Zeit versagt."

[9] Unter "realem Todeskonzept" wird das Wissen verstanden, dass der Tod ein jedes Lebewesen betreffendes, unentrinnbares und endgültiges Schicksal ist; dieses Wissen wird vom Kind etwa im 8./9. Lebensjahr erlangt. Bei jüngeren Kindern sind es - laut SPIEL & BOGYI (1987) - vorwiegend zwei Themen, die sie beschäftigen, und die von seiten der Erwachsenen wie folgt beantwortet werden soll-

ten: "1. Die Frage, ob der Verstorbene wieder auf der Erde erscheinen könne, muss klar verneint werden, und 2. die Frage, was mit dem Leichnam geschieht, soll dem Kind verständlich gemacht werden."

[10] Von manchen Autoren wird die Wahrnehmung der Realität des Todes als wichtigste Voraussetzung für den Beginn einer Trauerarbeit definiert. Nicht vergessen werden darf, dass auch Kleinstkinder, die zwar das Phänomen Tod noch nicht "be-greifen", die Abwesenheit einer geliebten Person schmerzlichst kennen und die durch einen Tod ausgelöste breite psychosoziale Erschütterung auf empfindsamste und hilfloseste Weise wahrnehmen; ihre Gefühle nicht oder nur ungenügend verbalisierend, trauern sie auf ihre Weise - mit Seele und Körper - einer geliebten und verlorenen Person nach. Von PETZOLD & RAMIN (1987, 400) wird letzteres als "archaische" d.h. nicht dem Realitätsprinzip verpflichtete Trauerarbeit bezeichnet.

[11] Das "guguus/dada"-Spiel - dessen wahrscheinlichste etymologische Bedeutung "lebendig oder tot" ist - erfüllt in seiner erst passiven und später aktiven Form Funktionen, die unter anderem zur Objektbeziehung und zur Selbstwahrnehmung beitragen: So "riskiert" der nur wenige Monate alte Säugling beim spielerischen Verschwinden seiner Bezugsperson einen teil- und zeitweisen Verlust des Selbst und zeigt sichtliches Vergnügen beim Wiederauftauchen.

[12] Alle Dinge sind beseelt; alles Geschehen ist auf einen Zweck (häufig das Kind) gerichtet; bei einem raumzeitlichen Zusammentreffen zweier Phänomene wird eines als Ursache des anderen angenommen; alle Dinge gehorchen einer moralischen Instanz; eine vom Kind beliebige Aktivität ruft eine gewünschte Wirkung hervor, ohne dass ein tatsächlicher Kausalzusammenhang (nach PIAGET) vorliegt. Letzteres Kausalverständnis ist das magische; es

nimmt in der Auseinandersetzung mit dem (fremden) Tod eine Sonderstellung ein.

[13] Die Vorstellung, früher nicht existiert zu haben und später einmal nicht mehr zu sein, liegt ausserhalb der Betrachtungsweise eines Kleinkindes; der eigene Tod wie auch die Trennung kommt emotional nicht in Betracht.

Bibliographie

BASSLER, M. & SCHINS, M.T. Warum gerade mein Bruder? Trauer um Geschwister. Erfahrungen, Berichte, Hilfen. Reinbeck, Hamburg: Rowohlt Taschenbuch Verlag, 1992

BÜRGIN, D. Das Kind, die lebensbedrohende Krankheit und der Tod. Bern: Huber, 1981.

FURMAN, E. Ein Kind verwaist. Stuttgart: Klett-Cotta, 1977.

HARDER, G. M. Sterben und Tod eines Geschwisters. Zürich: Verlag Pro Juventute, 1992 (2. Auflage).

HERZKA, H.S. Kinderpsychopathologie. Basel: Schwabe & Co., 1981 (3. Aufl. 1991).

LEIST, M. Kinder begegnen dem Tod. Gütersloh: G. Mohn, 1982

PETZOLD, M. & RAMIN, G. (Hrsg.) Schulen der Kinderpsychotherapie. Paderborn: Junfermann Verlag, 1987.

RAIMBAULT, G. Kinder sprechen vom Tod. Frankfurt a.M.: Suhrkamp Taschenbuch Wissenschaft, 1981.

ROSEN, H. & COHEN, H.L. Children's Reactions to Sibling Loss. Clinical Social Work Journal, 1981, 9, 211-219.

SPIECKER-VERSCHAREN, I. Kindheit und Tod. Die Konfrontation mit dem Tod in der modernen Kinderliteratur. Frankfurt a.M.: Haag & Herchen, 1982.

SPIEGEL, Y. Der Prozess des Trauerns. München: Chr. Kaiser Verlag, 1973, Bd. 1-2.

SPIEL, W. & BOGYI, G. Wie Kinder mit dem fremden Tod umgehen lernen. Reiter-Theil, S. (Verf.). Die Weltwoche, 1987, 47, 35.

DER TOD IN DER SCHULE

Aschi Zach

Mein persönliches Erlebnis

Als ich mich daran machte, diesen Artikel vorzubereiten, stellte ich zu meinem eigenen Erstaunen fest, dass es entgegen allen Regeln über den Aufbau eines solchen für mich nur einen Anfang gibt, nämlich dort zu beginnen, wo der Tod uns tatsächlich in der Schule heimgesucht hat:

Vor etwa fünf Jahren bat mich mein Kollege Walter - ich hatte den Unterricht eben begonnen - schreckensbleich und wie verwirrt in den Gang hinaus: "Es ist etwas Furchtbares passiert: Peter hat sich angeschossen. Es ist ganz schlimm, lass auf keinen Fall die Kinder in die Pause!"

Schwerverletzt lag Peter noch einige Tage im Spital, dann wurde bekannt, dass er seinen Verletzungen erlegen sei. Ich kannte Peter nicht sehr gut. Er besuchte die Schule im Schulhaus nebenan. Schülerinnen und Schüler meiner Klasse kannten ihn besser. Ich habe mit ihnen selbstverständlich über den Tod gesprochen. Zusammen haben wir einen Kondolenzbrief geschrieben. Der Alltag kehrte zurück - nicht dass wir alle Peter vergassen, er trat einfach in den Hintergrund.

Mit der Zusage und hauptsächlich bei den Vorbereitungen des

Artikels hat er mich dann wiederum intensiv beschäftigt, so dass ich als erstes Peters Mutter schreiben "musste". Ich musste noch einmal dort einsetzen, mich noch einmal dort beschäftigen, wo ich es vor fünf Jahren versäumt hatte. Später habe ich Peters Mutter besucht, um mit ihr über ihn, seinen Tod, über meinen Artikel zu sprechen.

Und ich habe gemerkt, dass sich über das Sterben, über den Tod und die Trauer nicht gleich schreiben lässt wie über ein anderes Thema. Immer wieder war ich im Gespräch oder beim Lesen über das Thema stark ergriffen, sind mir die Tränen gekommen, musste ich weinen.

Erst viel später habe ich auch mit dem betroffenen Lehrerkollegen Walter gesprochen. Unnötig zu sagen, wie stark ihn dieser Tod betroffen hatte. Alle Umstände waren ihm auch sofort wieder ganz präsent. Ich habe vernommen, in welch zentrale und wichtige Rolle er hineingeriet und wieviele Fäden schliesslich bei ihm zusammenliefen.

Für meine Ausführungen lasse ich mich von folgender Struktur leiten:

1. Erfahrungen
   a) Von Kolleginnen
   b) Lehrmittel
   c) Zusammenfassung
2. Wie steht es mit dem Tod? ("Gesellschaft")
3. Kindermeinungen
4. ... und die Schule
   a) Lehrplan der Volksschule im Kanton Zürich
   b) Unterstufe
   c) Mittelstufe
   d) Oberstufe
   e) Ein todkrankes Kind in der Klasse:
   Theoretische Überlegungen/ein Beispiel
5. Schlussbetrachtungen

1. Erfahrungen

Ich hatte noch weitere Erfahrungen mit dem Tod. Um herauszufinden, wie weit meine Erfahrungen mit denen anderer Kolleginnen und Kollegen vergleichbar sind, führte ich mit sieben von ihnen aus verschiedenen Schulstufen (Unter-, Mittel- und Oberstufe) ein längeres Gespräch. Ausserdem beschäftigt mich das Thema ja seit über einem Jahr stärker, so dass ich auch im Bekanntenkreis häufig darauf zu sprechen kam.

Natürlich bin ich mir im klaren darüber, dass meine Auswahl rein zufällig erfolgte und deshalb überhaupt keinen Anspruch auf Repräsentativität erhebt. Eine grössere Anzahl von Lehrkräften zu befragen würde meine Möglichkeiten übersteigen. Bei der Auswahl der Kolleginnen und Kollegen achtete ich darauf, dass sie schon längere Zeit im Schuldienst standen. Zudem wusste ich von ihnen, dass sie sich im allgemeinen mit den Fragen im Zusammenhang mit Schule, Unterricht und Betreuung intensiv auseinandersetzten.

a) Erinnerungen

Erinnerungen von Kolleginnen und von mir an Schülerinnen und Schüler, die in der Zeit, während sie die Oberstufenklassen besuchten, einen Elternteil verloren:

Jolanda und Markus, zwei Geschwister, waren damals in der ersten Sek. Ihr Vater nahm sich das Leben. Mein Kollege las die Todesanzeige in den Herbstferien. Er weiss nur noch wenig, was er damals tat. Er erinnerte sich aber deutlich, dass Markus später ein äusserst schwieriger Schüler wurde, der Mühe hatte in der Schule, den er im Klassenlager auf dem Polizeiposten abholen musste, und der wahrscheinlich auch Drogen nahm. Er war überzeugt, dass der Tod seines Vaters mit eine Rolle spielte bei seinen Schwierigkeiten, fand aber den Weg nicht, mit ihm darüber zu sprechen. In einer Aussprache mit dem Jugendarbeiter, seiner Mutter mit ihm, seiner Kollegin und ihm kam das auch nicht zur Sprache. Nur ein einziges Mal fragte er Jolanda, die Schwester, wie sie zu Hause über den Tod des Vaters sprechen würden. Ihre Antwort bleibt ihm unvergesslich: "Nie", mit niemandem, auch mit der Mutter nicht, wurde über den Tod und den Verlust des Vaters oder über die Trauer der beiden Kinder gesprochen!

Bei Barbara war es anders. Ihre Mutter starb, als das Mädchen in der 3. Sek war. Aufgrund verschiedener Umstände hatten sowohl seine Frau wie auch mein Kollege ein besonders gutes Verhältnis zu ihr. Sowohl während der Leidenszeit der Mutter, während deren Sterben und während der Trauerzeit habe er viel Anteil genommen an dem, was Barbara erlebte. So erfuhr er z.B. durch das Mädchen, dass schon wenige Wochen nach dem Tod der Mutter die neue Partnerin des Vaters zu Hause einzog und Kleider und Schmuck der eben erst verstorbenen Frau trug. Daneben sprach er auch mit der Klasse über Barbaras schwierige Zeit.

Daniel war in der ersten Sekundarklasse, als seine Mutter an Krebs akut erkrankte und nach kurzer Zeit starb. Bei ihm war meine Kollegin in der Lage, ihn einigermassen zu begleiten. Besonders schwierig war es bei Daniel deshalb, weil sein Vater, ein Alkoholiker, niemanden hatte, mit dem er über den Verlust und über sein Leiden hätte sprechen können. Sie habe jedoch heute das Gefühl, dass das, was sie unternahm, viel zuwenig war und sie den Knaben schon rein zeitlich zuwenig betreuen konnte.

b) Weiteres Bemerkenswertes

Ich möchte den übrigen Gehalt der Interviews nicht einzeln vorstellen, sondern versuchen, einige mir wesentliche Punkte herauszugreifen.

1. Sechs von sieben meinten schon bei der Vorbesprechung, dass sie eigentlich nichts Besonderes über das Thema zu sagen hätten, dass es ein äusserst schwieriges Thema sei und sie es eigentlich schlecht bewältigen könnten.

2. Die gleichen sechs von sieben behandeln das Thema nicht eigens im Unterricht. Im allgemeinen gilt für sie, dass sie sich durchaus nicht scheuen, über den Tod zu sprechen, etwa derweise, dass Schüler den Tod eines Tieres (Unter- und Mittelstufe) oder denjenigen eines Angehörigen schildern.
3. Wiederum die gleichen sechs von sieben haben nicht erleben müssen, dass ein Kind starb, das bei ihnen den Unterricht besuchte.
4. Hilfe in schwierigen Situationen im Zusammenhang mit einem Todesfall versprechen sie sich am ehesten bei ihren nächsten guten Bekannten. Sie können sich zum Teil auch vorstellen, dass sie die vorhandenen psychologischen Anlaufstellen auf Gemeinde-, Bezirks- oder Kantonalebene ansprechen würden. Eine Schrift in der Lehrerbibliothek würde nur eine Minderheit benutzen.
5. Ein Kollege hatte als ganz junger Lehrer einen herzkranken Schüler, der starb. Dieser Todesfall hat ihn dermassen stark beeindruckt, dass er den Tod als eine wesentliche Lebenserfahrung immer wieder in die Schule hineinträgt. Seine Äusserung, "Sexualaufklärung zu machen, ohne gleichzeitig über den Tod zu sprechen, ist doch einfach unnütz und lächerlich", ist mir als eine sehr wichtige Aussage dieser Interviews in Erinnerung geblieben.

c) ... und wie steht es mit den Lehrbüchern?

Mit Ausnahme des Mittelstufenlehrmittels "Lebenskunde" habe ich kein im Kanton Zürich allgemein benutztes Schulbuch gefunden, das Tod und Sterben ausdrücklich thematisiert. Es sind jedoch auf allen Stufen Gedichte und Lesestücke vorhanden, die die Themen Sterben, Tod, Verlust und Trauer beinhalten. Wie schon erwähnt, habe ich festgestellt, dass diese Themen von den Unterrichtenden offenbar nur in Ausnahmefällen herbeigezogen werden, um umfassend über die Thematik zu sprechen.

Im Buch der Oberstufe gibt es eine Darstellung über den Tod, die mich eher befremdet. Zwar wird im letzten Kapitel "Alter und Tod" noch darauf hingewiesen, dass "jeder Mensch einmal sterben muss, aber nur der Mensch ist sich dieser Tatsache bewusst". Weiter wird im Kapitel über das Alter gesprochen. Es folgt eine Tabelle mit den häufigsten Todesursachen, und in der Erklärung zur Tabelle steht dann: "Jeder Todesfall in frühem Alter bedeutet einen Verlust an Lebensjahren. Wenn ein Jugendlicher von 18 Jahren das Opfer eines Verkehrsunfalls wird, sind das 57 verlorene Lebensjahre. Ob aber diese gewonnenen Lebensjahre tatsächlich ein Gewinn sind, hängt zu einem grossen Teil von unserer Lebensweise ab." Das ist bereits zynisch und ein Kommentar überflüssig!

d) Schlussfolgerung

Wir Lehrerinnen und Lehrer verdrängen wohl mehrheitlich Sterben, Tod und Trauer. Wir verdrängen es, obwohl der Tod uns in der Schule immer wieder aufsucht. Möglichkeiten, das Thema zu behandeln, ergeben sich in allen Klassen: sei es - in Form von Gelegenheitsunterricht - durch die Aufnahme aktueller Vorkommnisse aus dem privaten Erlebnisbereich der Schülerinnen und Schüler oder auch dem öffentlichen; sei es mittels vorgegebener Themen aus den Lehrmitteln, hauptsächlich im Zusammenhang mit Lesestücken. Bevor wir uns jedoch konkret damit beschäftigen, wie ein solcher Unterricht aussehen könnte, möchte ich mich fragen, weshalb Sterben, Tod und Trauer im Unterricht gern umgangen werden.

2. Der Tod in der Gesellschaft

Es ist nachgerade bekannt, dass nicht nur die Schule, sondern unsere ganze Gesellschaft ein äusserst zwiespältiges Verhältnis zum Tod hat. Ich kann hier nur kurz einige mir wichtig erscheinende Aspekte aufzeigen:

a) Der Mensch versucht unsterblich zu sein. Nicht nur Ärzte und Spitäler, sondern häufig auch Angehörige lassen alte oder todkranke Menschen nicht sterben, sondern veranlassen durch Massnahmen, die uns heute die Medizin anbietet, dass ein natürlicher Tod gar nicht auftreten kann (fragwürdige Operationen oder qualvolle Therapien bei schwerstkranken Patienten, die zu einer Leidensverlängerung führen und den Tod hinausschieben).

b) Schuld am eigenen Tod.
Wenn jemand stirbt, ist er häufig scheinbar selber schuld. Warum wird in Todesanzeigen meistens nicht erwähnt, dass jemand an Krebs gestorben ist? Macht sich derjenige, der an Krebs stirbt, nicht schuldig am eigenen Tod? Ist nicht jeder, der an einer Krankheit stirbt, ein bisschen selber schuld? Im Zusammenhang mit AIDS - so scheint mir wenigstens - zeigt sich, dass häufig ein entsprechendes Denken vorhanden ist.

c) Tod und Trauer ist einerseits etwas Obszönes, das auf der gleichen Stufe steht wie Sexgeschichten, etwas, worüber nur unter vorgehaltener Hand berichtet wird, etwas, das vor Kindern verborgen werden muss, etwas, womit andererseits billig Kundenfang und Schlagzeilen gemacht werden, besonders augenfällig in Boulevardzeitungen, etwa auf dem Aushang des "Blick", wo neben den reisserisch aufgemachten Geschichten über Sex, Unglücksfälle etc. auch einmal die Schlagzeile "Filmstars weinten am Grab" stehen kann.

d) Übersättigung.
Wer kennt nicht all die Bilder von Toten, wie sie aus Fernsehen und Illustrierten bekannt sind! Wir haben uns an all die Toten gewöhnt, die uns aus den vielen Krisengebieten der Welt tagtäglich vor Augen geführt werden. Auch an jene, die in Filmen, und zwar nicht nur Krimis, vorkommen.

e) Wir wissen auch, dass der Tod in unserer Umgebung, im

Alltag nicht stattfindet. Wir erleben keine Beerdigung mehr, Leute sterben nicht mehr zu Hause, sondern im Spital oder im Altersheim; viele sehen gar nie einen Verstorbenen, den sie gekannt haben.

f) Unsere Reklame gaukelt uns tagtäglich vor, wie wir alle glücklich sind, wie alles gut geht etc. Was diese Idylle stören könnte, darf gar nicht sein. So wie der Tod nicht stattfindet, dürfen auch Leid und Trauer nicht vorkommen. Wie häufig lässt man doch Trauernden keine Zeit und vertröstet sie, es werde sicher bald wieder gutgehen.

3. Kindermeinungen

Vorerst eine Notiz aus dem Tagebuch von Max Frisch:

> Heute fragt Ursel, unsere Sechsjährige, mitten aus dem Spiel heraus, ob ich gerne sterbe. "Alle Leute müssen sterben", sage ich hinter einer Zeitung, "aber gern stirbt niemand." Sie besinnt sich. "Ich sterbe gerne!" "Jetzt", sage ich: "Wirklich?" "Jetzt nicht, nein, jetzt nicht." Ich lasse die Zeitung etwas sinken, um sie zu sehen; sie sitzt jetzt am Tisch und mischt Wasserfarben. "Aber später", sagt sie und malt mit stiller Lust: "Später sterbe ich gerne."

Wir können davon ausgehen, dass Kinder mehrheitlich ein unverkrampfteres Verhältnis zum Tod haben als wir. Insbesondere kleinere Kinder sprechen davon als von etwas ganz Normalem und Alltäglichen. Ich habe mit verschiedenen Kindern über den Tod gesprochen. Ich zeigte ihnen aus Illustrierten Bilder über den Krieg in Jugoslawien und die Hungersnot in Somalia. Ein Mädchen äusserte Ekel- und Angstgefühle, ein anderes war sachlicher eingestellt. Mit ihr sprach ich auch über den Tod ihres Vaters, den sie im Kindergartenalter verloren hatte.

Ich bat ein Mädchen aus meiner zweiten Sekundarklasse um

ein Gespräch, weil es zur Beerdigung des Stiefgrossvaters ging. Es erschien mit seiner Freundin. Beide hatten im Religionsunterricht über das Thema gesprochen. Ich war erstaunt, wie freimütig und offen diese beiden Mädchen über die Thematik sprachen und wieviele Gedanken sie sich offenbar darüber machen. Die Vorstellung, dass nahe Angehörige sterben könnten, scheint sie öfters zu beschäftigen: Wenn sie zum Beispiel einen Krankenwagen vorfahren sehen, überfällt sie plötzlich die Angst, die eigenen Eltern könnten unter Umständen nicht mehr zurückkommen. Auch die Angst, sie könnten plötzlich ganz allein dastehen, obwohl sie das Verhältnis zu den Eltern als nicht immer das beste bezeichnen. Spontan sind sie auch auf den Zusammenhang zwischen Geburt und Tod gestossen.

Beide sind der Meinung, dass viele Eltern offenbar unsicher seien dem Tod gegenüber und es deshalb nicht gern sähen, wenn im Unterricht der Tod thematisiert würde.

D. Meil (in Merz: "Gottesdienst feiern mit Trauernden", 1992), die schon einige Abdankungsfeiern für Kinder gestaltet hatte, machte ganz eindeutig die Erfahrung, dass die Auseinandersetzung mit Tod und Sterben keinen negativen Einfluss auf Kinder hat. Sie erlebt sie jeweils im guten Sinn neugierig. In der von mir duchgesehenen Literatur wird ausnahmslos die Meinung vertreten, dass es richtig sei, Kinder über einen Todesfall oder das nahende Sterben einer vertrauten Person klar zu informieren. Auch ein selber von einer tödlichen Krankheit bedrohtes Kind, soll in angemessener Form, mit dem nahenden Tod vertraut gemacht werden.

4. ... und was macht die Schule ?

a) Neuer Lehrplan der Volksschule

Die Grundlage zu einem entsprechenden Unterricht bietet das allgemein formulierte Richtziel: "Ein elementares Orientierungswissen über die seelischen, geistigen und körperlichen Vorgänge verhilft Schülerinnen und Schülern zu einem vertieften Verständnis für sich und den Mitmenschen und ermöglicht ihnen, sich im eigenen Leben zu orientieren."

Nach dem Spiralprinzip wird dann das Thema Tod in den drei Schulstufen aufgenommen. In der Unter- und in der Mittelstufe wird die folgende Zielsetzung angegeben: "Wortschatz und Begriffe klären und anwenden", und zwar im Zusammenhang mit dem Inhalt "Leben und Tod". In der Oberstufe desgleichen, nur ergänzt mit dem Thema "Leben nach dem Tod".

Die Wichtigkeit der Thematik im Rahmen des Lebenskundeunterrichts wurde offensichtlich erkannt. An der Oberstufe soll Lebenskunde in Form von Gelegenheitsunterricht erteilt werden, wofür eigens grössere zeitliche Blöcke zu reservieren sind. Im Stundenplan ist ein Unterrichtsfach Lebenskunde indes nicht aufgeführt; es kann deshalb leicht geschehen, dass gerade ein so schwieriges Thema schliesslich ganz aus dem Unterrichtsprogramm fällt.

b) Unterrichtsvorschlag für die Unterstufe

In einem Artikel nennt Frau D. Meili, die Direktorin des Primarlehrerseminars, mehrere Gründe, weshalb der Tod ein Thema für die Unterstufe sei.

Ich habe jedoch keine Lehrerin/keinen Lehrer gefunden, die/der auf das Thema anders als in Form von Gelegenheitsunterricht einginge. Meine Ausführungen zur Unterstufe (1. - 3. Klasse) beziehen sich somit nur auf einen Artikel von A. Höfler "Komm, wir gehen das Leben suchen".

Mit dem Symbol der Schnecke werden verschiedene wesentliche Eigenheiten des Lebens angegangen: Mit dem Haus soll Sehnsucht nach Geborgenheit, mit der Spirale die Meditation über wichtige Gegensätze, wie Tag und Nacht, Licht und Dunkel, Leben und Tod, angegangen werden; die Fühler weisen auf die Sinngebungen des Lebens, die Spur auf die Lebensspur, die auch wir hinterlassen möchten. Im Spiel, beim Zeichnen und

Gestalten, beim Erzählen und Fabulieren wird so mit den Kindern das Gespräch aufgenommen über Leben und Tod; den Tod, der ein Rätsel bleibt, das wir nicht lösen können, aber auch nicht zu verheimlichen brauchen.

c) Lehrmittel Lebenskunde (Mittelstufe)

Eines der zehn Kapitel heisst "Der Tod". Zuerst wird die Lehrerin/der Lehrer in die Problematik eingeführt: Verhältnis des heutigen Menschen zum Tod, Wandel der Todesvorstellungen, Kind und Tod (Wandel der Todesvorstellungen im Verlaufe der Entwicklung), Kinderaussagen, Beispiele von Reaktionen im Todesfall.

Mit einer Vielzahl von Anregungen und Beispielen werden schliesslich die folgenden drei Themenbereiche behandelt:

1. Wie verhielten sich die Menschen in vergangener Zeit gegenüber dem Tod?
2. Was geschieht, wenn ein Mensch stirbt und beerdigt wird?
3. Wie verhalten wir uns, wenn in unserer Nähe ein Mensch stirbt?

Als Lehrziele werden ausdrücklich erwähnt:

- Der Tod gehört zum Leben.
- Er ist im Leben stets gegenwärtig.
- Er bringt das Ende aller Rollenunterscheidungen, die das Leben bestimmen.

Es fällt mir dabei positiv auf, dass neben den geschichtlichen Themen häufig praktisch durchführbare Vorschläge gemacht werden, wie Friedhofbesuche oder Vergleich von Todesanzeigen, die Schüler selber sammeln. Daneben wird an konkreten Beispielen aufgezeigt, wie Todesfälle uns alle betreffen können und welche Reaktionsmöglichkeiten uns offenstehen. Dabei werden keine "Rezepte" angeboten, sondern es wird durch die gestellten Fragen im Unterricht eine Diskussion ermöglicht, so dass die erwähnten Verhaltensmöglichkeiten gemeinsam aufgezeigt und sogar noch erweitert werden können.

d) Zwei Unterrichtsbeispiele Oberstufe

Im BS-Unterricht durch meinen Kollegen C. Heiser. Der Einstieg ins Thema erfolgt über einen Text: "Wenn ich nur noch einen Tag zu leben hätte." Eine Passage daraus:

> "Dann sassen wir beide, Beverly und ich, nebeneinander vor ihm. Warteten. Der Facharzt, ein junger Mann, legte ein Papier vor sich auf den Tisch. Das schien eine Ewigkeit zu dauern. Dann wandte er sich an meine Frau Beverly und sagte: 'Ihr Gatte hat eine tödliche Krankheit...' Dabei klebte er seinen Blick an die Briefwaage auf seinem Schreibtisch. Das Zimmer drehte sich um mich herum und meine Brust wollte explodieren. Meine Arme wurden taub, meine Beine zu Gummi."

Auf einem Fragebogen äussern sich die Schülerinnen und Schüler, was sie machen würden, wenn sie nur noch einen Tag zu leben hätten. Neben vorgegebenen Meinungen, welche die Jugendlichen wahlweise ankreuzen können, steht genügend Raum für eigene Antworten zur Verfügung.

Anschliessend wird den Schülern eine Reihe verschiedener Grabsteine gezeigt. Wem gehören sie? "Es musste sehr früh sterben, es war das Kind einer Gastarbeiterfamilie. Der Grabstein ist sehr einfach. Warum wohl?" - "Er war ein fröhlicher Erstklässler und spielte sehr gerne Fussball. Eines Tages lief er beim Spielen dem davonrollenden Ball nach, dabei wurde er von einem Auto erfasst und verunglückte tödlich."

Es folgt ein Abschiedsbrief eines Paten an sein verstorbenes Patenkind, dann die realistisch geschilderte Situation, wenn einem Schulkameraden der Vater unerwartet stirbt. Weiter auch Überlegungen, was man den Eltern eines tödlich verunfallten Schülers sagen könnte.

Es folgt die Betrachtung von Todesanzeigen. Schülerinnen und Schüler versuchen herauszufinden, was in den Anzeigen gesagt und was verschwiegen wird.

Bevor am Schluss noch kurz auf Hiob eingegangen wird, steht neben einer Mitteilung über den tödlichen Verkehrsunfall eine Leichenrede von Kurt Marti.

Im Deutschunterricht von Kollege H. Müller. Als Einstieg ins Thema einer dreistündigen Lektionenreihe dient in der ersten Sekundarklasse das Gedicht "Der Postillion" von Nikolaus Lenau. Schwerpunkt dieses ersten Teils: Verlust, Erinnerung, Trauer. In der zweiten Klasse der Oberstufe wird dann gezielt untersucht, wie man jemandem, der von einem Todesfall betroffen ist, kondolieren oder wie man eine trauernde Person sonst stützen kann.

Im gesamten Unterricht soll deutlich werden, dass Geburt, Wachstum und Tod eine ganz wesentliche Bedeutung für uns haben und alle zusammen zum Leben gehören.

e) Ein todkrankes Kind in der Klasse

Wir alle wissen, dass HIV-positive Kinder während ihrer Zeit in der Volksschule, vor allem während der Mittelstufenzeit, an Aids erkranken und sterben. Dies ist sicher für alle Betroffenen eine äusserst schwierige Situation, die nicht einfach bewältigt werden kann.

Aus diesem Grunde wurde Herr R.J. Joos vom Pestalozzianum in Zürich (Stelle für Lehrerfortbildung) angefragt, ob er bereit wäre, sich dieser Problematik anzunehmen. Als erstes hat er das erwähnte Mittelstufenlehrmittel ergänzt. Diese Arbeit steht kurz vor ihrem Abschluss. Herr Joos hat mir freundlicherweise nicht nur praktisch alle Unterlagen zur Verfügung gestellt, sondern sich auch mit mir ausführlich über seine Arbeit unterhalten.

Im Mittelstufenlehrmittel wird die Pest erwähnt. Ein Vergleich Pest - Aids ist jedoch aus verschiedenen Gründen problematisch, was im Unterricht eigens erwähnt werden muss.

In einem weiteren Thema wird vorgeschlagen, mit Schülerinnen und Schülern zu untersuchen, wie der Tod in den Medien dargestellt wird. Dazu können Unfallmeldungen, Todesanzeigen etc. untersucht werden. Es soll den Schülerinnen und Schülern gezeigt werden, dass damit immer nur ein Aspekt des Todes dargestellt wird und man sich deshalb aus verschiedenen Blickwinkeln heraus mit dem Thema befassen muss.

Zum Thema "Friedhofbesuch" werden die Fragen herausgearbeitet:

- Welche Art der Bestattung ist möglich?
- Was für Gräber gibt es?
- Wie gefällt der Friedhof, wie gefallen die Gräber, was teilen sie über die verstorbene Person mit?

Es wird auch gezeigt, wie mit Hilfe eines Textes über Sterben, Traditionen rund um eine Beerdigung auf die Trauer eingegangen werden kann. Es folgt die Frage, wie ein Künstler Leben und Tod ausdrückt. Das Bild von Pablo Picasso mit dem Titel "Das Leben" stellt den verstorbenen Freund Picassos, Casagemas, dar. Es lässt den Kindern viel Raum für verschiedenste Interpretationen.

Um ins Thema "Sterbebegleitung" einzusteigen, bezieht sich Herr Joos auf einen Artikel der Jugendzeitschrift "Spick" (Nr. 107, Nov. 90). "André, 10: Schweben wie ein Vogel" beschreibt die Geschichte des zehnjährigen Knaben André, der an einer unheilbaren Krankheit gestorben ist. Es wird ausführlich der Krankheitsverlauf bis zum Tod beschrieben. Es treten also weitere wichtige Aspekte des Todes hinzu, die in einer Klasse behandelt werden müssen:

- Tod eines Kindes im Primarschulalter.
- Sterbebegleitung.

Das Wort Sterbebegleitung löst beklemmende Gefühle aus. Folgendes ist dabei zu beachten:

- Welche Erlebnisse und Ängste der Kinder sind einzubeziehen?
- Das Umfeld der medizinischen Betreuung muss der Klasse konkret vertraut gemacht werden.
- Haus- und Spitalbesuche müssen organisiert werden.

Ich habe ein Gespräch führen können mit einer Unterstufenlehrerin, die ein Kind in der Klasse hat, das an einem Hirntumor leidet mit nur geringen Heilungschancen. Bis ich dieses Gespräch führen konnte, hatte ich immer das Gefühl, dass dies eigentlich die zentrale Frage in diesem Artikel sein sollte. Nach diesem Gespräch erkenne ich, dass nicht so sehr pädagogisches Wissen und rein didaktische Überlegungen bewirken, dass Frau A. ihre Situation tagtäglich bewältigen kann, sondern vielmehr die Tatsache, dass sie sich auf Grund eigener Erfahrungen - sie verlor mit zwölf Jahren ihren Vater und konnte in ihrer Jugendzeit mit niemandem darüber sprechen - sehr intensiv mit Tod und Sterben auseinandergesetzt hat. Es ist ihr bewusst geworden, was die damals fehlende Trauerarbeit ihr und auch ihrem Bruder für Schwierigkeiten gemacht hat und immer noch macht.

Bereits bei den ersten Anzeichen der Erkrankung ihres Schülers hat Frau A. eine äusserst wichtige Rolle gespielt. Dann war sie häufig auch Kontakt- und Mittelsperson zwischen Spital und Elternhaus, sie wurde zur Vertrauensperson der Mutter, die recht isoliert und ohne nahe Bekannte in der Schweiz lebt.

Was die Lehrerin mit der Klasse macht, sieht ganz selbstverständlich und einfach aus. Die auftretenden Fragestellungen werden natürlich und ehrlich angegangen. Es zeigt sich erneut, dass es, wie in allen lebenskundlichen Themen übrigens, in erster Linie darauf ankommt, dass Lehrerinnen und Lehrer sich selber mit der fraglichen Thematik intensiv auseinandersetzen.

5. Schlussbetrachtungen

Es sind nicht nur die Erfahrungen mit Markus, sondern es gibt weitere Gründe für meine abschliessenden Feststellungen.

1. Alle, ob Kinder, Unterrichtende oder Eltern, mit denen ich Gespräche führte im Zusammenhang mit dem Artikel, sind von der Wichtigkeit der Thematik überzeugt und äusserten, dass viel zuwenig darüber gesprochen werde.

2. In der Literatur wird häufig erwähnt, dass das fehlende Gespräch über den Tod und fehlende Trauerarbeit zu schweren persönlichen Problemen führen können.
3. Tod, Sterben, Leid und Trauer haben einen unwürdigen gesellschaftlichen Stellenwert, der für Kinder - die Gespräche zeigen es - nicht gilt.

Deshalb die folgenden Feststellungen:

- Das Thema Tod gehört in den Unterricht, Kinder sollten während ihrer Schullaufbahn mehrmals darauf zu sprechen kommen. Wir sind wichtige Kontaktpersonen der Kinder. Sind sie vom Tod einer nahestehenden Person betroffen, so müssen wir wissen, wie reagieren.

- Wir Lehrerinnen und Lehrer verdrängen mehrheitlich den Tod, wahrscheinlich setzen wir uns in unserem Alltag damit normalerweise nicht auseinander, sicher aber zuwenig im Unterricht. Wir hören in unserer Ausbildung wenig über Tod, Sterben und Trauer; denn es wird im allgemeinen schwierig sein, den jungen Menschen in der Ausbildung für eine solche Fragestellung zu motivieren. Eine diesbezügliche Ausbildung kann schlecht geprüft und noch weniger gut benotet werden. Für Studierende ist es darum zweitrangiger Unterrichtsstoff. Trotzdem müssten aber gerade dort vermehrt Anstrengungen unternommen werden, um diesem Defizit zu begegnen.

- In der Lehrerweiterbildung und an andern Lehrerveranstaltungen (z.B. Kapitel) sollte das Thema "Sterben und Tod" aufgegriffen werden. Wie für andere Themen, etwa die Sexual- oder Aidsaufklärung, aber auch Gewalt unter Kindern, übermässiger Fernseh- und Videokonsum, brauchen die Kinder ein fundiertes, tragfähiges Wissen und Gewissen.

- Es ist wichtig, dass ein Austausch von Erfahrungen stattfindet, die Kolleginnen und Kollegen mit ihrem Unterricht machen. Beiträge in den verschiedenen Fach- und Stufenzeitschriften müssen vermehrt erscheinen.

- Verliert ein Kind einen nahen Angehörigen, ist es wichtig zu wissen, dass jedes Kind trauert. Kinder trauern anders als Erwachsene. Wir müssen dem Kind genügend Zeit lassen zur Trauer. Zur Schau gestellte Teilnahmslosigkeit und andere uns schwerverständliche Reaktionen heissen nicht, dass ein Kind durch den Tod nicht betroffen ist. Auch wenn Kinder schnell wieder zum Alltag zurückkehren, scheinbar abschalten können, so sind sie nicht weniger betroffen und benötigen nicht etwa weniger Zeit für ihre Trauerarbeit. Wir müssen wissen, wie wir reagieren, wie wir betroffene Schülerinnen und Schüler unterstützen können in ihrer Trauer und ihrer Trauerarbeit.

- Hat ein Kind eine normalerweise tödlich verlaufende Krankheit oder stirbt es während der Schulzeit, so spielen wir Lehrerinnen und Lehrer eine ausserordentlich wichtige, ja zentrale Rolle. Beschäftigen wir uns erst unmittelbar beim Auftreten eines Falles mit dem Thema, so kann es leicht geschehen, dass wir (und die Schüler) überfordert sind. Auch allenfalls auftretende Schuldgefühle können uns sehr belasten. Es müssen Selbsthilfegruppen angeregt werden, damit sich betroffene Lehrkräfte zusammenfinden, um Erfahrungen auszutauschen, Erfahrungen über die Sterbebegleitung der Schüler, Erfahrungen über die feierlich gestaltete Beerdigung mit Einbezug der Kinder und Erfahrungen, wie mit der Trauer und der Erinnerung umgegangen werden kann.

STERBEN UND TOD EINES KINDES: SOZIAL-ETHISCHE BEDEUTUNG EINES TRAGISCHEN EREIGNISSES

Alberto Bondolfi

Die Thematik, welche man mir anvertraut hat, ist sehr komplex und hinterlässt bei mir ambivalente Gefühle. Da meine Möglichkeiten in verschiedener Hinsicht begrenzt sind, werde ich mich begnügen, nur einige Dimensionen der mit der Gesamtproblematik verbundenen ethischen Probleme zu behandeln, ohne der Illusion zu verfallen, eine Gesamtbewertung darlegen zu können. Meine Begrenzung hat aber auch eine weitere, vielleicht wichtigere Dimension. Ich bin in der Tat bisher kaum persönlich mit konkreten Konflikten in diesem Bereich konfrontiert worden. Ich habe keine Geschwister verloren, und meine beiden Töchter sind immer noch wohlauf. Ein bisschen emotionale Distanz zum Problem kann, so meine ich, für die ethische Reflexion aber auch an dieser Stelle nützlich sein.

Diese partielle emotionale Distanz erlaubt mir, hier einige "unverschämte" Fragen zu stellen und zu versuchen, sie zu beantworten:

- Stellt die sicherlich tragische Situation des Sterbeprozesses eines Kindes überhaupt ein ethisches Problem dar? Melden sich hier Dilemmata, also Handlungszweifel, für die familiäre

Umgebung, für die ärztlichen und sozialen Betreuungskräfte oder für die Gesellschaft insgesamt?
- Was kann die ethische Reflexion, so wie sie sich sowohl in der Philosophie als auch in der Theologie niedergeschlagen hat, zur Bewältigung dieser Probleme beitragen?

Ich gebe offen zu, dass meine erste Reaktion dahin tendiert hat, den Ernst der Problematik zwar zu bejahen, dies aber anderen, spezifischeren Instanzen, wie etwa der Psychologie, den Sozialwissenschaften, den therapeutischen Disziplinen, zu delegieren. Beim ersten Atemzug neige ich also dazu, die ethische Pertinenz und die ethische Relevanz des Problems zu verneinen: der Tod eines Kindes ist eine ernste und tragische Herausforderung, aber kein Anlass für *echte* Gewissensbisse.

Die Tatsache aber, dass man in diesem Problemkreis ständig die Äusserung hört "es sei doch auch ein ethisches Problem", zwingt mich zur differenzierteren Auseinandersetzung.

Die anfängliche Frage transformiert sich. Sie lautet nicht mehr: "Ist es ein ethisches Problem überhaupt?", sondern: "Was für eine Art des ethischen Konfliktes meldet sich hier?"

- Die so reformulierte Fragestellung wird den ersten Teil meiner Ausführungen darstellen. Es geht hier um das *Wie* der ethischen Frage und Antwort, und noch nicht um das *Was*.
- In einer zweiten Etappe will ich einige allgemeine Überlegungen zum Thema Tod darlegen, um letzteren von seiner kulturellen Verarbeitung scharf zu unterscheiden. Diese kulturellen Verarbeitungen sind sowohl geschichtlich als auch geographisch sehr verschieden, wenn auch nicht beliebig. Dabei gehe ich von der Voraussetzung aus, dass der Prozess des Sterbens die ideologischen und wertenden Züge annimmt, welche von den sozialen Grundeinstellungen gegenüber dem Tode einerseits und der Krankheit andererseits entstehen.
- Schliesslich möchte ich doch die Grenzen des Ethischen bei der Bewältigung dieses Themas nochmals betonen und auf

wünschenswerte Auswege, oder besser gesagt, auf einen nötigen Ausweg aus den genannten Schwierigkeiten hinweisen.

Der Ertrag dieses Reflexionsganges wird also recht bescheiden sein. Ich finde es aber wichtig, dass ein Vertreter des Fachs Ethik die zunehmende Ethisierung vieler Probleme nicht blind mitmacht, sondern kritisch die Grenzen dieser Annäherung zeigt und gemeinsam mit Betroffenen einen Weg sucht, der alle weder gleichgültig noch in falscher Weise schuldig macht. [1]

1. Drei Modalitäten ethischer Konflikte

Alle diejenigen, die sich vor einem sterbenden Kind befinden, können mit drei verschiedenen Typen ethischer Konflikte konfrontiert werden. Diese drei Modalitäten sind nicht empirisch nachweisbar oder überprüfbar: Es geht hier eher um mentale Kategorien und Unterscheidungen, die sich aufgrund wiederholter Erfahrungen etabliert haben.

1.1. Not kennt kein Gesetz

Der klassische Spruch aus der Rechtsgeschichte, wonach Not kein Gesetz kenne [2], gilt auch zur Bewertung und Bewältigung von Entscheidungsschwierigkeiten im Bereich der Medizin. Eine Notsituation entsteht jedesmal, wenn dem handelnden Menschen eine echte Entscheidungsmöglichkeit durch äussere oder innere Umstände entzogen ist, so dass eventuelle aktive Interventionen die einzige Alternative zur totalen und zerstörerischen Vernichtung sind. Solche Situationen sind im Bereich des Strafrechts als Notwehrsituationen bekannt, kommen aber auch in anderen Lebensbereichen zur Geltung, wie etwa hier im Bereich der Medizin.

Einige tragische Modalitäten, wie der Tod sich dem Arzt präsentiert, können unter der Kategorie der Not subsumiert werden: Es sei hier beispielsweise auf Situationen der Katastrophenmedizin, bzw. auf die Unfallmedizin hingewiesen. Hier sind dem Arzt und indirekt uns allen praktisch keine ethischen Gestaltungsmöglichkeiten für das eigene Handeln gegeben. Die Lage vieler Patienten ist so hoffnungslos den Möglichkeiten und Ressourcen der Medizin gegenüber, dass nichts anderes übrigbleibt, als selektiv zu behandeln und den Tod der meisten Opfer "in Kauf zu nehmen".

Es werden sicherlich auch in Katastrophensituationen Güterabwägungen getroffen. Man muss aber anerkennen, dass hier der Spielraum der Optionen recht klein ist, so dass nur partiell von ethischer Verantwortung die Rede sein kann. Dies bedeutet aber nicht, dass die ethische Sensibilität des behandelnden Arztes und aller anderen Betroffenen auch in diesen Grenzsituationen sich nicht artikuliere. Im Gegenteil: Es werden in diesem Zusammenhang vor allem diffuse und zugleich starke Schuldgefühle beim medizinischen und paramedizinischen Personal beobachtet. Die Situation erscheint recht paradox. In der Tat hat die ethische Reflexion (sowohl in der philosophischen als auch in der theologischen Tradition) stets Überlegungen zur moralischen Entlastung der Akteure, die sich in einer Notsituation befinden, formuliert. Die Betroffenen erleben solche Konflikte mit einer stärkeren ethischen Betroffenheit, als dies bei sogenannten Normalsituationen, in denen sie echt entscheiden können, der Fall ist. Trifft eine solche Lage der "Not kennt kein Gesetz" auch beim Tod eines Kindes zu?

Sicherlich ist dies nicht oft der Fall. Es gibt aber extreme Situationen, wie etwa bei grösseren Unfällen, die als Notsituation gelten und wo es nicht möglich ist, echte Güterabwägungen vorzunehmen. In diesen Fällen ist die Situation selbst so ausweglos, dass keine Wahl möglich ist. Bei Unfällen mit Kindern melden sich sehr diffuse Schuldgefühle, da die Kontingenz eines solchen Verlustes noch schwieriger zu akzeptieren ist als bei anderen Unfällen. Mit dem Hinweis auf mangelnde Prävention versucht man oft, eine "schuldige" Instanz für diesen Tod zu finden.

Verkehrsunfälle eignen sich besonders für solche unbewusste Sündenbocksübertragungen.

1.2. Partielle Bewältigung mit Hilfe von "Unterscheidungen"

Ärzte und paramedizinisches Personal können sich, angesichts eines sich ankündigenden und nicht plötzlich auftauchenden Todes, auch vor anderen Typen ethischer Konflikte befinden. Die meisten Konstellationen sind hier, im Gegensatz zu den selten eintretenden Notsituationen, mit Hilfe von Argumenten und Begründungstypologien ethisch, zumindest partiell, zu verstehen und zu bewältigen.

Bei diesem zweiten Konflikttypus kann die medizinische Entscheidung zum Gegenstand eines rationalen und ethischen Diskurses werden. Die Handlungsmöglichkeiten sind an dieser Stelle leicht aufzulisten und zu bewerten. Handlungsalternativen können systematisch eingeteilt werden, so dass auch eine kohärente ethische Kriteriologie vorgeschlagen werden kann. Um nicht bei der abstrakten Umschreibung dieser zweiten Konfliktmodalität zu bleiben, erwähne ich hier zwei Gestalten derselben:

- Die Unterscheidung zwischen aktiver und passiver Euthanasie gehört zu den begrifflichen Möglichkeiten, welche ethische Reflexion anbietet, wenn der handelnde Arzt noch vor wählbaren Alternativen steht. Das gleiche gilt auch dort, wo eine solche Unterscheidung als "Leerformel" radikal problematisiert wird. Solange Unterscheidungen postuliert bzw. hinterfragt werden, bedeutet es, dass zumindest Handlungsalternativen noch möglich sind und insofern noch "Raum für Ethik" vorhanden ist. [3]
- Die Unterscheidung zwischen der Toleranz den Suizidanten gegenüber und der gemeinten Pflicht, beim Freitod mitzuhelfen. Durch diese Unterscheidung ist es möglich, die Präsenz bzw. die Abwesenheit von Pflichten für den behandelnden Arzt zu statuieren.

In all diesen Konstellationen leistet die diskursive Vernunft sicherlich keine Patentlösung für jede denkbare Situation, spielt aber ihre beste Rolle. Hier ist die Einführung und der Austausch von Argumenten nicht nur angebracht, sondern strikt indiziert. Gehört nun das Sterben eines Kindes zu dieser Art Probleme? Die Antwort kann auch hier nicht leicht ausfallen.

Einerseits meine ich, dass bei Neugeborenen und Kindern die gleichen ethischen Kriterien und Massstäbe anzuwenden sind, die wir auch bei Erwachsenen anwenden. In diesem Sinne sind die genannten Unterscheidungen und Begründungsargumente auch bei unserer Problematik sinnvoll und entsprechend hilfreich.

Andererseits fällt es immer neu auf, wie die Lage des sterbenden Kindes so anders ist, dass klassische Argumente eher als "störend" wirken, so dass man dazu neigt, hier einfach "nach dem Gefühl" zu handeln, ohne grosse prinzipielle Überlegungen ins Feld zu führen.

Jenseits dieser starren Alternative gilt es meiner Meinung nach, zugleich argumentativ als auch einfühlend den Konfliktsituationen, die sich beim Sterben eines Kindes melden, zu begegnen und sie zu bewältigen zu versuchen. Normen sind sowieso als Kurzformel des ethischen Angebotes und nicht als automatische Zauberformeln zu verstehen und wahrzunehmen.

1.3. Die Stunde der Weisheit: Die Tugenden als Erweiterungsgestalten der ethischen Frage

Es gibt aber auch noch andere Situationen in der Medizin, wo das Umgehen mit Normen nicht direkt hilfreich ist. Hier sind die Handlungskonflikte und -schwierigkeiten dergestalt, dass präzise Normen überhaupt nicht greifen und nach alternativen Bewältigungsstrategien rufen.

Auch die Möglichkeiten des Rechts sind in solchen Situationen begrenzt, müssen aber trotzdem ethisch gestaltet und irgendwie "gelöst" werden.

Es geht hier nicht so sehr um die Erlaubnis oder um das

Verbotensein bestimmter Handlungen oder Unterlassungen, sondern um Haltungen, die man einnehmen und verinnerlichen muss. Hier stösst eine reine Normenethik an ihre Grenzen und lässt den Platz für eine Tugendethik frei. Was meint eine solche Tugendethik? [4]

Die Konfliktsituationen der terminalen Phasen beim Kind sind so veranlagt, dass sie kaum durch Normbefolgung, oder besser gesagt, durch Normenbefolgung allein bewältigt werden können. Sie verlangen vielmehr eine stets sensible Einfühlung in die Grenzsituation des sterbenden Kindes und ihrer Angehörigen. Aus dieser Einfühlung entstehen (nicht "werden abgeleitet") Handlungen, welche wir als kleinere Übel betrachten, als "Hilferuf" Ausdruckshandlungen nennen. Diese Einfühlung ist nur zu verwirklichen, wenn die ethischen Werte, welche sie möglich machen, nicht nur mechanisch erlernt, sondern verinnerlicht worden sind. Diese wertbejahende Verinnerlichung macht das Wesen der Tugend aus. [5] Dort wo Medizin noch "kurativ" intervenieren kann, spielt der zeitlich strukturierte Dreischritt der Anamnese, Diagnose und Therapie eine zentrale theoretische und praktische Rolle. In allen drei Momenten kann sich Ethik normativ äussern.

Hier hingegen, wo Medizin nur noch "palliativ" sich entfalten kann, verschwindet die soeben erwähnte dreifache Einteilung medizinischen Handelns. In diesen Situationen kann ethisches Reden die Normensprache nicht mehr sinnvoll benützen; sie artikuliert sich nun eher als narrative Ethik [6], das heisst, durch erzählenden Ausdruck der eigenen Betroffenheit.

Was im Sterbeprozess als "gut" angesehen werden kann, lässt sich nicht in Behauptungen und Verneinungen bzw. in Geboten und Verboten festlegen. Dies ist nur in Metaphern, Gleichnissen und Erzählungen möglich. Auch die Sprache des Körpers wird hier extrem einfach: die Hand geben, Augenkontakt. Bei Kindern ist diese Symbolhaftigkeit der Kommunikation noch extremer, da die Möglichkeiten der Sprache noch begrenzter sind.

Die relative Hilflosigkeit, mit der wir alle in solchen Situationen reagieren, ist ein indirekter Hinweis, dass die dazu notwendigen Tugenden in unserer Gesellschaft kaum eingeübt werden konnten, da sie eben die Logik und die Wertskala der anderen Lebensbereiche eher stören als fördern.

Wenn wir also wieder befähigt werden wollen, Kinder in den Tod zu begleiten und dabei selber nicht zu Grunde zu gehen, müssen wir das allgemeine Umgehen unserer Gesellschaft mit dem Tod zuerst kritisch analysieren und dann entsprechend hinterfragen.

Aus diesem Grunde habe ich mich entschlossen, an dieser Stelle eine allgemeine Reflexion zum Umgang unserer Gesellschaft mit dem Tod einzuschieben, bevor einige Schlussfolgerungen für die spezifische Thematik des Kindessterbens formuliert werden.

2. Zum Tode

Jeder Mensch, der sich mit dem Todesthema beschäftigen will, von welchem Horizont oder welcher Methode er auch immer ausgeht, ist vor eine fundamentale paradoxe Situation gestellt. Diese Paradoxie könnte folgendermassen umschrieben werden: Der Tod ist nie Gegenstand innergeschichtlicher Erfahrung; diese grundlegende Gegenstandslosigkeit ist aber zugleich direkte Ursache einer Reihe gesellschaftlicher und kultureller Reaktionen.

2.1. Zur Undefinierbarkeit des Todes

Der Tod ist eine Art Nullpunkt, welcher notwendig ist, um überhaupt "die Zahlen des Lebens" buchstabieren zu können. Den Nullpunkt kennen wir aber nicht, und buchstabieren können wir nur die Zahlen vor und nach diesem Nullpunkt. Anders gesagt: Der Mensch kann nur etwas sagen oder unternehmen, was vor oder nach dem Tode passiert. Der Tod gehört nicht zu Zeit und

Raum, so dass er der menschlichen Geschichtlichkeit und Wirksamkeit völlig entzogen ist. Vor dem Tode können wir z.B. Einstellungen zu alten Leuten, Kranken, Gefährdeten usw. beobachten und bewerten. Nach dem Tode entsteht eine Reihe von Reaktionen, Riten, Institutionen (wie etwa das Erbrecht) usw.

Wir haben uns an diese Abwesenheit-Anwesenheit des Todes so gewöhnt, dass wir dazu neigen, alles, was sich um den Tod herum unter uns ereignet, als Tod selbst zu definieren, ohne den Grundunterschied zwischen Sterben und Tod bewusst nachzuvollziehen. [7]

2.2. Einige kulturelle Prozesse im Umfeld des Todes

Wenn man die sozialen Praktiken um Krankheit und Sterben rekonstruiert, wird vor allem sichtbar, wie die Grundeinstellungen zum Leben aussehen. Deswegen ist dieses Umfeld ethisch so intensiv besetzt. Was wir im Umkreis des Sterbens unternehmen, hat sonst für das ganze Leben eine Art sittenbildende Funktion. Die normative Unsicherheit in diesem Bereich wird gesellschaftlich gesehen nicht leicht geduldet, hat man doch Angst, dass die hier angewandten ethischen Kriterien auch in anderen Bereichen des Lebens Erfolg haben und zur Unsicherheit des ganzen Systems führen könnten. [8]

Andererseits ist eine kritische Analyse der gesellschaftlichen Grundeinstellungen zum Sterbevorgang - ethisch gesehen - sehr fruchtbar, da sie indirekt die vorherrschende Wertskala offenbart und eine alternative Wertsetzung ermöglicht.

2.3. Geschichtliches zur Ritualisierung des Todes

Das Interesse für eine geschichtliche Rekonstruktion der Mentalitäten in unserem Bereich ist so gross, dass man Stunden brauchen würde, um nur den allgemeinen Stand der Forschung darzulegen. In unzähligen Büchern und Zeitschriften werden zur Frage nach der Geschichte des Todes Materialien gesammelt, Diagnosen und Vergleiche zwischen einzelnen Epochen und Gegenden unternommen. Auch die Forschungsmethoden in der geschichtlichen Thanatologie sind sehr differenziert und führen zu je verschiedenen Resultaten. Es ist nicht meine Aufgabe, darüber hier zu referieren. [9]

Ich möchte mich mit einigen Bemerkungen begnügen. Geschichtlich über unseren Gegenstand (Krankheit, Sterben und Todesritualisierungen) zu arbeiten bedeutet, nicht nur der Neugierde Platz zu machen, sondern vielmehr eine soziotherapeutische Operation zu unternehmen. Diese soll die Bedingungen heutigen Sterbens kritisch beleuchten und alternative Strategien ins Auge fassen. Deswegen sollte die ethische Behandlung dieser Probleme nicht nur ein Übungsfeld für Ethiker und Ärzte sein, sondern auch eine Angelegenheit vieler betroffener Disziplinen und Akteure. Schliesslich sterben wir alle, also sind wir alle diesbezüglich kompetent bzw. völlig inkompetent, da eben der Tod uns allen entzogen ist. Eine angemessene Geschichtsschreibung sollte einen Dienst an der heutigen Gestaltung unseres Lebens und unseres Sterbens erweisen.

Aus der Fülle der geschichtlichen Themen der heutigen Thanatologie möchte ich nur drei herauskristallisieren und sehr kurz erwähnen. Alle drei Themen sind Gegenstand von polemischen und unabgeschlossenen Diskussionen. Die Erwähnung geschieht hier nur in pädagogischer Absicht, um die Diskussionen über das heutige Sterben zu bereichern und zu animieren:

- Wenn man die Gestaltung des Sterbens in sogenannten "primitiven Gesellschaften" analysiert, stellt man leicht fest, dass die Angst nicht so sehr vor dem Tod existiert, sondern eher vor den Toten. [10] Jedes Individuum meint, die eigene Identität durch den Tod nicht zu verlieren. Die betroffene Person geht nur von einem Bereich zum anderen über: vom Reich der Lebenden zum Reich der Toten. Letztere sind immer im Leben präsent, wenn auch in einer mysteriösen Weise. Sie sind gleich liebenswürdig und/oder gefährlich wie die

Lebenden. Deswegen sind alle diesbezüglichen Riten in diesen Gesellschaften so ambivalent. Diese Ambivalenz nimmt beim toten Kind noch mehr zu, so dass viele dieser Völker dazu neigen, tote Kinder zu "vergöttlichen". Dadurch wird Trauerarbeit wesentlich erleichtert, wenn auch ausschliesslich im Rahmen der Sippe.

- In den sogenannten "traditionellen Gesellschaften" werden präzisere Jenseitsvorstellungen vertreten, aber die Kontaktmöglichkeit zwischen Lebenden und Toten geschieht durch die asymmetrischen Kommunikationswege des Gebetes und des "sakramentalen" Zeichens. Der Sterbevorgang wird in diesen Gesellschaften stark ethisiert, da die Zustände der Person im Jenseits durch das Verhalten in diesem Leben vorprogrammiert sind. Es ist kein Zufall, dass etwa die christliche Eschatologie bis ins Spätmittelalter die Endgültigkeit der Lebensentscheidungen mit der Vorstellung von Paradies und Hölle verfestigt hat. Die Möglichkeit einer Änderung dieses Zustandes im Jenseits durch "gute Werke" von Dritten in diesem Leben oder durch Busse im Jenseits im Rahmen einer Alternative [11] - Fegefeuer - tritt erst in einem Moment in Erscheinung, wo das Auseinanderklaffen zwischen christlichen Werten und der Lebensführung neuer Schichten (der "Bourgeoisie") sehr manifest wird.
  Im spezifischen Umfeld des Kindstodes nimmt das Christentum dieser grossen Epoche (vom Früh- bis zum Spätmittelalter) eine noch ambivalentere Position ein. Einerseits werden die Kinder zu "Engeln" gemacht, da sie im "statu innocentiae" (unschuldigen Zustand) gestorben sind. Hier werden die Kinder zu neuen, sehr hilfreichen Partnern der Hinterbliebenen, da sie zu ihren Anwälten im Himmel werden. Dieser Trost hat in der Vergangenheit sicherlich grosse Trauerenergien befreien können und kann entsprechend auch positiv bewertet werden. Andererseits hat die dualistische Auffas-

sung, wonach die Taufe heilsnotwendig sei und ausserhalb der Kirche das Heil nicht erlangt werden könne (extra ecclesiam nulla salus), dazu geführt, ungetaufte Kinder im Niemandsland des Limbus zu lokalisieren. Diese theologische Interpretation hat, psychologisch gesehen, sehr negative Folgen für die betroffenen Angehörigen und für die Gesellschaft insgesamt gezeitigt.

- Schwierig wird es für die Geschichtsschreibung, wenn sie versucht, die mannigfaltigen Prozesse der Neuzeit umfassend zu interpretieren. Stellt der moderne Tod eine Art Säkularisierung dar, welche zur Versachlichung des Todes und der Krankheit beigetragen hat [12], oder stehen wir hier vor einem sehr kritisierbaren Verdinglichungs- oder Tabuisierungsprozess, der radikal zu hinterfragen ist? [13] Das Dilemma ist sehr komplex und kann hier nicht restlos entschieden werden. Die Diagnosen sind sehr differenziert, die Therapien aber sehr diffus. Ich möchte mich hier nicht für die eine oder andere These entscheiden, wenn ich auch, was die spezifische Problematik des Kindstodes angeht, dazu neige, der Tabuisierungsthese eine grössere Plausibilität zu geben.

Die Schwierigkeit in der Gesamtbeurteilung von Modernisierungsprozessen gilt nicht nur für den Sterbevorgang und für den Umgang mit dem Tod, sondern auch für die Wahrnehmung und Beurteilung von Krankheit und Medizin.

In jeder Gesellschaft ist die organische Degeneration des körperlichen Lebens von gesellschaftlich normierten und ritualisierten Vorgängen begleitet. Nur eine dogmatische Perspektive in der Analyse von Geschichtsdokumenten kann eine Kontinuität der Bewertung und der Gestaltung in diesem Bereich postulieren. Auch die Ethik des Sterbens hat ihre eigene Geschichte, welche nicht auf eine einzige Linie zu reduzieren ist.

Die neuere Geschichtsschreibung [14] in diesem Bereich hat vor allem gezeigt, dass auch innerhalb der sogenannten christlichen Tradition eine Vielfalt von Grundeinstellungen gegenüber dem Sterbeprozess zu finden ist. Sicherlich ist die Tendenz zur respektvollen Annahme der biologischen Prozesse als des indirekten Ausdrucks des Willens Gottes über jegliches menschliche Leben vorherrschend. So kennt man auch, immer im Banne der christlichen Traditionen, keine ethische Legitimation für ein aktives Eingreifen des Menschen im Sterbeprozess.

Es sind aber auch Stimmen zu verzeichnen, welche diese christliche Übereinstimmung mindestens partiell hinterfragen. [15] Für unser Vorhaben ist es hier wichtig, dass wir verstehen können, weshalb die Problematik der Gestaltung des Sterbeprozesses für die früheren Generationen noch nicht die heutzutage erreichte ethische Brisanz aufweist. Die Erklärung liegt auf der Hand: Da die medizinischen Mittel nur sehr rudimentär in die biologisch-natürlichen Sterbeprozesse eingreifen konnten, machte "die Natur" ihre Arbeit ohne grosse Widerstände, und somit waren die "tragischen Fälle" einer sehr langsamen Agonie nicht so zahlreich wie heute.

3. Ausblick

Somit ist die Notwendigkeit einer differenzierten ethischen Bewältigung des Sterbeprozesses eine spezifische Notwendigkeit unserer Zeit und des "entwickelten" euro-amerikanischen Raums. Wir sollten uns dieser geo-geschichtlichen Bedingtheit bewusst sein, damit wir die Vorgegebenheiten unserer ethischen Konflikte nicht verabsolutieren.

Dies gilt auch, und ich würde sagen: noch mehr, für das Sterben des Kindes. Wir müssen aus der Geschichte lernen, dass die heutige Mühe mit dem Sterben von Kindern unter uns zum grossen Teil eine spezifische Mühe einer spätindustrialisierten Gesellschaft ist. Der Tod war, ist und wird immer für uns alle, Gläubige und solche, die sich nicht so definieren, ein Stachel bleiben. Von Lissabon bis Auschwitz bleibt immer die Frage bestehen: Si Deus est, unde malum? Ihre Bewältigung braucht eine neue spezifische Kultur, die nur von uns selbst entwickelt und gestaltet werden kann. [16]

Es geht hier darum, den Abschied von einem Kind wieder ins Leben zurückzuführen, aus der falsch verstandenen "Privatsphäre" herauszuholen, damit echte Betroffenheit bei vielen entstehen kann. Somit kommen wir wieder zur früher angeschnittenen Thematik der Tugend zurück.

Welche Tugend müssen wir am meisten pflegen, damit der Tod des Kindes mit der angemessenen Trauer bewältigt werden kann?

Ich mute mir keine ausführliche und ausreichende Antwort zu. Ich erlaube mir an dieser Stelle nur ein Plädoyer für die Tugend *"Des-sich-Zeit-Nehmens"* zu machen. Es ist kein Zufall, dass für eine solche Einstellung kein Name in unserer modernen Sprache vorgesehen ist. Dies ist indirekt ein Zeichen, dass eben diese Einstellung nicht als eine Tugend angesehen wird. Es wird aber immer offenkundiger, dass die dafür aufgewendete Zeit, Abschied zu nehmen, keine vertane Zeit ist, sondern im Gegenteil, und zwar für alle "Akteure", eine ethische Einübung in das Leben darstellt. Das Wechselbad der Gefühle wird bleiben, aber es wird zugleich erträglicher und heilsam.

Einübung in das Leben ist zugleich auch
eine Einübung ins Sterbenlernen.

[1] Für eine Analyse dieser Probleme, die ohne ihre vorschnelle Ethisierung unternommen wird vgl. unter vielen Iskenius-Emmler, H.: Psychologische Aspekte von Tod und Trauer bei Kindern und Jugendlichen. Bern: Lang Verlag 1988; Children and Death. Hrsg. von D. Papadatou und Costas Papadatos. New York: Hemisphere Publ. 1991

[2] Vgl. die Glosse Expedire zum Digest 1, 10, 1.

[3] Zur ethischen Diskussion dieser Unterscheidungen vgl. Bondolfi, A.: Malattia, eutanasia e morte nella discussione contemporanea. Bologna: EDB 1989

[4] Dieses Thema ist von der neueren ethischen Reflexion, sowohl in der Philosophie als auch in der Theologie, stark berücksichtigt worden. Vgl. dazu Apel, K.: Kein Ende der Tugenden, in: Frankfurter Hefte 29 (1974) 783-794. Frey C.: Tugenden - ein Thema für evangelische Ethik?, in: Der evangelische Erzieher 37 (1985) 349-358. Gleixner, H.: Tugend wieder gefragt. Das neuerwachte Interesse an der Tugend aus theologischer Sicht, in: ZKTh 108 (1986) 255-265. Ruh, H.: Wandel im christlichen Tugendverständnis, in: Ethische Perspektiven: "Wandel der Tugenden". Hrsg. von H.J. Braun. Zürich: Verlag der Fachvereine 1989, 71-81. Intre, A.Mc.: Der Verlust der Tugend. Frankfurt: Campus Verlag 1987. Schüller, B: Zu den Schwierigkeiten, die Tugend zu rehabilitieren, in: Theologie und Philosophie 58 (1983) 535-555. Wils, J.P.: Tugenden - und kein Ende, in: RHS 31 (1988) 3-12.

[5] Für eine Gesamtschau der Rehabilitierung der Tugend vgl. Ethische Perspektiven: "Wandel der Tugenden". Hrsg. von H.J. Braun. Zürich: Verlag der Fachvereine 1989 (= Zürcher Hochschulforum Bd. 15)

[6] Zum Konzept und Programm einer narrativen Ethik vgl. Mieth, D.: Dichtung, Glaube und Moral. Studien zur Begründung einer narrativen Ethik. Mainz: Grünewald Verlag 1976.

[7] Vgl. dazu vor allem Der Tod in der Moderne, Hrsg. von H. Ebeling. Königstein: A. Hain Verlag 1979.

[8] Ein Beispiel dieser normativen Unsicherheit ist durch die Institution der sogenannten Patiententestamente gegeben. Vgl. dazu: Materialien zu Sterbehilfe. Eine internationale Dokumentation. Hrsg. von A. Eser und H.G. Koch. Freiburg i.Br. 1991 (= Beiträge und Materialien aus dem Max-Planck-Institut für ausländisches und internationales Strafrecht Freiburg Nr. S 25). Halter, H.: Recht auf den eigenen Tod? in: ZEIT-schrift 39 (1990) No. 5, 342-348; Bondolfi, A.: Was ist gut und was ist recht? Ethische Vorstellungen zum Sterbevorgang im Wandel der Zeit, in: Id.: Ethik und Selbsterhaltung. Freiburg i.Br.-Freiburg i.Ue.: Herder/Universitätsverlag 1990, 94-106; Patientenverfügungen. Eine Materialsammlung. Bern: ISE-Texte 1/92, 1992; Rechtliche und ethische Probleme der Sterbe- und Freitodhilfe. Luzern: Idea-Schweiz 1991. Rickmann, S.: Zur Wirksamkeit von Patiententestamenten im Bereich des Strafrechts. Bern: Lang Verlag 1987; Saueracker, L.: Die Bedeutung des Patiententestamentes in der BRD aus ethischer, medizinischer und juristischer Sicht. Bern: Lang Verlag 1990; Füllmich, R.: Der Tod im Krankenhaus und das Selbstbestimmungsrecht des Patienten. Bern: Lang Verlag 1990.

[9] Vgl. für eine erste Einführung in die sozialwissenschaftliche Literatur Schmid, G.: Sterben und Trauern in der modernen Gesellschaft. Opladen 1985. Zur geschichtlichen Forschung vgl. unter vielen Condrau, G.: Der Mensch und sein Tod. Certa moriendi conditio. Zürich 1985.

[10] Vgl. dazu das klassische Werk von Frazer, J.: The Belief in Immortality and the Worship of the Dead. London 1931.

[11] Vgl. dazu Le Goff, J.: La naissance du Purgatoire. Paris 1981

[12] Vgl. dazu vor allem Fuchs, W.: Todesbilder in der modernen Gesellschaft. Frankfurt 1973.

[13] Als Gegenposition zu W. Fuchs vgl. etwa Elias, N.: Über die Einsamkeit der Sterbenden. Frankfurt 1982. Ausserdem, immer in der Perspektive der Tabuisierungsthese, vgl. unter vielen Publikationen vor allem Ariès, Ph.: Geschichte des Todes. München-Wien 1980.

[14] Vgl. dazu vor allem Chamboredon, J.C.: La restauration de la mort, in: Actes de la recherche en sciences sociales 2 (1976) No. 2/3, 78-87; Chaunu, P.: Sur le chemin de P. Ariès histoiren de la mort, in: Histoire, Economie et société, 1984, no. 4, 651-664; Fuchs, W.: Beiträge zu einer Soziologie des Todes?, in: Soz.Revue 2 (1979) 255-264; Hahn, A.: Tod und Individualität. Eine Übersicht über neuere französische Literatur, in KZSS 31 (1979) No. 4, 746-765; La mort, les morts dans les sociétés anciennes Paris: Ed. Maison des Sciences de l'homme 1982; Mourir autrefois. a cura di M. Vovelle. Paris: Gallimard 1974. Und vor allem als Synthese vgl. Vovelle, M.: La mort et l' Occident, de 1300 à nos jours. Paris: Gallimard 1983

[15] Vgl. z.B. Luther, M.: Tischreden, no. 1480 u. 1498, oder Thomas Morus: Utopia, III, 21, sowie Bacon, F.: De dignitate et augmentis scientiarum, IV, 2.

[16] Dazu vgl. neuerdings die sehr einfühlsame Untersuchung von Ammicht-Quinn, R.: Von Lissabon bis Auschwitz, Zum Paradigmawechsel in der Theodizeefrage. Freiburg i.Ue - Freiburg i. Br.: Universitätsverlag-Herder Verlag 1992 (= Studien zur theologischen Ethik 43).

ICH LASSE MEINE KRAFTQUELLE NICHT VERSIEGEN: PSYCHOHYGIENE BEIM PERSONAL

Gabi Boegli/Barbara Rieder Lippmann

Die Begleitung sterbender Menschen und deren Angehörigen gehört zum Arbeitsalltag des Spitalpersonals. Wie gehen wir, als "professionelle Helfer/-innen", mit Gefühlen der Ohnmacht, Trauer, Angst um? Wie sorgen wir, die es gewohnt sind, für andere zu sorgen, für uns selber? Die Begleitung Sterbender löst auch beim Pflegepersonal Gefühle der Trauer und Hilflosigkeit aus. Was machen wir mit diesen Gefühlen, wenn wir auf einer Station im nächsten Zimmer hoffnungsvollen, genesenden und zuversichtlichen Patienten und Patientinnen begegnen? Wie schaffen wir es, uns abzugrenzen, um diesen vielfältigen Ansprüchen gerecht zu werden? Die Arbeit mit schwerkranken und sterbenden Menschen fordert vom Personal viel Kraft. Woher nehmen wir sie immer wieder von neuem?

Ein Ziel unserer Arbeit besteht darin, über unsere persönlichen psychohygienischen Massnahmen und die Möglichkeiten nachzudenken, wie wir mit Grenzsituationen im Arbeitsalltag umgehen können.

Der Gedankenaustausch zeigt, dass die Verarbeitung belastender Gefühle vor allem ausserhalb des Arbeitsplatzes in der Freizeit geschieht. Kraftquellen bieten Gespräche mit vertrauten

Personen, sportliche Aktivitäten, Erlebnisse in der Natur, Musik hören und selber musizieren, gestalterische Ausdrucksformen wie malen, töpfern oder längere Arbeitsunterbrechungen (unbezahlter Urlaub, reduzierte Arbeitspensen).

Einige der genannten Massnahmen ermöglichen eine fruchtbare Auseinandersetzung und helfen mit, Belastungssituationen aufzulösen; andere wiederum decken die anstehenden Belastungen eher zu und ermöglichen ein heilsames Abschalten. Beide Formen sind - je nach Situation - richtig und hilfreich.

Überforderungen und Grenzsituationen erleben wir immer wieder, sowohl im Berufsalltag als auch im Privatleben. Wie gut ich für mich selber sorge und wie ernst ich meine Bedürfnisse nehme und meine Grenzen einschätzen kann, scheinen deshalb zentrale Lebensfragen zu sein. Oft ist es für uns, die wir in helfenden Berufen tätig sind, einfacher, uns um andere zu kümmern und die eigenen Bedürfnisse in den Hintergrund zu stellen.

Die Hektik des Arbeitsalltages lässt zudem wenig Zeit und Möglichkeiten offen, um sich mit Grenzsituationen auseinanderzusetzen. Erst wenn Störungen auftreten, sich beim Personal Krankheitssymptome häufen oder wenn ein Arbeitsteam nicht mehr funktionstüchtig ist, werden im begrenzten Rahmen des Arbeitsalltags Verarbeitungsformen ermittelt. Dazu einige Vorschläge:

- Im Team klärende Gespräche führen über allfällige Gefühle und Wünsche sowie über die Belastbarkeit in der jeweiligen Situation;
- Unter Umständen Beizug einer aussenstehenden Person;
- Patienten und Angehörigen gegenüber die eigene Trauer, Ohnmacht und Hilflosigkeit auszudrücken suchen;
- Sich auch als Bezugspersonen in Institutionen in einer stimmigen Form von Verstorbenen verabschieden.

Es scheint uns äusserst wichtig, auch am Arbeitsplatz vermehrt nach Möglichkeiten zu suchen, wie allfällige Belastungssituationen verarbeitet werden können.

Damit wir nicht ausbrennen und abstumpfen, müssen wir Sorge zu uns tragen. Nur wenn wir ein gutes Gleichgewicht finden zwischen Belastung und Entlastung, zwischen sich Einlassen und sich Abgrenzen; nur wenn wir es schaffen, auch unseren Bedürfnissen gerecht zu werden, sind wir in der Lage, Menschen in schwierigen Lebenssituationen gut zu pflegen und zu begleiten.

KIND UND SPITAL

Barbara Oehninger-Müller

Ich bin von Beruf Krankenschwester, arbeite aber schon länger nicht mehr im Beruf, sondern bin Mutter und Hausfrau. Unsere beiden Töchter sind bald 11 und 13 Jahre alt.

Vor acht Jahren begann ich im damaligen Verein "Kind und Krankenhaus" zu arbeiten. Zuerst in der Beratungsstelle in Zürich, dann als Aktuarin der Regionalgruppe Zürich. Ich führte auch Informationsabende für Eltern durch und vertrat den Verein an Konferenzen im Ausland.

Am 1. Juli 1991 übernahm ich die Geschäftsstelle des Schweizerischen Vereins Kind und Krankenhaus. Im November gleichen Jahres wurden die Statuten und die Vereinsstrukturen neu formuliert sowie der Name geändert. Letzterer sollte unserem Sprachgebrauch besser angepasst werden. So wurde daraus der *Schweizerische Verband Kind und Spital.*

Ich möchte an den Anfang meiner Gedanken ein Zitat von Prof. Gerd Biermann stellen: "In Zeiten einer wachsenden Inhumanität, im rekordsüchtigen Run nach spektakulären Operationen, andererseits aber der Flucht vor Übernahme mitmenschlicher Verantwortung in Grenzbereichen des Lebens, sollten wir uns bemühen, über das so verletzliche und gefährdete kranke Kind schützend unsere Hand zu halten."

Der damalige Verein "Kind und Krankenhaus", politisch und konfessionell neutral, wurde 1978, im Jahr des Kindes, von einer Gruppe engagierter Eltern und (ehemaliger) Berufsleute aus dem Spitalbereich gegründet.

Ihre Ziele waren es, das Wohl des hospitalisierten Kindes zu verbessern, sich als des Kindes Sprachrohr einzusetzen, den Eltern "Hilfe zur Selbsthilfe" anzubieten; Zielsetzungen, die bis heute geblieben sind.

Die Gruppe leistete eigentliche Pionierarbeit. Auf ihre unermüdlichen Forderungen hin öffneten die Spitäler ihre Türen, d.h. sie erweiterten die Besuchszeiten. Eltern bekamen damit die Gelegenheit, ihre Kinder rund um die Uhr, teilweise sogar im "Rooming-in" mitzubetreuen. Die Erkenntnis, dass Eltern kein Besuch sind, dass die Eltern-Kind-Einheit gerade in der schwierigen Situation einer Hospitalisierung nicht getrennt werden darf, setzte sich damit durch.

Wir sind froh und dankbar, dass sich diese beiden Forderungen gut eingespielt haben und eigentlich in den meisten Spitälern eine Selbstverständlichkeit sind; mit wenigen Ausnahmen. Heute entstehen meistens nur dann Probleme, wenn etwa eine Klinik voll besetzt ist und für zusätzliche Betten kein Platz mehr vorhanden ist. Für solche Fälle stehen aber Lehnstühle zur Verfügung. Oft ist es ja vor allem die erste Nacht, in der die Anwesenheit der Mutter von grosser Bedeutung ist. Das weitere Vorgehen hängt dann vom Alter des Kindes ab.

Wenn es der Zustand des Kindes erlaubt, besteht für die Eltern auch die Möglichkeit, ausserhalb des Spitals zu übernachten, sei es im Personalhaus oder bei Privatpersonen, die auf Anfrage ein Bett zur Verfügung stellen und sich auch bereit erklärt haben, dem jeweiligen Gast etwas Familienanschluss zu gewähren. Ich denke, dass dies, wenn es die Situation des Kindes zulässt, für die Eltern eine gute Alternative ist. Denn sie brauchen solche Verschnaufpausen, um neu "auftanken" zu können. Die Privatunterkünfte wurden, im Auftrag der Kinderklinik, durch das Verbandssekretariat organisiert, das sich mit einem Schreiben an die Mitglieder des Verbandes in Winterthur wandte. Ich habe dabei spontane Solidarität und Hilfsbereitschaft erlebt, die mich tief beeindruckt haben.

Neben den erwähnten Anliegen setzt sich der Verband seit langem auch für Führungen durchs Spital ein, als Vorbereitung auf einen eventuellen oder geplanten Spitalaufenthalt. Dabei sollen Kinder auf spielerische Weise mit der Spitalwelt vertraut gemacht werden, nach dem Motto: "Vertrautes macht weniger Angst". Denn ein Kind bleibt auch im Spital ein Kind. Die Tatsache, dass gut zwei Drittel der Kinder, die hospitalisiert werden, notfallmässig eingewiesen werden, vermag sicher aufzuzeigen, wie wichtig eine Vorbereitung in gesunden Tagen ist. So werden heute an vielen Spitälern Führungen durchgeführt, die entweder vom Verband selber organisiert und/oder in Zusammenarbeit mit dem Spital durchgeführt werden. In kleineren Regionalspitälern werden Führungen auf Anfrage durchgeführt, meist durch das Spitalpersonal selber.

In Winterthur findet etwa einmal pro Monat (inkl. Ferienprogramm) eine Führung statt, die vom Spital selber organisiert und in Zusammenarbeit mit dem Verband durchgeführt wird. Bei den Führungen geht es vor allem darum, Kinder und Eltern so umfassend wie möglich zu informieren, Instrumente und Apparate zu zeigen, auf unbekannte Geräusche aufmerksam zu machen, diese zu erklären, um damit der unbekannten Spitalwelt etwas von ihrem Schrecken zu nehmen.

Wir legen grossen Wert darauf, dass die Kinder in Begleitung ihrer Eltern eine Führung besuchen. Nicht nur, weil auch Eltern vorbereitet sein sollten, sondern damit nachher die gemeinsam erlebten Eindrücke auch zusammen verarbeitet werden können. Denn Erwachsene können Eindrücke, Erfahrungen mit ihrem Verstand einordnen, ein Kind aber noch nicht. Lässt man es mit unbeantworteten Fragen oder auch Ängsten allein, kann sich dies unter Umständen eher kontraproduktiv auswirken. Dass sich die Erfahrungen mit der Spitalatmosphäre, in Begleitung der Eltern erlebt, bei einem späteren Ernstfall höchst positiv auswirken, beweist die nachfolgende kleine Geschichte.

Beispiel:

Ein Knabe, der eine Woche zuvor an einer Spitalführung teilgenommen hatte, wurde auf dem Weg in den Kindergarten von einem Auto angefahren. Bewusstlos und mit mehreren Knochenbrüchen brachte ihn die Ambulanz ins Spital. Als das Kind im Operationssaal erwachte und all die grün vermummten Gestalten um sich herum sah, sagte es: "Grüezi, bi eu bin ich die letscht Wuche scho gsi...".

Anschliessend an eine Führung steht den Eltern ein Team von Fachpersonen zur Beantwortung von Fragen zur Verfügung. Dabei wird Hilfestellung für jene Eltern angeboten, die Probleme, Sorgen haben, über die sie sprechen möchten, die eigenen Ängste formulieren können oder wollen oder ein ungutes Erlebnis mit dem Spital verarbeiten möchten.

Die Vorbereitung auf einen möglichen Spitalaufenthalt ist aber sicher nicht mit einer einmaligen Teilnahme an einer Führung abgetan. Im Gegenteil! Das Thema "Spital" sollte immer wieder im Kreis der Familie diskutiert werden, darf kein Tabu sein. Auch das Übernachten bei der Grossmutter, beim Paten, etc. ist eine weitere gute Vorbereitungsmöglichkeit für kleinere Kinder. So erleben sie in gesunden Tagen und in einer ruhigen Atmosphäre das Abschiednehmen von den Eltern. Sie erfahren, dass sie, auch wenn sie unsichtbar bleiben, anderntags wieder da sind.

Ich möchte hier noch kurz ein paar Worte zur Vorbereitung anfügen, die unbewusst abläuft und die wir durch unsere Haltung oder durch Aussagen an unsere Kinder weitergeben: Die Puppe mit dem abgerissenen Bein ist eine Patientin, und die Sorgen des Kindes um sie müssen ernst genommen werden.

Vielleicht kann die Puppe ja geflickt werden. Vielleicht kann aber die Reparatur aus legitimen Gründen nicht mehr durchgeführt werden, und die Puppe wird weggeworfen. Nicht auszudenken sind die Folgerungen, die genau dieses Kind ziehen könnte, wenn ihm, z.B. wegen einer Krebserkrankung, ein Bein amputiert werden müsste. Weniger dramatisch, aber auch folgenreich kann es sein, wenn mit Kranksein und Spital gedroht wird, wie: "Wenn du ohne Jacke herumläufst, dann wirst Du krank", und - als mögliche Steigerung -: "musst du ins Spital". Dass solche Sätze nicht meiner Fantasie entspringen, beweist jene Mutter, die mir letzthin sagte, dass sie endlich herausgefunden habe, wie sie die Flausen ihres Knaben in den Griff bekomme; eben, indem sie ihm mit dem Spital drohe. Auch die Verwendung des Betts als Ort der Strafe sollte vermieden werden.

Neben den Informationsabenden und den Spitalführungen setzt sich der Verband auch für eine Vertiefung des Brückenschlags zwischen Eltern und Ärzten/Spitalpersonal ein; mit anderen Worten: für ein besseres Verständnis füreinander, zum Wohl des hospitalisierten Kindes. Lassen Sie mich hier noch einen Augenblick verweilen! Das scheint mir persönlich ein ganz wichtiger Punkt. Denn nur wenn beide Seiten im Dialog bleiben, einander ihre Bedürfnisse, ihre Sorgen mitteilen, kann Vertrauen wachsen. Dieses Vertrauen wiederum spürt das Kind, das besonders feine Sensoren besitzt, und es wird ihm helfen, sich mit seiner momentanen Situation besser abzufinden.

Ich könnte manches Beispiel aufzählen, wo eben gerade dieser Dialog nicht stattfand, die Fronten sich verhärteten, weil jeder vom andern mehr erwartete. Der Leidtragende in einer solchen Situation ist aber immer das Kind, auf dessen Rücken das Ganze ja ausgetragen wird. Gerade deshalb ist es so wichtig, dass beide Seiten Verständnis und Toleranz füreinander aufbringen. Ein schwerkrankes Kind bedeutet immer eine grosse psychische Belastung, löst immer Angst bei den Eltern aus. Sie sind verunsichert, fühlen sich dem Spital ausgeliefert und reagieren deshalb vielleicht aggressiv (Angst kann bekanntlich Aggressionen auslösen) oder machen sich Sorgen um die zu Hause gebliebenen Kinder etc.

Ein schwerkrankes Kind bedeutet aber auch für das Spitalpersonal grossen Stress, psychischer und physischer Art, stellt auch an es hohe Anforderungen. Es gilt nicht nur rasch die richtigen Entscheidungen zu treffen und das weitere Vorgehen zu bestimmen. Es verlangt auch sehr viel "G'spüri" für die Nöte des Kindes. Dass in einer solch hektischen, für das Kind bedrohlichen Situation nicht immer alle Worte auf die Goldwaage gelegt werden, mag daran liegen, dass auf beiden Seiten "nur" Menschen sind. Es ist darum überaus wichtig, dass, sobald die grösste Gefahr gebannt ist, Eltern und Ärzte/Spitalpersonal zusammensitzen und darüber sprechen; dann ist der richtige Zeitpunkt, um Wünsche, Erwartungen, aber auch Sorgen und Ängste auszutauschen. Ich denke, dass viele der angetönten Konflikte im Spital, die ja meist zwischenmenschlicher Natur sind, mit etwas mehr "G'spüri" und Verständnis für den andern vermieden werden könnten.

Eine weitere Aufgabe, die der Verband wahrnimmt, liegt im Erstellen von Zeitplänen für Eltern mit Langzeitpatienten. In Situationen, wo ein Kind für längere Zeit, also über Wochen, im Spital bleiben muss, ist es ganz besonders wichtig, dass die Eltern lernen, mit ihren Kräften zu haushalten, damit sie nicht nur für die spätere Heimkehr ihres Kindes gewappnet sind, sondern auch während seiner Hospitalisation ihren persönlichen Bedürfnissen und denen ihrer gesunden Kinder Rechnung tragen können. Wichtig in einer solchen Beratung dünkt mich der Hinweis auf das strikte Einhalten der Zeitangaben, die mit dem Kind vereinbart worden sind. Denn ein krankes Kind ist durch seine Krankheit und durch die völlig veränderten Lebensbedingungen noch verletzlicher geworden, so dass es schwer sein wird, sein Vertrauen wieder zu gewinnen, wenn es einmal enttäuscht worden ist.

Eine nicht einfache, aber sicher sehr sinnvolle Aufgabe, die der "Schweizerische Verband Kind und Spital" auch wahrnimmt, ist die konkrete Unterstützung und Entlastung von Eltern und Schwestern, die ein schwerkrankes oder sterbendes Kind betreuen. Oft haben solche Kinder grosse Angst in der Nacht und wollen/können nicht alleingelassen werden. Die Hilfestellung, die der Verband anbietet, besteht dann im Wachen beim Kind. Sei es zu Hause, damit die Eltern schlafen können, oder im Spital, damit keine zusätzliche Schwester angefordert werden muss.

Natürlich spielt auch die Öffentlichkeitsarbeit im Katalog der Aufgaben des Verbandes eine wichtige Rolle. Sie umfasst unter anderem die Zusammenarbeit und den Informationsaustausch mit anderen Organisationen, Schulstunden in Schwesternschulen, wo den jungen Schwesternschülerinnen die Anliegen unseres Verbandes nähergebracht werden, sowie Kurse und Tagungen zu unseren Themen.

Ich möchte nun noch einige Ausschnitte aus unserem Leitbild anfügen, gleichermassen als Zusammenfassung der wichtigsten Anliegen des Schweizerischen Verbands Kind und Spital:

Hilfe zur Selbsthilfe - die Umsetzung einer Idee.

Erst in diesem Jahrhundert wurde in der westlichen Welt der individuellen Entwicklung des Menschen, vor allem der des Kindes, Beachtung geschenkt. Die Erkenntnis, dass nicht nur innere Veranlagungen den Menschen prägen, sondern auch das Umfeld mit Eltern, Geschwistern, Freunden, die Zugehörigkeit zu einer bestimmten Gesellschaftgruppe und die Lebensereignisse ein Kind entscheidend mitformen, setzte sich durch. Die grundlegende Wichtigkeit des harmonischen Zusammenspiels von seelischen und körperlichen Faktoren auf die ganzheitliche Entwicklung des Kindes wurde damit erkannt. Es wurden auch erstmals Elternanliegen ernst genommen und der zwischenmenschliche Aspekt der medizinischen Betreuung gleichgestellt. Als Resultat schritt die körperliche Genesung der Kinder erstaunlicherweise viel schneller voran. Diese Erkenntnisse zeigen, dass das Kind einer Geborgenheit bedarf, die nur durch die ununterbrochene Beziehung zu den Eltern, bei Kleinkindern vor allem zur Mutter oder einer anderen ständigen Bezugsperson gewährleistet ist. Die Beachtung und der Einbezug dieser "Eltern-Kind-Einheit" in den Spitalalltag sollte daher selbstverständlich sein, stellt aber ganz besondere Anforderungen an alle Beteiligten. Gerade Kinder haben ein ausgeprägtes Gefühl von Gesund- und Kranksein. Ein Kind orientiert sich ausschliesslich an seiner eigenen Befindlichkeit, die vielfach nicht mit "objektiven" und/oder wissenschaftlichen Wahrnehmungen übereinstimmt. Es empfindet sich ausgeprägt in seiner Gesundheit von Körper und Seele: in deren Harmonie fühlt es sich gesund, bei Verschiebung auf die eine oder andere Seite krank. Gesundheit in diesem Sinn ist nun absolut wichtig, damit das Kind sich ganzheitlich entwickeln kann. Das bedeutet, dass bei einem am Körper erkrankten Kind in gleichem Mass auch auf sein seelisches Wohl geachtet werden muss.

Für den Spitalaufenthalt von Kindern unterstützen wir die Richtlinien der "Charta", die von der Ersten Europäischen Konferenz "Kind und Krankenhaus" im Mai 1988 in Leiden, NL, ausgearbeitet und verabschiedet wurde. Der gesamte Wortlaut der "Charta" kann beim Verbandssekretariat angefordert werden.

Wichtig scheint uns, dass die Sichtweise vom gesunden Kind in seinem Alltag alle unsere Bemühungen rund um das kranke Kind im Spital bestimmen soll.

"Eine Krankheit ist etwas, das ich nicht viel habe und die meisten Lehrerinnen und Lehrer auch nicht. Das ist wegen den vielen Ferien", sagte mein Vater. "Dabei hatte ich letzten Sommer ausgerechnet in den Ferien die Masern. Das war ein dummes Unheil." Manchmal merkt man erst in der Krankheit die Gesundheit so richtig. "Im Skilager bin ich die Treppe hinabgesprungen, gerade ins Geländer hinein. Peng, da hat es meinen Zehennagel gespalten, und jetzt ist er ganz blau. Und ich denke jetzt dafür viel mehr daran, dass ich einen kleinen Zehen habe. Besser den Zehennagel als das Genick gebrochen", hat Thomas darauf gesagt. "Es gibt auch Kinder, die fest krank sind. Ich denke meistens, dass nur alte Leute an einer Krankheit sterben. Es gibt aber auch schon ganz kleine kranke Kinder, und es gibt Leute, die sich absichtlich krank machen, wenn sie viel Tabletten schlucken oder Schnaps trinken oder Haschisch rauchen. Am traurigsten ist das, wenn die Seele krank ist."

AUTORENVERZEICHNIS

Bessler Cornelia
Dr. med., Oberärztin, KJPD
Rosenrain 17, CH-8410 Winterthur

Bircher Margrit
Stationsschwester Intensivstation B, Kinderspital Zürich
Steinwiesstr. 75, CH-8032 Zürich

Boegli Gabi
Krankenschwester, Leiterin Forbildung Pflegedienst
Beckhammerstr. 35, CH-8057 Zürich

Bondolfi Alberto
Prof. Dr. theol.
Institut für Sozialethik der Universität Zürich
Kirchgasse 9, CH-8001 Zürich

Brändle-Buchs Barbara
Dr. med., Oberärztin Kinderspital
Bahnhofstr. 34, CH-8112 Otelfingen

Duss-von Werdt Josef
Dr. phil., Dr. theol., Dozent und Supervisor
Ferdinand Hodlerstr. 11, CH-8049 Zürich

Ehrensperger Ursula und Kurt
Hausfrau/El. ing. HTL
Grundhaldenstr. 42, CH-8303 Bassersdorf

Fässler-Weibel Peter
Paar- und Familientherapeut
Zielstr. 5, CH-8400 Winterthur

Frohofer-Kressig Vera
Mutter, Hausfrau, Sozialarbeiterin
Huttenstr. 32, CH-8006 Zürich

Gäumann Christine
Familientherapeutin, Beratungsstelle für Jugendliche
Tösstalstr. 19, CH-8400 Winterthur

Harder Gabriela Maria
lic. phil. I, Kinder- und Jugendpsychologin
Preyergasse 8, CH-8025 Zürich

Hassam-Godly Claudia
Dr. med., Assistenzärztin Kinderspital Zürich
Steinwiesstr. 75, CH-8032 Zürich

Hunziker Urs
Dr. med., Chefarzt Kinderklinik Winterthur
Brauerstr. 60, CH-8401 Winterthur

Hunziker-Jäger Christa
Mutter, Kinderkrankenschwester
Hochwachtstr. 33b, CH-8400 Winterthur

Isler-Sieber Edith
Mutter
Hinterer Engelstein 4, CH-8344 Bäretswil ZH

Kind Hans Peter
Dr. med., Kinderarzt
Obertor 8, CH-8400 Winterthur

Lehmann-Buri Madeleine
Sozialpädagogin, Stillberaterin
Bürglenweg 5, CH-3063 Ittigen

Leuenberger Madeleine
Kinderpsychologin Kinderklinik Winterthur
Brauerstr. 60, CH-8401 Winterthur

Ludwig Iris
Lehrerin für Krankenpflege, Pädagogin
Eichenstr. 1, CH-4054 Basel

Oehninger-Müller Barbara
Geschäftsführerin Schweiz. Verband Kind und Spital
Landvogt Waserstr. 70, CH-8405 Winterthur

Rieder Lippmann Barbara
Kinderkrankenschwester, Assistentin Pflegedienst
Weinbergstr. 74, CH-8006 Zürich

Rutgers Eric
Dr. ing. phys. ETHL
Römerstr. 9, CH-5400 Baden

Schwizer Viviane
Mutter, Journalistin, Hausfrau
Käpfnerweg 4, CH-8810 Horgen

Sutter Martin
Dr. med., Kinderarzt
Kreuzgasse 17, CH-3076 Worb

Uehlinger-Walter Judith
Dr. med., Oberärztin Intensivstationen Kinderspital Zürich
Steinwiesstr. 75, CH-8032 Zürich

Unger-Köppel Jürg
Kinder und Jugendpsychiater, Kinderspital Zürich
Steinwiesstr. 75, CH-8032 Zürich

Walz Felix
Prof. Dr. med., Gerichtlich-Medizinisches Institut Zürich
Winterthurerstr. 190, CH-8057 Zürich

Zach Aschi
Lehrer
Schaffhauserstr. 22, CH-8400 Winterthur

Regenbogen Schweiz

Selbsthilfevereinigung von Eltern, die um ein verstorbenes Kind trauern, in Anlehnung an "The Compassionate Friends".
Kontaktadressen:

- Marianne Hug, Rosengasse 14, CH-8555 Müllheim (Präsidentin);
- Eric Rutgers, Römerstr. 9, CH-5400 Baden (Vizepräsident und Gruppen Suizid);
- Jacqueline Rutgers, c/o Pro Juventute, Caroline 1, CH-1003 Lausanne (Suisse romande und internationale Kontakte);

Stiftung Begleitung in Leid und Trauer
Zielstr. 5, CH-8400 Winterthur

Zweck der Stiftung:

Die Stiftung fördert und unterstützt die Begleitung von Angehörigen Kranker, Sterbender und Verstorbener, insbesondere durch:

- Einsatz einer Fach- und Beratungsstelle zur Betreuung, Begleitung und Hilfe gegenüber direkt Betroffenen;
- Koordination und Kooperation mit anderen Beratungs- und Fachstellen, insbesondere mit allen seelsorgerlichen Diensten;
- Ausbildung von freiwilligen Helfern zur Übernahme von Betreuungs- und Begleitaufgaben;
- Öffentlichkeitsarbeit über die adäquate Begleitung der Angehörigen Kranker, Sterbender und Verstorbener.

Auftrag der Fach- und Beratungsstelle:

- Beratung/Therapie von direkt Betroffenen in den Phasen vor dem Sterben, während des Sterbens und nach dem Tod;
- Ausbildung von Personal in Kliniken oder Heimen und von freiwilligen Helfern/-innen in Kirchgemeinden und Pfarreien;
- Durchführung von berufsspezifischen Fortbildungskursen für Gemeindeschwestern, Ärzte, Seelsorger, Pflegepersonal, Sozialdienste, Interessierte;
- Mit gezielter Öffentlichkeitsarbeit soll auf die Problematik aufmerksam gemacht und viele Interessierte sensibilisiert werden (Publikationen, Vorträge, Kurse, Seminare usw.).

Von Peter Fässler-Weibel sind bisher erschienen:

Mut zum Ehealltag

96 Seiten, broschiert, 1980, 3. Auflage 1991
Benziger, Zürich ISBN 3-545-26170-0
Reinhardt, Basel ISBN 3-7245-0459-4

Das Buch ermöglicht es dem Leser, sich ernsthaft mit sich selbst und seiner Beziehung zum Partner auseinanderzusetzen. Die 'Fragen zum Nachdenken' lassen jeden seine eigene Position überdenken. Erfahrungen und Hinweise aus der Praxis vermitteln Impulse und Ideen, um aus einer guten Paarbeziehung eine bessere zu machen.

Hilfen für ein Leben zu zweit

110 Seiten, broschiert, 1988
Benziger, Zürich ISBN 3-545-26203-0
Reinhardt, Basel ISBN 3-7245-0611-2

Das Buch wendet sich an jene Paare, die ihr Zusammenleben nicht einfach dem Schicksal überlassen wollen, sondern bereit sind, an einer besseren und tragfähigeren Beziehung zu bauen. Eingefahrene Spuren sollen verlassen, neue gesucht werden.

Nahe sein in schwerer Zeit

192 Seiten, broschiert, 1990, 2. Auflage 1991
Paulusverlag, Freiburg ISBN 3-7228-0227-X
Reinhardt, Basel ISBN 3-7245-0700-3

Auf verständliche Weise wird aufgezeigt, wie Angehörigen von Sterbenden fruchtbarer begegnet werden kann. Die zahlreichen Beispiele aus der Praxis machen den Band zu einem wichtigen und unentbehrlichen Informations- und Arbeitsbuch.

Gelebte Trauer (Hrsg.)

158 Seiten, broschiert, 1991

Paulusverlag, Freiburg ISBN 3-7228-0274-1

Berichte von Betroffenen sowie Beobachtungen von Ärzten, Seelsorgern und Therapeuten machen dieses Buch zu einem interdisziplinären Forum und helfen mit, die Begleitung von Angehörigen Sterbender lebendiger, konkreter und ganzheitlicher zu gestalten.

Neuerscheinungen im Verlag zum Ziel
Zielstr. 5, CH-8400 Winterthur
1992

Iris Isler

Die Fahrt zum Pferdeparadies

Bilderbuch, gebunden
ISBN 3 909245 00 5

Hörbild (Buch / Diabilder)
ISBN 3 909245 01 3

Iris starb am 26. September 1989 mit neuneinhalb Jahren an Leukämie. Sie hinterliess ein aussergewöhnliches und tröstliches Dokument, ein Bilderbuch bestehend aus zehn farbigen Zeichnungen und einer Tonaufnahme. Beides ist ohne jede Hilfestellung von Erwachsenen entstanden - zwei Wochen vor Iris' Tod. Ihre Botschaft ist voller Freude und Hoffnung. Für alle, die kein Schweizerdeutsch verstehen, wurde der Text leicht gekürzt ins Hochdeutsche übertragen. Für Schule und Religionsunterricht wurde eigens eine Diareihe geschaffen.